THÉOPHILE ASTRIÉ

LES
DRAMES DE L'INONDATION
A TOULOUSE

> Je suis Toulouse
> Et j'ai le deuil au front et la blessure aux flancs.
> H. de Bornier.

PARIS
ARNAUD ET LABAT
Palais-Royal, 215

TOULOUSE
LIBRAIRIE CENTRALE
Rue Saint-Rome, 44

1875

Nous accueillerons avec reconnaissance les rectifications ou informations que l'on voudra bien nous adresser pour la prochaine édition.

LES DRAMES DE L'INONDATION

DROITS DE REPRODUCTION ET DE TRADUCTION RÉSERVÉS.

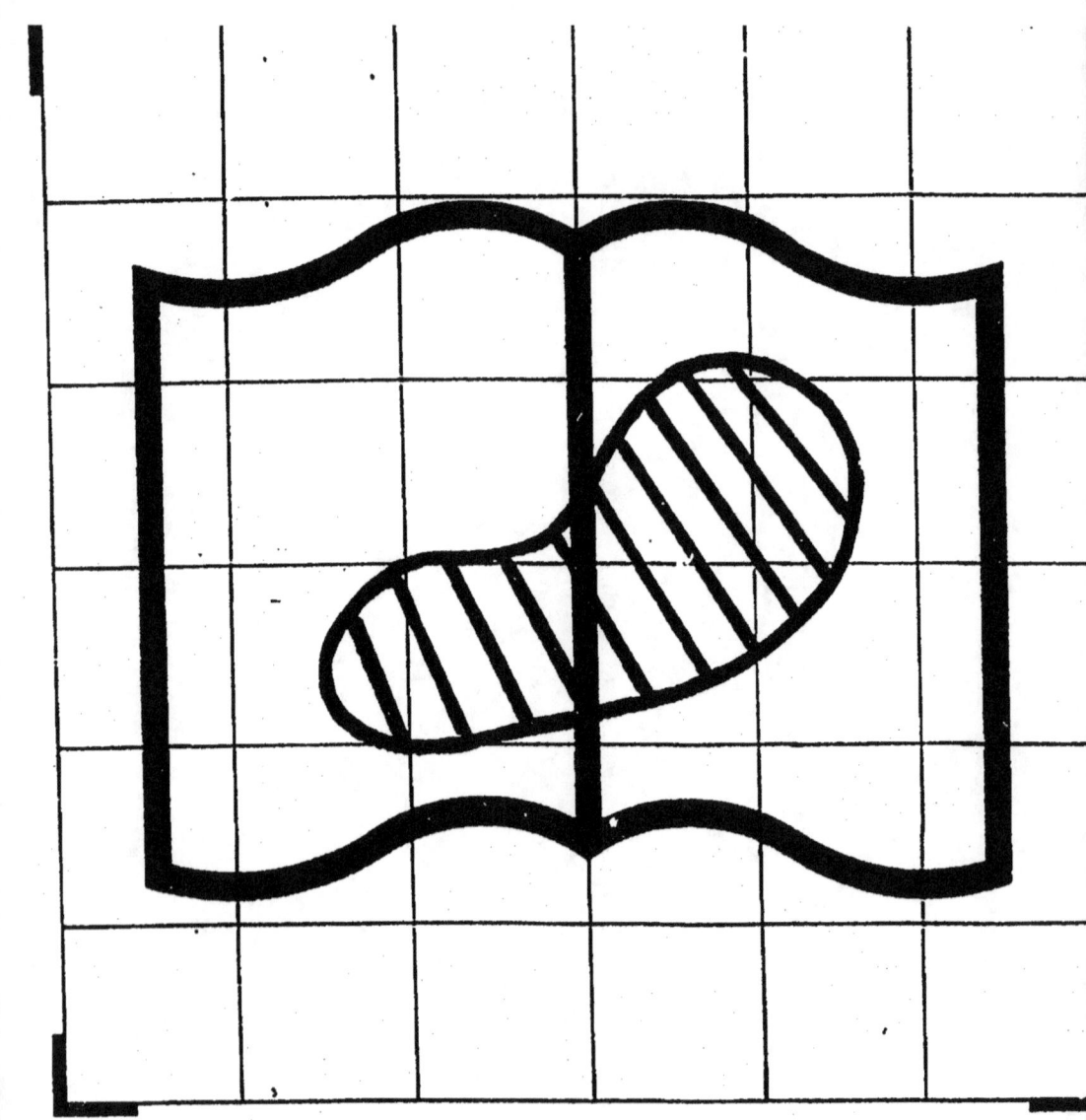

TOULOUSE

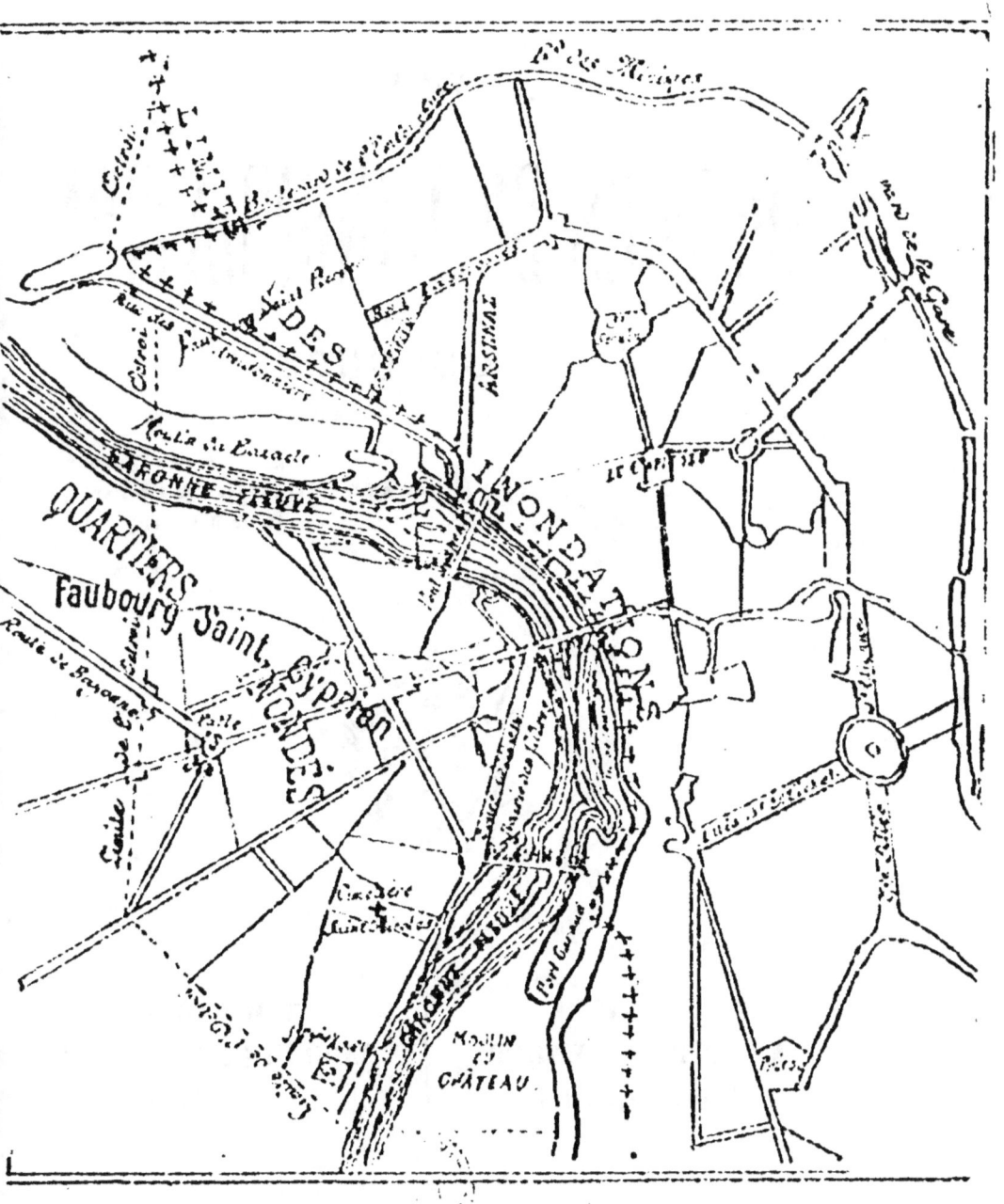

PLAN DES QUARTIERS INONDÉS

THÉOPHILE ASTRIÉ

LES
DRAMES DE L'INONDATION
A TOULOUSE

> Je suis Toulouse
> Et j'ai le deuil au front et la blessure aux flancs.
> H. de Bornier.

PARIS	TOULOUSE
ARNAUD ET LABAT	LIBRAIRIE CENTRALE
Palais-Royal, 213	Rue Saint-Rome, 44

1875

Toulouse. — Imprimerie Centrale, F. VIGÉ, rue des Balances, 43.

A Madame la Duchesse de Magenta,

PRÉSIDENTE DU COMITÉ DE SECOURS AUX INONDÉS.

Madame,

Une cité de vingt-cinq mille habitants transformée en un champ de désolation « plus affreux que les plus grands champs de bataille; » cinq cents maisons couvrant de leurs ruines des cadavres sans nombre; vingt-cinq mille personnes privées d'asile et près de cent millions engloutis par les flots : tel est le spectacle lugubre qui est venu frapper la France d'une douloureuse stupeur et émouvoir l'Europe d'une vive pitié.

Un grand élan de charité s'est manifesté en tous lieux, et cependant l'œuvre de réparation est loin d'être achevée. Que d'efforts, que de sacrifices ne faudra-t-il pas, sinon pour faire disparaître, du moins atténuer les effets d'une aussi terrible calamité.

Nul ne peut, ne doit rester indifférent ; mais si l'élan de charité venait à faiblir, le tableau de toutes les scènes, de tous les épisodes du drame de l'inondation de juin suffirait à émouvoir les âmes les plus froides.

Daignez, Madame, vous qui, dès la première heure, avez exprimé votre profonde sympathie pour les infortunes du Midi et avez écrit ces nobles lignes : « Je me mets à votre disposition pour des secours, » daignez agréer la dédicace d'un travail qui n'a d'autre mérite que celui d'être marqué du sceau de l'effrayante réalité.

Puisse ce livre, dans lequel le fléau apparaît dans son immensité sinistre, devenir dans vos mains et aussi dans les mains de toutes les femmes de France, un levier puissant pour remuer les cœurs.

Agréez, Madame, l'expression respectueuse de mes sentiments dévoués.

Théophile Astrié.

Toulouse, le 1er août 1875.

I

VALLÉE DE LA GARONNE

SOMMAIRE : Le Bassin de la Garonne. — Toulouse. — La rive droite : *Saint-Michel, l'île de Tounis, le Bazacle, les Amidonniers.* — *Le pont Saint-Michel, le Pont-Neuf, le pont Saint-Pierre.* — La rive gauche : *Le quai Dillon, le faubourg Saint-Cyprien.*

Les douloureux événements qui appellent si vivement l'attention sur les contrées méridionales donnent un caractère d'actualité aux détails géographiques qui ont trait au bassin de la Garonne.

La ceinture de ce bassin est formée, à l'ouest, par les monts de Bigorre ; au sud, par les Pyrénées ; à l'est, par la ligne de partage des eaux jusqu'au massif de la Lozère.

C'est au val d'Aran, sur le territoire espagnol, entre les pics de *la Maladetta* et du *Mont-Vallier* que la Garonne prend sa source.

Après un trajet précipité, elle sort de la vallée par une espèce de déchirure où l'on a construit un pont qui fait communiquer l'Espagne et la France, tout en leur servant de frontière : ce lieu s'appelle le *Pont-du-Roi*.

En quittant la vallée d'Aran, la Garonne se dirige pendant quelque temps du sud-est au nord-ouest, mais bientôt les monts de *Bigorre* la forcent à se détourner brusquement au nord-ouest, où elle décrit une courbe dans cette direction jusque près de Toulouse. Ce fleuve traverse les départements de la Haute-Garonne, du Tarn-et-Garonne, du Lot-et-Garonne, de la Gironde, et forme, réuni à la Dordogne, la Gironde qui se jette dans l'Océan.

Près de Toulouse et dans Toulouse

même, la Garonne coule au milieu d'une plaine continue; son lit est peu profond, ce qui rend ses débordements fréquents, et ce qui explique les terribles ravages causés au loin par ses eaux, que rien ne contient.

La Garonne a une vitesse moyenne de trois kilomètres à l'heure; elle a une largeur d'environ deux cents mètres.

Ses affluents sont : (rive droite) *la Neste, le Salat, l'Ariége, l'Hers*, sur les rives duquel eut lieu la bataille du 10 avril 1814, le *Tarn* et le *Lot*.

Sur la rive gauche : la *Pique*, la *Save*, le *Gers* et la *Baïse*.

Pour bien comprendre toute l'étendue du désastre qui est venu frapper la ville de Toulouse, il est nécessaire aussi d'avoir une idée topographique de cette importante cité et des principaux quartiers envahis par les flots.

Toulouse est située dans une vaste

plaine, qui commence le long de la partie centrale des Pyrénées. Elle est bâtie sur les deux rives de la Garonne qui, en quittant les derniers contreforts des montagnes, se précipite très rapidement, comme à l'entrée d'une sorte d'entonnoir.

En amont de la ville, la Garonne se divise en plusieurs bras pour se réunir au-dessous du pont Saint-Michel. Un peu au-dessous de ce qui fut ce pont, un bras endigué alimente une foule d'usines et rejoint le lit du fleuve au moulin du Château.

Dans le parcours de la commune de Toulouse, les eaux de la Garonne sont retenues par les trois digues ou écluses des moulins du Château, Vivent et du Bazacle.

La rive droite de la Garonne est seule abritée par des quais, le long desquels s'amarrent des écoles de natation et des bateaux de blanchisseuses. Les quais de Tounis, de la Daurade, de Saint-Pierre forment une magnifique défense et aboutissent au moulin du Bazacle.

La ville proprement dite est construite sur la rive droite qui, beaucoup plus élevée que la rive gauche, excepté au sud, vers la Poudrerie nationale, le Port-Garaud, Saint-Michel, l'île de Tounis, est à l'abri des débordements.

Sur la rive gauche, laquelle est en contre-bas, ce qui explique les ravages de la dernière inondation, se trouve le grand faubourg de Saint-Cyprien, véritable ville, comptant plus de trente mille habitants, entrepôt du commerce de Toulouse avec toute la région située sur les versants des Pyrénées.

Ce faubourg était relié à la ville par trois ponts : le pont Saint-Michel, joignant le quartier Saint-Michel à l'avenue de Muret; le Pont-Neuf, construit, selon certains historiens, par un ingénieur provençal du nom de Suffren; selon d'autres, commencé en 1541, sous la direction du célèbre Nicolas Bachelier, continué par Dominique Bachelier, son fils, terminé par l'architecte Mansard, qui en fit construire les trottoirs et l'arc de triomphe aujourd'hui disparu; enfin, le pont Saint-Pierre, aboutissant de l'Arsenal à la barrière de Bayonne, à l'extrémité du faubourg Saint-Cyprien proprement dit.

De tous les faubourgs de Toulouse, le plus fameux dans les annales de la ville est sans contredit celui de Saint-Cyprien. Néanmoins, ce quartier ne remonte pas à une très haute antiquité, puisque le poète Aussone, dit en parlant de Toulouse : « Et la Garonne roule à côté ses eaux belles et limpides. » Le poète bordelais n'eût pas manqué de parler d'un quartier si populeux que l'ancien *Barri* ou faubourg de *San-Subran;* probablement, on n'avait pas encore construit d'habitations sur la rive gauche de la Garonne.

Épisode de l'Inondation, page 137.

« On peut douter avec raison, dit l'auteur des *Mémoires de l'Histoire de Languedoc*, pourquoi ce quartier de la ville, qui se trouve au-delà de la Garonne, est appelé *Sant-Subra* ou Saint-Cyprien; il n'est fait mention d'aucune église qui y ait été bâtie sous l'invocation de ce saint; néanmoins, on trouve dans des actes fort anciens des passages où il est question *de hospitalario hospitalis pontis de sancto Subrano* et de sœur Agnès, hospitalière de l'hôpital *sancti Jacobi de sancto Subrano*.

Un acte de 1177 appelle le faubourg *villa Sancti Cypriani*.

« Dans cet acte, mentionne Catel, j'ai appris qu'anciennement, audit faubourg, il y avait une chapelle sous l'invocation de saint Cyprien; un débordement de la rivière étant survenu (*ce quartier était alors annuellement exposé aux inondations*), les habitants firent vœu de bâtir une église sous l'invocation de saint Nicolas ; autrefois, ce saint était le patron de ceux qui naviguaient et allaient par eau.

« C'est pourquoi la *chapelle redonde* qui appartenait aux pêcheurs était régie par les bailles de saint Nicolas, de laquelle église dépendait ladite chapelle. Ce qui peut confirmer cette assertion, c'est que l'on voit encore aujourd'hui, au grand-autel, les images en relief de saint Cyprien et de sainte Justine, dont on conserve les reliques dans un reliquaire fort ancien qui est dans l'église Saint-Nicolas. »

D'après les témoignages de Catel, qu'on ne peut guère révoquer en doute, parce qu'il vivait à une époque où les traditions populaires étaient encore fidèlement conservées, l'église Saint-Nicolas fut édifiée vers la fin du xii° siècle.

Le faubourg Saint-Cyprien n'avait pas

autrefois l'importance qu'il a aujourd'hui. On lit, il est vrai, dans les *Annales de l'Hôtel-de-Ville*, qu'il était le centre du commerce de la Gascogne, des pays de Foix, de Comminges et des populations pyrénéennes ; mais ce commerce était moins varié, moins étendu que de nos jours.

Primitivement et avant qu'on eût construit *le quai Dillon, qui,* on le croyait, *devait mettre désormais Saint-Cyprien à l'abri des inondations de la Garonne*, ce faubourg était habité principalement par des pêcheurs.

L'extrémité du faubourg Saint-Cyprien est ornée d'une belle grille en fer, travail de Bosc, serrurier de Toulouse. A droite et à gauche, sur des socles d'une grande dimension, sont placées deux statues colossales sculptées par François Lucas, dont le ciseau fut si fécond. Elles représentent : celle qui regarde la ville, la *Province du Languedoc*; l'autre, dont la tête est tournée du côté du dehors, la *Ville de Toulouse*.

En 1814, le faubourg Saint-Cyprien fut vivement attaqué par les divisions anglaises et espagnoles commandées par le général Hill.

La proximité des Abattoirs a fixé dans le faubourg une population de bouchers, gens intrépides et d'une force herculéenne.

Si on se place sur le Pont-Neuf ou si l'on considère le plan que nous avons mis en tête de notre volume, en regardant vers le sud, on aura devant soi les Pyrénées se déployant d'une mer à l'autre comme une immense tenture d'un blanc azuré, et au-dessous, au premier plan, le ramier du Château, sur lequel se découpait comme une dentelle le pont Saint-Michel. En examinant à gauche, quoique sur la rive droite, apparaissent le Port-Garaud, où parfois se profile l'ombre terrible de l'échafaud dressé pour les grands criminels; le faubourg Saint-Michel, qui avoisine les côtes de Pech-David, puis, successivement, le moulin du Château, l'île de Tounis, les quais de la Daurade et de Saint-Pierre, œuvre protectrice de Loménie de Brienne, et le Bazacle, qui cache le quartier des Amidonniers.

Si l'œil se reporte vers les Pyrénées, on verra à sa droite, quoique sur la rive gauche, la prairie des Filtres; au-dessus, la promenade du quai Dillon, faite pour mettre Saint-Cyprien à l'abri des inondations, et le Château-d'Eau, construit en 1821. En se tournant un peu, on apercevra la grande rue de Bayonne, qui descend à travers le faubourg; après, accolé au pont, l'Hôtel-Dieu, fondé avant le XII° siècle, et dont le jardin est limité, à l'ouest, par la rue Viguerie. Derrière l'Hôtel-Dieu sont placés l'église Saint-Nicolas, l'Hospice de la Grave, les Abattoirs.

Maintenant que les lieux sont décrits, que le lecteur les a entrevus, il ne nous reste plus qu'à raconter les événements et les épisodes divers du grand drame de l'inondation, aussi bien ceux du passé que ceux qui, aujourd'hui encore, sont un sujet de tristesse et de désolation.

II

INONDATIONS DU PASSÉ

SOMMAIRE : Les inondations de la Garonne aux temps passés et au dix-neuvième siècle. — Chroniques, annales et récits de l'époque. — Désolations et désastres subis par la ville de Toulouse et le faubourg Saint-Cyprien. — Indications comparatives de la violence des principales inondations qui ont assailli la cité toulousaine.

Toulouse a dû subir, à toutes les époques, les ravages des inondations. Il suffit, pour s'en convaincre, d'entr'ouvrir les pages de son histoire. Mais ce qui est plus affreux, c'est que de pareils désastres lui sont encore réservés si le génie de l'homme ne sait pas mettre un frein à la fureur des flots de la Garonne.

Voici, dans l'ordre chronologique, les

souvenirs du passé, le nombre des débordements de la Garonne, que la généralité des écrivains de l'heure présente a négligé de signaler d'une façon exacte et qui, depuis le douzième siècle jusqu'à nos jours, ne se porte pas à moins de *vingt-quatre!*

Aussi loin que l'on puisse remonter et d'après les documents qui existent encore, on en arrive à savoir que sur la fin du douzième siècle survint à Toulouse une grande inondation qui dévasta le faubourg Saint-Cyprien. Catel dit, en effet, que, dans un acte de 1177, il a appris qu'un débordement étant survenu et ce quartier étant annuellement exposé aux inondations, les habitants, effrayés par l'importance des pertes matérielles et le nombre des victimes, firent vœu de bâtir une église sous l'invocation de saint Nicolas. Cette église, construite vers la fin du douzième siècle, est celle que l'on voit maintenant.

Au siècle suivant, en 1220, un nouveau débordement ravagea la rive gauche. « Il plut, raconte un chroniqueur toulousain, pendant l'espace de trois jours et de trois nuits sans cesser... Le pont de San-Subran (Saint-Cyprien) fut ruiné par les fureurs de la Garonne sans y laisser que les deux tours. »

« En 1258, écrit Nicolas Bertrand, dans ses *Gestes tolosains,* l'inondation de la Garonne fut si grande et si subite que trois ponts s'écroulèrent un jour de samedi. De ce nombre était le *Pont-Vieil.* On put le réparer. » L'entrée de ce pont répondait à la rue des Couteliers, près des Halles, ce qui fait croire, ajoute Catel, « que la Garonne se jetait anciennement fort du côté de la ville. »

Par le fait d'un autre débordement, la consternation régna en 1430 dans la ville de Toulouse; l'hôpital Saint-Jacques et une partie de Saint-Cyprien furent détruits et « l'eau, mentionne un manuscrit du seizième siècle, surmonta les tuyles du chasteau Narbonais de Tholoso. »

Près d'un siècle après, et le 5 avril 1523, la Garonne déborda tellement qu'elle inonda le bourg de Saint-Cyprien, ce qui détermina la chute de plusieurs édifices. La plus grande partie des maisons de l'île de Tounis et le Pont-Vieux furent emportés sans qu'on ait depuis songé à rebâtir ce pont, dont on voit encore, en dépit des inondations, un bloc de maçonnerie émerger de la Garonne en face du Château-d'Eau. On porta en procession le Saint-Sacrement sur l'autre pont, qui allait de la Daurade à l'hôpital Saint-Jacques et qu'on appelait alors le Pont-Neuf. Le Saint-Sacrement n'eut pas plus tôt paru que le débordement s'apaisa, la rivière rentra dans son lit, bien qu'il ne cessât de pleuvoir durant trente jours. (Faits consignés dans les registres de l'hôtel de ville.)

En 1536, une inondation aussi terrible qu'imprévue fit, en quelques heures, de larges ruines. Lafaille, dans ses *Annales de la ville de Toulouse,* rapporte ce qui suit :

« Au commencement de l'automne, il y eut un débordement de la Garonne qui fit un grand ravage à la campagne et plus encore dans cette ville (Toulouse). Le grand moulin du Bazacle en fut presque tout emporté. Cette inondation surprit fort le monde, parce que les jours précédents il n'avait plu que médiocrement; mais cela pouvait être arrivé par la fonte des neiges des monts pyrénéens. »

L'an 1589, au printemps et à la suite

des fontes de neiges, la Garonne faillit renverser le pont de la Daurade; l'île de Tounis fut saccagée, Saint-Cyprien eut grandement à souffrir. Le village de Montaudran, à deux pas de Toulouse, fut détruit par le débordement de l'Hers, un affluent de la Garonne.

Pendant tout le mois d'octobre de l'année 1608, les pluies furent si abondantes que la Garonne sortit bien loin de son lit, de telle sorte que depuis longtemps il ne s'était vu aussi grand débordement. Le Pont-Neuf de bois, qui avait été bâti pour les charrois, fut presque tout emporté.

L'annaliste de l'Hôtel-de-Ville remarque que cette année le débordement des rivières fut général dans toute la France.

Le fléau des débordements sembla se ralentir durant quelques années et les capitouls, en 1612, voyant que la plupart des maisons exposées auparavant à la violence des inondations menaçaient ruine, en profitèrent pour ordonner de promptes réparations. On commença la construction d'un quai, mais elle fut interrompue et reprise en 1668, dix ans après l'inondation de 1658. On poussa les travaux avec une activité extraordinaire; le mur de ce quai fut bientôt achevé du côté du moulin du Château. On y posa une table de marbre noir avec six vers latins dont voici la traduction :

« Les capitouls ont opposé cette masse
« énorme à la rapidité des flots de la Ga-
« ronne; ils ont entouré les rives d'une
« ceinture de murailles, travail qui fera
« éternellement honneur à la ville de
« Toulouse et contiendra toujours les
« eaux. »

Les années 1673 et 1675 furent marquées par de cruelles inondations; aussi, en 1677, les capitouls poursuivirent-ils l'œuvre de leurs prédécesseurs. Ils continuèrent la chaussée commencée au-dessus du moulin à poudre, qui fut terminée dans une étendue de plus de 20 cannes. Elle devait garantir ainsi l'île de Tounis des ravages causés par les inondations et rejeter l'eau du côté du quai.

L'inondation de 1709 survint à suite du dégel. La chaussée du moulin du Bazacle fut rompue et emportée par la violence des eaux et des glaces.

Dans le courant de l'année 1827, les pluies et les orages ne discontinuèrent pas durant les mois de mai, de juin et de juillet. Des dommages sérieux furent occasionnés par l'inondation du 9 juin.

Le 12 septembre 1727, une inondation plus désastreuse que toutes les autres vint plonger Toulouse dans la désolation.

Une crue furieuse, telle que de mémoire d'homme on n'en avait point vu, fit en quelques heures d'épouvantables ravages et causa d'innombrables malheurs. On ne jugea du danger qu'au moment où il ne fut plus possible de l'éviter.

« L'épisode le plus tragique de ce petit cataclysme, dit M. d'Aldéguier, fut la mort de cinquante pauvres jeunes filles *Repenties* qui avaient été enfermées dans une maison de l'île de Tounis. Un prêtre, le père Badou, qui se trouvait alors dans la maison, eut le même sort. »

Outre les ravages que les eaux causèrent dans les établissements publics, il y eut NEUF CENT TRENTE-NEUF MAISONS RENVERSÉES OU GRANDEMENT ENDOMMAGÉES. L'intérieur du moulin du Bazacle fut presque tout emporté. Les bassins qui reçoivent les eaux et le canal qui les porte dans la rivière furent comblés à une distance d'environ 2,500 toises.

Plus de 10,000 setiers de froment, qui étaient dans les greniers du moulin du Château furent emportés par l'inondation. DOUZE CENTS FAMILLES SE TROUVÈRENT LE LENDEMAIN SANS ASILE.

Les habitants, pour conjurer le fléau et fléchir la colère de Dieu, descendirent de son autel la vierge de la Daurade et la promenèrent en procession dans les rues de la ville.

Au mois d'août 1750, la Garonne ayant éprouvé une crue extraordinaire, les eaux menacèrent d'emporter, sur la rive droite, le moulin du Château et l'île de Tounis; sur la rive gauche, le faubourg Saint-Cyprien.

Le 17 septembre 1772 les eaux de la

Garonne augmentèrent à l'improviste et s'élevèrent si haut qu'on allait en bateau dans le faubourg Saint-Cyprien.

Plusieurs maisons de ce faubourg et de Saint-Michel disparurent. L'île de Tounis était entièrement couverte et on n'apercevait que le faîte des maisons; l'hospice Saint-Jacques s'écroula en partie et perdit tous ses approvisionnements : PLUS DE CINQUANTE PERSONNES PÉRIRENT DANS CE DÉSASTRE. La violence des eaux devint telle que des cadavres furent déterrés dans le cimetière voisin de l'hospice de la Grave, et qu'on les vit, emportés par le courant, traverser les rues inondées. L'église Saint-Nicolas subit des dégâts considérables.

Le fait de cette affreuse inondation est constaté par une inscription gravée sur une plaque de marbre noir, placée sous le buffet des orgues de la dite église de Saint-Nicolas.

C'est à la suite de cette terrible inondation, et après rapport adressé au roi par les capitouls, que la province de Languedoc fit faire, en 1782 et en 1783, des terrassements et le mur en briques qui les soutient, voulant ainsi mettre obstacle aux envahissements de la Garonne. Avant cette époque, le cours Dillon était une allée basse appelée *Allée des Ormes*.

Nous ne ferons que mentionner les inondations de 1788, de 1804 et de 1840, pour arrêter le regard sur la mémorable catastrophe de 1827. Ce fut le 21 mai, après des pluies torrentielles et la fonte subite des neiges, que la Garonne déborda. Dès cinq heures et demie du matin, plusieurs quartiers étaient très sérieusement menacés. L'autorité prit toutes les mesures nécessaires pour préserver la ville. Les troupes de la garnison rivalisèrent de dévouement avec les plus courageux citoyens et contribuèrent, avec une abnégation admirable, au sauvetage.

M. de Montbel, alors maire de la ville, se signala, par son dévouement héroïque, à la reconnaissance et à l'admiration de ses concitoyens. Ce serait injuste de ne pas rappeler aussi le courage de M. Sainte-Foy, capitaine armurier, du pêcheur Cassagne, de Barthés, qui, après mille dangers, sauvèrent, aux applaudissements de la foule, trois ouvriers restés à la Poudrière, dans l'île placée au-dessus du moulin du Château.

Les chantiers du Port-Garaud furent emportés; des maisons s'écroulèrent à l'extrémité du cours Dillon, dans l'île de Tounis, à l'Embouchure, et le mur du moulin du Bazacle fut entrainé.

Il n'y eut heureusement que quatre victimes.

Le souvenir de l'inondation de 1827 a été conservé par un tableau placé au Musée de Toulouse, signé Villemsens, et représentant M. de Montbel secourant, dans une barque, les inondés de Tounis. Le conseil municipal vota d'urgence un secours de 10,000 francs aux inondés.

L'inondation de 1835 débuta le 22 mai sans occasionner des malheurs, mais le 29, la crue redoubla et la Garonne se répandit au loin, en ravageant tout dans sa cou... euse.

L'île de Tounis fut submergée. — La journée du 30 vit s'accomplir de plus grands malheurs. Le Port-Garaud, les Sept-Deniers, Tounis, l'avenue de Muret, furent dévastés; le nombre des maisons détruites s'éleva à quarante-huit, et plusieurs victimes disparurent sous les ruines. L'armée, et notamment l'artillerie qui tenait garnison à Toulouse, se montra admirable. On publia dans le *Moniteur* le nom de quelques officiers et de quelques soldats qui s'étaient particulièrement distingués. Le gouvernement transmit au préfet de la Haute-Garonne l'ordre de distribuer aux inondés, à titre de secours, une somme de *quinze mille francs;* mais cette somme était tout à fait hors de proportion avec les ravages du fléau.

A la suite de pluies torrentielles et de fontes de neige eut lieu encore, en mai, l'inondation de 1855. — Les câbles du pont Saint-Pierre furent brisés, les quatre piliers démolis et, finalement, le tablier du pont emporté. La prairie des Filtres disparut en entier sous les eaux.

L'empereur envoya à chacun des départements inondés, qui étaient au nombre de sept (tous les affluents de la Garonne s'étaient mis en crue), une somme de 10,000 francs.

En 1856, la Garonne déborda, en même

temps que la Loire et le Rhône sortirent de leur lit.

En face des désastres occasionnés par les inondations, le gouvernement prit l'initiative d'une grande souscription publique. — Avant la fin de l'année, la souscription dépassait DOUZE MILLIONS. — L'empereur publia une lettre destinée à indiquer quelles étaient les mesures à prendre contre les inondations (1).

Il visita les inondés de la Loire et du Rhône, mais il n'alla pas dans le bassin de la Garonne, qui demeura deshérité. — Ce ne fut, en effet, que sur le cours de la Loire et du Rhône que des travaux de défense et de reboisement furent exécutés.

Maintenant que nous avons soulevé le voile de deuil qui a pesé sur le front de

(1) Voir, à notre chapitre *Des moyens à opposer aux inondations*, la lettre publiée par l'Empereur.

la cité, ne devons-nous pas forcément nous écrier : que sont toutes les catastrophes d'autrefois comparées à l'horrible drame du 23 juin 1875, et combien paraissent réduites les proportions des calamités qui attristèrent les générations éteintes, en regard des ruines d'un faubourg de vingt-cinq mille âmes, des cadavres qu'on n'a cessé de recueillir nuit et jour pendant une semaine, et des malheureux sans asile qui n'espèrent plus qu'en la pitié publique ?

Pour apprécier plus facilement la gravité du désastre, la furie de l'inondation de 1875, il suffit de considérer un instant les indications que nous mettons sous les yeux de nos lecteurs et qui se rapportent aux crues les plus élevées de la Garonne ; à celles qui ont produit l'émotion la plus profonde dans l'âme des habitants, et qui restent comme un souvenir des plus terribles malheurs que Toulouse a dû endurer.

Lors de l'inondation de 1827, l'eau s'éleva à QUATRE MÈTRES au-dessus de son niveau ordinaire et passa, en les remplissant, à travers les trois ouvertures ménagées entre les arches du pont de pierre ou Pont-Neuf, du côté de Saint-Cyprien.

En 1835, dans la journée du 30 mai, les eaux atteignirent une hauteur de CINQ MÈTRES TRENTE-CINQ CENTIMÈTRES au-dessus de l'étiage; elles passèrent par les quatre *lunes* du pont de pierre.

Dans son MAXIMUM, la crue de la Garonne avait atteint, à Toulouse, HUIT MÈTRES CINQUANTE CENTIMÈTRES; c'était le 17 septembre 1772.

Mais en juin 1875: le mardi 22, à 8 heures du matin, la crue était de 3 mètres au-dessus de l'étiage; le mercredi 23, à 1 heure du matin, à 5 mètres 40 centimètres; à 8 heures du matin, elle dépassait 6 mètres 50 centimètres; dans l'après-midi, elle dépassait 7 mètres. Enfin, la Garonne atteignit NEUF MÈTRES au-dessus de l'étiage, et à l'Embouchure, elle s'élevait, le 23 juin à 11 heures du soir, à 9 mètres 47.

Le mur du quai Dillon avait été franchi pour la première fois depuis sa construction.

Le faubourg Saint-Cyprien était fatalement perdu, après être resté douze heures sans secours, la violence des eaux ayant rendu toute communication impossible.

III

LA CATASTROPHE

SOMMAIRE : Commencement de la crue. — Ses causes. — Ses premiers ravages. — La Garonne couvre la Prairie des Filtres. — L'Ecole de natation Artigaud est emportée, bientôt suivie par l'Ecole de natation militaire, les lavoirs et les bains Raynaud. — Ecroulement et incendie dans la rue des Vaillants. — On évacue Tounis. — Le pont Saint-Pierre détruit. — Les deux ramiers submergés. — Construction de digues et de bâtardeaux. — L'eau pénètre dans Saint-Cyprien. — La digue de l'avenue de Muret rompue. — L'autorité fait évacuer Saint-Cyprien. — Fourgon écrasé. — Les deux courants. — Un lac de 4 kilomètres. — On organise le sauvetage en bateaux. — Le quai Dillon envahi. — Le pont Saint-Michel emporté. — Terrible panique. — Le Pont-Neuf menacé. — Trente mille habitants en péril de mort. — Le drame du naufragé. — Ecroulement des maisons. — La nuit du 23 au 24 juin. — La tragédie des ténèbres.

C'est le lundi 21 juin, à minuit, ou, pour mieux dire, dans la nuit du 21 au

22 juin, que la crue de la Garonne commence.

Déjà, depuis vingt-quatre heures, le vent d'ouest, qui soufflait avec assez de violence, pousse devant lui de gros nuages noirs qui envahissent l'horizon et versent des torrents de pluie sur nos campagnes, gonflant les ruisseaux et les faisant déborder avant d'atteindre le lit du grand fleuve.

C'est le commencement de la crue. Elle augmente dans des proportions formidables lorsque, à l'eau des pluies que portent à tout instant à la Garonne ses nombreux affluents, vient se joindre la masse des neiges que les chaudes effluves de l'été, courant sur l'aile des orages dans les massifs des montagnes, fait fondre, avec une rapidité menaçante, pour les plaines qu'elles vont bientôt inonder.

MARDI. — Dans la journée du 22 juin,

la Garonne grossit pour ainsi dire à vue d'œil. Cependant, nul ne se doute encore des ravages que nous prépare un lendemain fécond en désastres. En effet, les proportions acquises par les eaux du fleuve sont celles, à peu près, que nous leur avons vu prendre, maintes fois, et elles n'atteignent pas encore celles de la crue de 1855.

Mais, dans la nuit du 22 au 23 juin, la Garonne prend des allures effrayantes; à la rapidité de ses eaux, on comprend qu'elles sont poussées en avant par des masses supérieures, pressées de s'ouvrir un passage de la montagne à la mer, semblables à l'avalanche que son propre poids entraine avec une rapidité vertigineuse des sommets glacés dans les calmes profondeurs de la vallée.

MERCREDI. — Déjà le fleuve couvre la Prairie des Filtres, ce qui est à Toulouse le signe de grandes crues. Et la pluie tombe toujours, avec une persistance implacable, qui assombrit et inquiète les esprits.

Cinquante mille personnes parcourent les quais et commentent le spectacle terrifiant qui est sous leurs yeux. La Garonne est un torrent, roulant dans son lit des milliers d'objets qui témoignent du péril des riverains. Des planches, des tonneaux, des meubles, voire même des animaux morts, nous apprennent que déjà la demeure de l'homme est la proie du redoutable fléau.

Mais Toulouse, à son tour, commence à souffrir de l'élément dévastateur. Il est à peine sept heures du matin quand la moitié de l'immense École de natation de M. Artigaud, poussée par le flot grossissant, rompt ses robustes amarres et court à la dérive se briser contre une des piles du colossal pont de pierre dit le *Pont-Neuf*.

A huit heures et demie, nous parcourons le pont suspendu de Saint-Michel dont les piliers, aux trois-quarts noyés dans le fleuve grondant, seront bientôt submergés. Afin que notre imprudence ne soit pas imitée, on ferme les portes qui donnent passage sur le pont et son accès est désormais interdit.

Nous avons pu voir, malgré la rapidité de notre course, toutes les usines du Ramier envahies par l'eau. La belle manufacture de M. Idrac n'échappe pas à la loi commune, et bientôt les approvisionnements de cet intelligent industriel seront la proie du fléau.

Il est neuf heures quand une épaisse fumée, s'élevant tout à coup en tourbillons au-dessus du laminoir Porteries, fait croire aux cinquante mille curieux qui, malgré la pluie tombant à torrents, couvrent les quais, que le feu a pris au

USINE IDRAC AU RAMIER DU CHATEAU

moulin du Bazacle; ce sont les fourneaux du laminoir qui s'éteignent à la fois sous le brusque envahissement des eaux et font croire à un immense incendie.

La Prairie des Filtres est noyée sous l'eau.

L'autorité militaire a fait transporter sur le cours Dillon les tentes des gardes commis à la surveillance du pont de bateaux qui sert d'École de natation à la garnison, et qui émerge encore du milieu du fleuve impétueux comme une épave que l'abime menace à tout instant d'engloutir.

En effet, vers dix heures, l'Ecole, sous un dernier effort du flot furieux, s'ébranle et, légère comme un fétu de paille dans un tourbillon, va sombrer, en se désagrégeant, dans les gouffres qui se creusent au bas de la chaussée du Bazacle. Pourtant, une des barques dont est formée l'Ecole de natation, par un de ces hasards singuliers qui signalent souvent par de petits faits les grands événements, est jetée dans une des ouvertures pratiquées au plein des culées qui soutiennent les arches du Pont-Neuf.

Voici le tour des magnifiques bains Raynaud, puis du lavoir Mader qui, successivement, et malgré les énormes amarres qui les retiennent aux massifs parapets des quais, cèdent au formidable courant qui les broie, et vont se briser contre la masse du Pont-Neuf.

A ce moment-là, onze heures du matin, l'eau envahit rapidement le derrière des maisons qui longent le quai de Tounis, mais dont une des façades regarde le canal de fuite du moulin du Château.

Heureusement, il est grand jour, les secours sont faciles à diriger, et il suffit de quelques échelles pour atteindre aux croisées des maisons dont le rez-de-chaussée est déjà submergé. C'est ainsi que nous voyons déménager les bains Montagné, qui nagent sous 6 mètres d'eau.

A midi et demi, un cri d'angoisse, poussé par des milliers de curieux massés sur le Pont-Neuf, sollicite l'attention : une des colonnes de fonte qui soutiennent les câbles du beau pont suspendu de Saint-Pierre vient de dévier de sa ligne perpendiculaire. Une formidable secousse a ébranlé le pilier qui se trouve au milieu du lit de la Garonne et son écrasement présage la ruine prochaine du pont tout entier.

Un quart-d'heure s'écoule à peine, et, à midi trois quarts, le bruit sinistre du tablier du pont, tombant dans le gouffre, éveille un instant l'écho des rives terrifiées de la Garonne.

Mais ce n'est là que le prologue d'un drame bien plus terrible que ce que l'imagination peut alors concevoir. Le beau pont de Saint-Pierre a subi le même sort en 1855, et quelque triste que soit ce spectacle, précisément parce qu'il a eu un précédent dans la vie de notre génération, il étonne moins les esprits et émeut moins les cœurs.

Hélas! pourquoi, à ce moment-là, à travers le mal entrevoyant le pire, n'est-on pas circonspect jusqu'à la timidité et prudent jusqu'à la crainte? Nous n'aurions bientôt qu'à réparer des pertes matérielles, sans déplorer la mort de tant de concitoyens, dont l'affreuse agonie sera pour la cité un éternel sujet de douleur.

Déjà le faubourg Saint-Michel et le quartier du Port-Garaud subissent l'atteinte du fléau. Dès huit heures du matin, le mercredi 23 juin, plusieurs maisons envahies par les eaux se sont écroulées avec fracas. Dans l'une d'elles, habitée par un espagnol qui y fabriquait des allumettes, l'incendie est venu compliquer l'effondrement et menacer la rue des Vaillants d'un nouveau fléau.

En même temps, toutes les usines du ramier du moulin du Château sont submergées aussi bien que celles adossées aux constructions du moulin. Cependant, la minoterie de M. Rouzegas est encore au-dessus du niveau des eaux.

Mais ce niveau s'élève toujours, et l'on commence à se préoccuper très sérieusement des dangers que la progression de la crue du fleuve peut faire courir au faubourg Saint-Cyprien tout entier.

De fortes escouades d'hommes appartenant à tous les corps de la garnison, mais particulièrement à l'artillerie, marchent, sous la direction de leurs officiers, et se dirigent vers le faubourg pour établir des bâtardeaux et construire des digues sur les points le plus près d'être envahis. Le premier de ces travaux est fait au-dessous de l'Hôtel-Dieu et relie les murailles de cette épaisse construction au quai qui prolonge la rue Viguerie.

De nombreux fourgons chargés de fumier se dirigent au galop des chevaux vers la place du Fer-à-Cheval, qui s'arrondit devant l'entrée du pont reliant Saint-Cyprien à Saint-Michel. De grosses pièces de bois sont placées au travers de la chaussée, entre le moulin Vivent, déjà envahi, et la première culée du pont suspendu. On travaille là avec une activité fiévreuse que l'anxiété publique augmente.

Tandis que la digue s'élève rapidement sur ce point, devant le fleuve toujours grossissant, nous tournons à droite, dans la grande rue qui se dirige vers le cimetière de Rapas. Là, nous constatons bientôt que les efforts faits ailleurs vont être inutiles. En effet, dans la rue du Cimetière-

Saint-Nicolas, qui débouche sur la grande avenue de Muret, au-dessus du point où l'artillerie construit la digue, la Garonne vomit déjà ses eaux avec la furie du torrent. Le faubourg est envahi par un point que l'on n'a pas même songé à préserver.

Il est deux heures et demie. Une barque passe, avec la rapidité de la flèche, dans la rue du Cimetière-Saint-Nicolas, et va au secours du quartier submergé. Nous avons à peine le temps d'abandonner ce côté du faubourg sans tremper nos pieds dans l'eau, qui envahit rapidement l'avenue.

Nous parcourons l'allée de Garonne et nous nous dirigeons du côté de l'Abattoir. Là, le danger est aussi grand, et le premier sinistre qui ouvre la série lamentable de ceux dont nous allons souffrir, a eu lieu.

On évacue au plus vite l'Abattoir, déjà

submergé dans la partie basse. La maison de M. Mariteau, attenant à cette solide construction, vient de s'abattre avec fracas dans l'eau qui baigne les premières assises de ses murs. Les bonnes sœurs qui tiennent le Dispensaire du Dépôt de mendicité nous racontent, à ce moment, que de la maison dont nous voyons devant nous les ruines, on a retiré déjà trois victimes grièvement blessées. Mais une quatrième, Mlle Mariteau, venue précisément au faubourg pour secourir son frère, est encore sous les décombres. L'accent ému de la bonne sœur de charité nous entraine. Suivi de quelques personnes dévouées, nous courons vers la maison effondrée quand, à dix pas devant nous, un second écroulement, plus formidable que le premier, se produit. C'est une seconde maison qui s'effondre sur la première et accumule ses ruines sur celles de la maison Mariteau.

C'en est fait de l'espoir de sauver d'une mort maintenant certaine la première victime, à Toulouse, de l'inondation. Devant nous, où l'allée de Garonne prend vue sur les bords du fleuve, l'eau mugissante s'avance en grondant et nous force à reculer devant elle.

Il est trois heures. Nous remontons vers le Pont-Neuf. Mais nous cherchons vainement un passage à pied sec à travers les rues situées entre la place du Chairedon et l'Hôtel-Dieu. Les bouches d'égout favorisent leur envahissement. Les canaux souterrains, dont le niveau des eaux est déjà plus bas que celui du fleuve, ne déversent plus leur trop plein que sur la voie publique.

Nous marchons dans l'eau et pénétrons ainsi dans la grande rue de Bayonne où nous voyons, comme d'ailleurs dans le reste du faubourg, les habitants occupés à fermer les ouvertures des caves à l'aide de terre glaise, de planches ou de fumier.

Nous parcourons de nouveau le quai Dillon. Vers le milieu de son cours, nous rencontrons les artilleurs que nous avons vu, demi-heure avant, construire la digue sur la place du Fer-à-Cheval. Un des brigadiers qui les conduit, M. Albert de Cassagnac, se détache un instant de son escouade pour nous apprendre que tout espoir de préserver le faubourg du fléau envahisseur est perdu. La digue, rompue et entraînée par le courant, laisse une large issue au fleuve, qui se précipite dans l'allée de Garonne, au sud, comme nous venons de le voir, y pénétrer au nord dans le voisinage de l'Abattoir.

Sur cette place du Fer-à-Cheval, deux maisons, notamment celle de M. Lacoume, marchand de vins, viennent de crouler. Un artilleur, qui a tenté de sauver un superbe cheval qui se noie dans le jardin de la maison Lacoume, a failli être écrasé par les décombres.

Il n'y a plus aucun espoir de résister au fléau ; l'homme se reconnait impuissant et il invoque l'intervention du Ciel. Nous apercevons sur le Pont-Neuf la bannière de l'église de la Daurade, que précède son clergé en prières et que le flot envahisseur arrête à l'entrée de la rue de Bayonne. Le cours Dillon, que nous parcourons une dernière fois pour rentrer en ville, et qui ne nous avait jamais paru si long, est déjà à 30 centimètres au moins en contre-bas du niveau des eaux du fleuve. En longeant le parapet, qui seul préserve encore cette promenade de la submersion, nous plongeons notre main dans l'eau limoneuse. Sous le bâtardeau qui ferme l'élégant escalier par lequel on descend du Cours dans la prairie des Filtres, le torrent cherche une issue et bouillonne, en baignant les tentes établies là, depuis la veille au soir, par le génie.

Trois heures et demie. — Les plus prudents quittent le faubourg Saint-Cyprien et entrent en ville. Ce serait folie désormais de lutter contre l'inondation, qui devient à tout instant plus certaine et plus menaçante. Il fait encore grand jour et il est urgent d'organiser le salut de ceux que l'imprévoyance ou l'impuissance physique retiennent sur la rive gauche du fleuve.

C'est ce qu'a compris l'autorité. Elle fait sillonner le faubourg par des fourgons d'artillerie qui recueillent ceux que l'inondation a surpris dans leurs maisons. Mais, hélas ! que sont ces faibles moyens, au milieu d'une population de 25,000 âmes, qui n'a voulu croire au péril que lorsqu'il n'est plus temps de le conjurer !

Dans la rue Laganne, une voiture de place, qui vient de chercher une pensionnaire au couvent des Feuillants, parvient à grand'peine, malgré la rapidité des chevaux qui l'entrainent au triple galop, à franchir le bas de cette rue, jusqu'à la grille du jardin qui entoure l'ancien Château-d'Eau, et les roues du véhicule plongent dans l'eau jusqu'au moyeux.

Un quart d'heure plus tard, on ne peut plus pénétrer dans le faubourg Saint-Cyprien qu'en bateau. Le dernier fourgon employé au sauvetage des habitants est surpris par l'inondation sur l'allée de Garonne, un peu au-dessous de la maison de vins de M. Gélis. Il parcourt cette allée et en longe les maisons, quand un mur qui s'écroule sur lui le renverse avec les quatre robustes chevaux qui le trainent, et en font une épave de cette lamentable journée.

On évacue précipitamment les malades

de l'Hôtel-Dieu, dont le premier étage, au-dessus du niveau habituel de la Garonne, est entièrement submergé. Quant à l'hôpital de la Grave, l'eau l'a déjà envahi de toutes parts, et les mille personnes qu'il contient devront y passer la nuit terrible que leur prépare le fléau.

A ce moment-là, le fleuve impétueux, en amont du faubourg et au-dessus de la chaussée du moulin Vivent, vomit des torrents d'eau qui se divisent en deux courants d'une égale violence.

L'un parcourt la rue Laganne, débouche devant l'auberge dite des *Trois-Pigeons*, qui ne tardera pas à s'écrouler, entrainant la maison du marchand de bois Rozès, franchit la chaussée plus élevée qui se dresse au bas de la rampe du Pont-Neuf et se précipite avec une nouvelle violence dans la rue Viguerie, pour aller rejoindre le grand lit du fleuve, au-dessus du batardeau établi à l'angle nord de l'Hôtel-Dieu.

Épisode de l'Inondation, page 158.

L'autre parcourt la large allée de Garonne dans toute sa longueur, entraînant les arbres, ravinant la chaussée à trois mètres de profondeur, renversant la massive porte de fer qui ferme la place Intérieure-Saint-Cyprien, et va se joindre au lit du fleuve un peu au-dessous des Abattoirs.

Il est cinq heures et demie. Il pleut toujours à verse et les eaux du fleuve montent encore. Toute la population de Toulouse-ville est sur les quais de Saint-Pierre, de la Daurade et de Tounis, contemplant avec effroi le faubourg Saint-Cyprien envahi par l'inondation, et songeant, avec un trouble indicible, à l'affreuse nuit que réserve le fléau à vingt-cinq mille concitoyens.

Aucun des détails de ce grand drame ne nous échappe, placé que nous sommes à un observatoire qui domine de très haut la scène où il se produit. A l'angle de la

Place du Pont-Neuf et de la rue de Metz, est une maison à cinq étages, d'où nous voyons toutes les courbes du fleuve, les plaines qu'il inonde, les quartiers Saint-Michel et des Amidonniers qu'il envahit, et le malheureux faubourg Saint-Cyprien qu'il enferme tout entier dans l'humide linceuil où il va passer, entre deux dangers de mort, une nuit qui sera la dernière pour beaucoup de ses malheureux habitants.

La nappe d'eau, implacable comme jadis le fut pour Hercule la robe de Nessus, s'étend de l'Hôtel-Dieu jusqu'aux premières pentes du côteau qui gravit le plateau de Lardenne. La place du Chairedon, celle du Ravelin, celle de l'Estrapade, la place Intérieure-Saint-Cyprien et la place extérieure, le rond-point de la Patte-d'Oie, le vaste périmètre de l'enceinte de l'octroi, le champ de course de la Cépière, le Polygone de l'artillerie, tous ces quartiers, toutes ces promenades, les rues qui y aboutissent, les jardins qui en sont l'ornement, les constructions élégantes qui les bordent, tout est noyé, ravagé, perdu, dans ce vaste lac de quatre kilomètres carrés et sous les flots dévastateurs des deux torrents qui l'alimentent et le traversent.

Il est six heures. Un grand mouvement s'opère au milieu des cinquante ou soixante mille parapluies qui abritent autant de curieux sur les quais et la place du Pont-Neuf. Quarante fourgons d'artillerie arrivent, au galop de leurs robustes chevaux, des grandes casernes du boulevard Lascroses, et viennent se placer à l'entrée du Pont-Neuf. Dans la pensée de l'autorité, qui les avait requis, ils étaient destinés, sans doute, à recueillir les habitants du faubourg Saint-Cyprien, avant que la Garonne le transformât en une île que des chevaux ne peuvent plus aborder. Aussi, dès que l'impossibilité d'en faire usage est démontrée, ce vaste et beau matériel fait volte-face avec le bruit formidable qui accompagne toujours ses mouvements.

Les quarante fourgons s'éloignent rapidement et vont chercher autant de bateaux, à l'aide desquels on pourra opérer bien des sauvetages avant que la nuit ne couvre de ses plis sinistres les quartiers inondés.

Pendant ce temps, l'eau monte toujours. Elle submerge le cours Dillon, après avoir franchi les parapets de cette belle promenade, dont les arbres émergent de la moitié seulement de la hauteur de leur tige, comme s'ils formaient la végétation d'une île flottante.

La Garonne, de plus en plus formidable dans son lit qu'elle étend sans cesse, roule avec une impétuosité toujours croissante les matériaux qu'elle dérobe à des habitations qu'elle n'avait jamais visitées. Des tonneaux, des charrettes, des meules de paille, des toitures tout entières, quelques-unes avec les briques qui couvraient les charpentes, passent comme dans une vision sinistre, sous les yeux d'une population affolée qui n'ose plus assigner de limites à ce désastre sans précédent.

Il est six heures et demie. Déjà le niveau du fleuve atteint à la hauteur du tablier du pont suspendu de Saint-Michel, que vingt inondations avaient respecté. Il va fatalement être entraîné à son tour dans le torrent qui, depuis vingt-quatre heures, dévore tout ce qui lui fait obstacle. Un quart-d'heure d'affreuse anxiété se peint sur tous les visages. La catastrophe est imminente, et du haut de notre observatoire nous comptons les

RUINES DU PONT SAINT-MICHEL

minutes qui nous séparent encore du moment précis de la chute du pont suspendu. Il est six heures trois quarts, quand un dernier effort du fleuve, roulant ses masses bourbeuses, triomphe de la résistance que, pendant plus de trente années, elle n'avait pu vaincre. Les câbles de fer fléchissent et se rompent, le tablier du pont s'affaisse dans un craquement sinistre, et le fleuve, dont ce poids énorme ne ralentit pas une seconde la marche furieuse, reçoit et entraine sa nouvelle proie.

A ce moment, il se produit un instant de terrible panique parmi les personnes privilégiées dans le sacrifice ou le salut, qui sont placées devant l'Hôtel-Dieu Saint-Jacques, recueillant les inondés du faubourg qui fuient le désastre ou étant elles-mêmes du petit nombre de ces favorisés. La chute du pont de Saint-Michel leur fait craindre que le choc formidable qui, sans doute, va se produire à la rencontre du tablier submergé et des piles du Pont-Neuf, n'ébranle le colosse de pierre et ne détermine son écroulement. Trois cents personnes terrifiées fuient à toutes jambes vers la ville, parcourant le pont, que l'autorité a fait évacuer depuis longtemps par mesure de prudence. Heureusement, elles en sont quittes avec la peur; car elles n'ont pas fait cinquante pas avant que le tablier du pont suspendu ne s'engouffre, sans même le froisser de sa masse, sous l'arche colossale du beau monument qui défie depuis plus de deux siècles les fureurs désordonnées du fleuve qu'il humilie de son joug.

Voici l'heure des grandes catastrophes et aussi des grands dévouements. Toulouse a trois faubourgs inondés et trente mille de ses enfants en péril de mort. Le ramier du moulin du Château et les belles usines de MM. Idrac, Lafitte et Mazelié, Gachies et Dorléac, Garipuy et d'autres encore; tout le quartier du Port-Garaud jusqu'aux magnifiques constructions du couvent du Refuge; la plus grande partie de l'ile de Tounis et les nombreuses fabriques qui font la fortune de ce quartier populeux; au nord de la ville, la rue des Amidonniers et l'ile du moulin du Bazacle avec leurs riches usines; enfin le faubourg Saint-Cyprien dans sa vaste étendue, sont noyés sous quatre mètres d'eau et livrés à la fureur du plus redoutable et du plus impitoyable des fléaux.

C'est à ce moment là que le brave marquis d'Hautpoul et le brigadier Sistac entrent en lutte avec le formidable adversaire qui, pendant toute une nuit d'angoisses inénarrables, va promener ses ravages et prodiguer ses coups sur une population surprise et terrifiée. L'histoire du dévouement de M. d'Hautpoul est aussi courte que tragique. A six heures et demie du soir, le 23 juin, les deux ou trois cents personnes placées sur le trottoir qui domine le jardin de l'Hôtel-Dieu Saint-Jacques, l'ont vu partir dans une barque que le courant a entraînée dans la rue Viguerie ; et quelques minutes après, dix mille personnes, spectatrices impuissantes et désolées de ce sombre drame, sur le quai Saint-Pierre, l'ont vu disparaître et périr au-dessus du batardeau construit au nord de l'Hôtel-Dieu. Ce barrage artificiel formait à ce moment là une chaussée, du haut de laquelle M. d'Hautpoul a été précipité dans le torrent qui devait rouler son corps, de si haute taille et de si noble allure, jusqu'aux ramiers de Blagnac.

Une minute peut-être après la mort tragique de M. d'Hautpoul, un second naufragé est porté dans le gouffre par le flot furieux; mais celui-là est un habile

nageur. Il résiste un instant au courant, et s'accroche avec l'ardeur du désespoir aux saillies que forment, le long du quai de la Grave, les briques dépouillées du ciment qui les reliait l'une à l'autre. L'effort triomphe un moment de la résistance; mais le flot implacable revient plus furieux et arrache l'homme à son fragile appui. Le nageur lutte encore. Une barque, que sa légèreté même avait jusqu'alors préservée du sort de tant d'autres, est retenue au mur par une chaîne que le courant n'a pas encore rompue; le nageur s'y cramponne avec énergie. Deux fois le flot obstiné l'arrache à l'épave et deux fois il la ressaisit. Mais ses forces diminuent; il ne voit personne qui lui puisse tendre une main secourable, et son isolement accroît sans doute son désespoir. Un dernier assaut du courant termine la lutte et le malheureux naufragé disparaît dans les eaux du fleuve.

Voilà le prologue du drame terrible que la nuit va continuer, en le rendant plus horrible encore. Des nuages de poussière, précédés de sourds grondements, montent vers le ciel noir et nous apprennent à tout instant qu'une maison s'écroule. L'eau envahissante fait son œuvre perfide; elle détrempe les murrailles, ébranle les fondations et engloutit, avec tout ce qu'elles contiennent, les constructions inondées. De la Croix-de-Pierre à la Patte-d'Oie, du Polygone aux Amidonniers, de Tounis au Port-Garaud, il semble à tout instant que cinquante mines accomplissent une œuvre préméditée de nivellement et de destruction. Le bruit de l'artillerie ne fut jamais aussi sinistre ni son œuvre aussi cruelle. Chaque maison a ici son hécatombe d'êtres humains, écrasés sous les débris ou noyés dans le torrent. La mort saisit ses victimes deux fois, comme si sa cruauté froide ne pouvait être satisfaite. Quelques hommes courageux luttent encore, au péril de leur vie, comme le brave marquis d'Hautpoul, comme l'agent de police Castel, comme le menuisier Vital, pour arracher à l'aveugle niveleuse les victimes qu'elle convoite. Mais pour une proie qu'ils lui arrachent, elle en broie cinquante sous les pierres et les briques qui remplacent sous sa main la faux sanglante dont les poètes l'ont armée.

La nuit étend ses sombres voiles sur cette scène de deuil comme pour cacher à la terre le spectacle de ses misères. Il est dix heures du soir. L'eau s'ouvre un passage toujours plus étroit sous les arches du grand pont de pierre, qui les vomit par les *lunes* ou ouvertures dont sont percées ses culées massives. On ne circule plus sur le Pont-Neuf par crainte d'une catastrophe plus redoutable encore que toutes celles dont nous avons encore été témoins. Des artilleurs à cheval interdisent le stationnement des piétons sur les trottoirs du quai de la Daurade, afin que l'effondrement possible d'une partie des parapets n'augmente encore le nombre des victimes.

Le lavoir de M. Lavoie est fortement amarré en face du portail de l'église de la Daurade, et son toit bitumé s'élève d'un mètre au moins au-dessus de la bordure de pierre qui couronne le parapet du quai. Une lumière vacillante éclaire l'intérieur de cette habitation de planches, où l'œil inquiet de la foule suit les mouvements de son propriétaire, étanchant sa barque, dans laquelle l'eau pénètre par plusieurs issues entre les planches mal jointes. Nous apercevons à ce moment un agent de police que nous sollicitons instamment d'arracher M. Lavoie au péril mortel qui le menace. Celui-ci résiste obstinément aux conseils qui lui sont donnés, et il faut qu'à l'aide d'une échelle appuyée contre le parapet du quai, on descende dans le lavoir pour en arracher de force le propriétaire imprudent. Heureuse insistance qui sauve la vie de ce malheureux ; car, un quart d'heure après ce sauvetage forcé, le lavoir rompt ses amarres et va se perdre dans les chutes de la chaussée du Bazacle.

Quelques instants après, ce qui restait de la vaste école de natation Artigaud subit à son tour la loi du torrent, et il ne reste plus, de tout ce quartier nautique qui allait de Tounis à la Daurade, que les deux établissements de bains de MM. Gignoux et Henri, abrités sur le terre plein du port, entièrement submergé, et protégés par cette circonstance fortuite contre la fureur irrésistible du courant.

La nuit, qui plane sur les quartiers

inondés, nous cache toutes les horreurs du drame dont le lendemain nous révèlera l'étendue. La foule continue de stationner sous la pluie, comme sous le joug d'une fascination dont elle ne peut s'affranchir, et elle s'attriste des ruines et des malheurs qu'elle pressent. On entend dans l'ombre épaisse les plaintes de tous les habitants du faubourg Saint-Cyprien que l'heure de la fermeture des ateliers a retenus dans les quartiers hauts de la ville, et sauvés sans doute d'une mort affreuse. Ces lamentations, le grondement continuel du fleuve, la pluie qui toujours tombe, le choc des épaves charriées par les eaux contre les murailles des quais, tous ces bruits sinistres remplissent l'âme d'un saisissement dont le temps n'effacera jamais la douloureuse impression.

IV

A TRAVERS LES RUINES

SOMMAIRE : Les ravages de la nuit. — Premiers secours. — La crue diminue. — Aspect du faubourg Saint-Cyprien. — Un lac de vase. — Emanations putrides. — La nuit maudite. — On relève les morts. — La Grande-Rue-Saint-Nicolas. — Les chevaux noyés. — L'allée de Garonne. — Un ravin improvisé. — L'effort du fléau. — La grille de l'ancien octroi. — Panorama des ruines. — L'agonie de la terreur. — Dévastation des tombes. — La fraternité des cadavres. — Fiction et réalité. — Un nouveau coin du tableau. — Le Port-Garaud. — Photographie des ruines. — Les usines du Ramier. — Le niveau de la crue du 23 juin. — La tréfilerie Campionnet. — Nouvel engin de destruction. — L'usine Marcon. — Philosophie du désastre. — La solidarité universelle.

JEUDI. — L'œuvre de destruction est complète. L'inondation a ruiné le plus beau faubourg de Toulouse et chassé de ses murs ses vingt-cinq mille habitants, mieux que ne l'auraient pu faire la guerre la plus cruelle, le bombardement le plus meurtrier.

Saint-Cyprien, hier encore si florissant, si animé, si vivant, repose aujourd'hui dans le lugubre silence de la mort, qui l'a enveloppé d'un double linceul apporté par le même fléau, — l'eau du fleuve débordé et les matériaux de ses constructions, qui ne sont plus que des décombres souillés de boue.

Les premières lueurs de l'aube, sous un ciel encore gris, quoique la pluie ait cessé de tomber, éclairent la scène de désolation la plus navrante qu'il nous ait jamais été donné de voir.

Quelques barques, que la nuit ténébreuse avait retenues inactives au bas de la rampe du Pont-Neuf, sont dirigées par des hommes courageux dans la grande rue de Bayonne et dans les rues adjacentes. Elles vont y recueillir les malheureux habitants de Saint-Cyprien que l'angoisse la plus terrible n'a pas tués pendant la nuit fatale, et que l'écroulement des maisons ou l'envahissement subit des eaux n'ont pas engloutis.

L'œuvre des sauveteurs est facilitée par la retraite des eaux qui, depuis onze heures du soir, n'ont cessé de décroitre. Le fleuve ne déborde plus dans Saint-Cyprien et le faubourg n'est maintenant envahi que par une nappe d'eau de 50 centimètres que ne traverse aucun courant.

Il semble, du reste, que le fléau n'a cessé de sévir que lorsqu'il n'a plus eu de ravages à exercer, tant les traces qu'il a laissées de son passage sont hideuses et profondes.

En regardant à gauche de l'ancien Château-d'Eau, on aperçoit les ruines de l'auberge des Trois-Pigeons et de la maison Rozès, dont le vaste dépôt de bois de

RUINES DE LA RUE LAGANNE

construction a été fouillé et dévasté par le fleuve changé en torrent. Plus loin, les murs d'enceinte de la manufacture de cierges de M. Bernady, de la belle habitation du colonel Carcenac et du couvent des Feuillants, gisent renversés et bouleversés dans toute l'étendue de la rue Laganne. Plus loin encore, l'hôtel Castex, où descendaient les marchands ambulants qui émigrent tous les ans des Pyrénées, encombre de ses colossales ruines la voie publique, profondément ravinée par le torrent. Jusqu'à la grille de fer qui limite le quai Dillon, on aperçoit des maisons écroulées jonchant le sol de leurs débris.

Si l'œil se dirige à droite du jardin de l'Hôtel-Dieu, le spectacle est encore plus affreux dans sa cruelle réalité. La rue Viguerie est interceptée dans toute sa longueur par des ruines amoncelées. Il semble qu'il y ait eu parti-pris de bouleverser et de détruire. On dirait qu'un ébranlement formidable, comme il s'en produit dans les pays tourmentés par des volcans, a soulevé et déchiré le sol pour produire à sa surface la confusion et le chaos.

Ce n'est qu'en gravissant des monceaux de briques et de planches, enchevêtrées dans un effrayant désordre, que nous pénétrons dans cette partie du faubourg. Les ruines succèdent aux ruines, gisant dans une vase infecte qui menace ce quartier dévasté d'un nouveau fléau.

Des cris déchirants, des appels désespérés, sortent de temps à autre des rares maisons encore debout, et sollicitent les secours des sauveteurs. Tous ceux pour qui la nuit maudite n'a pas été la dernière, veulent fuir cette scène horrible où tant de drames poignants se sont passés sous leurs yeux terrifiés.

Il ne restera plus bientôt, à travers les

rues obstruées par la vase et les débris, que les militaires et les agents de police, tous dévoués, tous sublimes, qui fouillent les ruines pour y recueillir les blessés et y relever les morts.

La Grande-Rue-Saint-Nicolas et les petites rues qui y aboutissent offrent un aspect indescriptible. Les maisons effondrées ou éventrées laissent voir derrière leurs fragiles murailles en torchis ou en pans de bois, les mobiliers écrasés, les vêtements des pauvres ménages qui les habitaient enfouis pêle-mêle dans les décombres et dans la boue, comme ces chiffons flétris qu'attend la hotte du chiffonnier.

Dans quelques écuries à plafond bas ouvert par un escalier vermoulu qui monte à la grange, nous apercevons de magnifiques chevaux, amenés là pour la foire de la Saint-Jean, et que l'eau a surpris et étouffés à côté de la crèche où on les avait attachés. Nous comptons onze de ces animaux dans la même écurie, gisant sur le sol, côte à côte, et déjà gonflés. Dix mètres plus loin, une magnifique jument a subi le même sort, dans une posture affreusement tourmentée, qui révèle les terribles efforts qu'a faits ce vigoureux et magnifique animal pour rompre sa chaîne et fuir le fléau.

Toutes ces épaves de l'inondation, les animaux, les vêtements, les provisions des ménages, déjà atteints par la décomposition, que hâte la vase infecte dont les rues et les débris des maisons sont couverts, répandent une odeur fétide qui nous fait précipiter le pas dans cette morne nécropole où la dévastation et la mort ont accompli leur œuvre cruelle.

Nous atteignons l'allée de Garonne, où l'inondation, ingénieuse comme le génie du mal qui s'attacherait à varier les tourments réservés à ses victimes, nous a préparé un spectacle plus étonnant peut-être dans son horreur que celui qui vient d'attrister nos yeux.

En effet, aux maisons effondrées, aux mobiliers et aux familles écrasés sous les ruines, qui ont ému déjà notre cœur et troublé nos sens, viennent s'ajouter ici des ravages d'un nouveau genre, qui terrifient l'esprit en étonnant le regard.

La Garonne s'est littéralement creusé un second lit sur cette magnifique promenade qui, de la place du Fer-à-Cheval au nouveau Château-d'Eau, forme comme la corde de l'arc gigantesque dont le fleuve affecte la figure en traversant Toulouse.

Des arbres trois fois séculaires ont été arrachés aux profondeurs où plongeaient leurs robustes racines. Les candélabres qui supportaient les lanternes à gaz gisent dans un ravin creusé à 3 mètres en contrebas du niveau du sol. Encore quelques heures de ce cataclysme sans précédent, et le bel aqueduc d'amenée des eaux filtrées, construit il y a dix ans, à des profondeurs inusitées, allait se désagréger, malgré ses fortes parois de ciment, sous l'action corrosive du torrent.

L'œil épouvanté regarde ces témoignages inouïs de l'inondation, et l'esprit stupéfait n'y croit pas encore. La réalité vous saisit avec une telle puissance, que l'on éprouve là cette sorte de malaise physique ressenti au milieu d'une atmosphère où l'air ambiant n'a plus les vertus qui donnent la vie.

Est-il vrai que la Garonne a voulu agrandir son humide domaine, comme aux grandes périodes géologiques, quand la figure du globe changeait de forme et d'aspect sous l'action des révolutions terrestres dont la science découvre parfois les traces et démontre les redoutables effets? A-t-elle voulu faire une île de Saint-Cyprien, comme elle le fit jadis de Tounis et des deux Ramiers qu'elle enveloppe de ses eaux en traversant Toulouse? On le croirait sans peine en contemplant les ravages exercés par le fleuve sur des objets et des lieux dont la puissance de résistance est à celle de l'homme ce qu'est l'éclat éblouissant du soleil à la lumière incertaine d'une lampe fumeuse. On le dirait surtout, en voyant la lourde et belle grille en fer qui servit jusqu'en ces derniers temps de barrière à l'octroi, tordue et couchée sur le sol raviné, comme le serait un jouet de carton par la main d'un enfant ; ou bien, en mesurant, sur la promenade qu'ils couvraient de leur ombre, et où ils sont étendus, les proportions de ces ormeaux géants, déracinés en une heure par le torrent plus facilement que cent hommes ne l'eussent fait en trois jours.

Nous poursuivons à travers les ruines cette funèbre promenade qui émeut notre patriotisme autant qu'elle déconcerte notre raison. Nous nous demandons comment une nuit a suffi pour accumuler tant de désastres. La vaste auberge de la Femme sans Tête n'existe plus; la rue Varsovie est semée de maisons effondrées; la belle distillerie Durban, sur l'avenue de la Patte-d'Oie, n'est qu'un amas de décombres; l'établissement d'horticulture où Smith fabriquait avec un art sans rival ses beaux bouquets de fleurs naturelles; les jardins de M. Lassance et ceux de M. Froment; la jolie villa où M. Provost avait installé sa photographie équestre, ne sont que de vastes dépôts de vase sous lesquels les arbres et les fleurs croupissent, arrachés et flétris.

Plus loin, le magnifique parc de M. de la Rhoëllerie, qui faisait un si bel horizon à l'élégante chartreuse où ce gentilhomme de la plume avait ses riches collections de faïences et d'albums, est couvert de débris de toutes sortes, apportés là par les eaux limoneuses du fleuve débordé.

Dans l'allée de Cugnaux, longue peut-être de 1 kilomètre, il ne reste pas six maisons debout. L'avenue de Muret, de la Croix-de-Pierre au moulin Vivent, est plus dévastée encore, s'il est possible. Cette belle route, large comme un boulevard, est tellement encombrée par les ruines des maisons écrasées, que le roulage est interrompu ou s'y fait avec une extrême difficulté.

L'entrée de la rue Laganne, du côté de la grille qui fait l'ornement du quai Dillon, est obstruée par les débris des maisons en bordure à cet endroit. La grande allée de Garonne, où devait se tenir, aujourd'hui même, la foire réputée de la Saint-Jean, est profondément ravinée. L'établissement de vitraux peints de M. Chalons, la belle maison de M. Groc, où lui et sa charmante famille ont échappé miraculeusement à la mort, trente autres constructions, semées sur cette magnifique promenade, ne montrent plus que leurs façades branlantes ou n'étalent que des ruines que l'effondrement a émiettées comme la meule fait du grain.

Voici la grande rue de Bayonne, autrefois rue Bonaparte, qui faisait l'orgueil de Saint-Cyprien, nous devrions dire de Toulouse, par ses belles proportions, la rectitude de ses lignes et l'aspect monumental de ses édifices. L'élément destructeur ne l'a guère plus épargnée que le reste du faubourg. La maison de M. Casse s'est effondrée sur la partie qui regarde la rue Réclusane. Celle où M. et

Mme Brun ont trouvé la mort, s'est changée en gouffre, derrière sa grande muraille, encore debout comme un squelette que l'anatomiste a débarrassé de ses chairs après que la mort en a fait fuir l'âme. La maison Massabiau, tout récemment transformée en couvent par les pères Carmes, s'est affaissée en travers de la voie publique, entraînant dans sa chute sa voisine de gauche et celle de droite, où ont péri si dramatiquement Mme Garrigue et M. Wohlfart, et où M. de la Rhoëllerie d'une part et le père Emmanuel de l'autre, ont failli, eux aussi, trouver la mort.

La place du Chairedon offre un spectacle indescriptible. De tous les côtés, on n'aperçoit que des ruines affreusement bouleversées. La vaste auberge de Madame Abela et les constructions auxquelles elle s'adossait, les deux maisons où M. Olivier avait établi son industrie et son commerce de confiseur, plusieurs autres encore, font de ce coin du faubourg l'image la plus navrante des ravages exercés par le fléau destructeur.

Il nous faudrait un chapitre pour énumérer, non pas les maisons détruites, qui se comptent par centaines, mais les rues où ces maisons se sont effondrées, entraînant avec elles leurs malheureux habitants. On nous montre, dans la rue des Teinturiers, un monceau de ruines sous lequel gisaient, écrasés et noyés, quarante-deux cadavres, crispés déjà dans la mort depuis plusieurs heures. Qui saura jamais l'épouvantable agonie endurée par ces malheureux, qu'aucun secours ne pouvait sauver et que le désespoir et l'effroi avaient peut-être tués avant que l'écrasement ou la submersion n'eussent accompli leur œuvre implacable et cruelle !

La dévastation n'a pas même respecté les lieux funèbres où la mort règne en souveraine. Le cimetière de Rapas a été profané par le fléau avec un acharnement qui nous révèle son aveuglement et sa fureur. Après avoir bouleversé le champ du dernier repos, après avoir mis à nu les cercueils que couvraient plusieurs mètres de terre, entr'ouvert les caveaux bâtis et noyé les tombes, le flot meurtrier a semé, dans le faubourg ruiné, les croix noires qui indiquaient aux vivants la place des amis défunts, comme pour faire à la mort une égalité plus sombre et plus terrible encore que celle qui révèle à l'homme, dans une réalité implacable, les vanités de la vie. Un cercueil que les fossoyeurs, surpris par l'inondation, n'eurent pas le temps de descendre dans la fosse préparée pour lui, est allé s'échouer, porté par le torrent impétueux, près d'une maison qui l'a retenu, en s'effondrant, sous les ruines où le cadavre d'hier fraternise dans la mort avec les cadavres d'aujourd'hui.

L'esprit peut-il imaginer des situations plus dramatiques, des calamités plus affreuses, des tortures morales plus grandes, des infortunes plus poignantes que celles dont nous recueillons les tristes et nombreux témoignages ? Nous ne le croyons pas, et aucun de ceux qui auront vécu ces deux jours d'angoisse mortelle ne le croira pas non plus. Il faut avoir vu ramasser les morts par centaines dans ces rues mornes où la douleur paralyse la parole ; il faut avoir péniblement gravi ces calvaires improvisés par les débris des maisons, changées, la plupart, en tombeaux ; il faut avoir parcouru ce qui fut les rues Laganne, Sainte-Lucie, des Teinturiers, des Feuillantines, Villenouvelle, Varsovie, Réclusane, Courte, des Novards, Coupe-Fer, des Fontaines, de

Tournefeuille, Viguerie, de Bayonne, place du Chairedon, allée de Garonne, avenue de Muret, allée de Cugnaux, rue du Pont-Saint-Pierre— pour ne nommer que les points les plus atteints — il faut avoir visité ce vaste cimetière, cette effroyable et grande ruine, pour juger de l'étendue et de l'intensité des désastres des 23 et 24 juin.

Et le tableau n'est pas encore complet. Car en parcourant le faubourg Saint-Cyprien, où une odeur putride de marais et de charnier vous saisit à la gorge et vous poursuit partout, nous n'avons qu'une partie de l'immense scène où l'inondation a mis en œuvre sa sanglante tragédie.

Le faubourg Saint-Michel, le quartier de Tounis, le quartier des Amidonniers, l'Embouchure, ont fourni leur contingent de victimes à l'insatiable fléau.

Là, cependant, les hommes n'ont été

atteints que dans leur fortune, et la Garonne homicide leur a fait grâce de la vie. Mais que de ruines dans le présent, que de misères en germe dans l'avenir!

Ruines du Port-Garaud.

Le magnifique pont d'Empalot, construit en maçonnerie par la Compagnie des chemins de fer du Midi, pour faire franchir les deux bras de la Garonne à la voie ferrée, a deux de ses belles et robustes arches emportées. Le torrent a fait œuvre de destruction plus formidable encore. Il a détruit les rails et balayé, comme le ferait l'ouragan d'une plume, un remblai de six mètres cubes de hauteur au moins, sur cinquante mètres de largeur, — plus de mille mètres cubes de gravier, — qui relient le pont d'Empalot au côteau de Pech-David. Le fleuve impétueux, trompant cette fois les lois de la pesanteur, a jeté les traverses de bois, les coussinets de fonte et jusqu'aux lourdes bandes d'acier qui forment les rails, à des distances où, le lendemain, on était stupéfait de les retrouver.

Dans le faubourg Saint-Michel, au quartier du Port-Garaud, cinq ou six rues, celles des Menuisiers, des Vaillants,

Mespoul, et de l'Eau entre autres, sont dans un état que la plume est impuissante à décrire. C'est ce que, sans doute, ont compris les habiles photographes qui, ici comme dans le faubourg Saint-Cyprien, saisissent l'inondation sur le fait, avec la précision imcomparable du soleil dont l'éclat enveloppe ces lamentables ruines. Grâce à MM. Prévost, Delon et Ducasse, les générations qui nous suivront auront le vivant et irrécusable souvenir de l'effroyable cataclysme qui s'est abattu sur Toulouse le 23 juin, et qui, sans eux, ne serait qu'une date muette et décolorée dans les annales de la cité.

Dans ce même faubourg Saint-Michel, de riches et nombreuses usines, parmi lesquelles on remarquait la papeterie de MM. Gachies et d'Orléac, la maroquinerie de M. Lafite, la fabrique de parquets de M. Idrac, ont été entièrement submergées, ont eu leur matériel fort endommagé et les produits fabriqués emportés par les eaux; mais là, du moins, les constructions ont été préservées en partie des ravages du courant, par la formidable digue qu'oppose à l'inondation le magnifique Ramier formé dans toute sa longueur, de Braqueville à Saint-Cyprien, par l'île du moulin du Château.

Le quartier des Amidonniers et le ramier du moulin du Bazacle n'ont pas eu, malheureusement, la même fortune. Aussi, les traces de l'inondation sont-elles là, en quelques points du moins, beaucoup plus terribles, beaucoup plus profondes. La marche du fleuve, déjà foudroyante entre Saint-Michel et Saint-Pierre, si l'on en juge par l'état des berges, faites de chaux hydraulique et de cailloux de granit qui bordent son cours, au bas des quais de la Daurade et de Brienne, et malgré cela profondément corrodées, cette marche est précipitée encore par les chutes de la chaussée du Bazacle.

Cette épouvantable crue de 9 mètres et demie, mesurée à l'échelle qui marque l'étiage habituel de la Garonne, sur les murailles du moulin, représente une force dont le chiffre épouvante l'imagination. Or, cette force, multipliée par la vitesse du courant et par le poids des épaves que le torrent charriait sans cesse, est celle qui est allée s'abattre, de toute la puissance qui l'entraînait, sur les usines du ramier du Bazacle et des Amidonniers. Comment nous étonnerions-nous, après cela, des ruines que nous présente ce quartier industrieux et des ravages dont il porte les traces ?

La tréfilerie de M. Campionnet, une des plus belles de France, a été entièrement saccagée par le flot dévastateur.

Le grand bateau dragueur, connu sous

le nom de *Jupiter*, qui était amarré dans le bassin de la Daurade, a été le bélier dont s'est servi le fleuve furieux pour ravager cette importante usine, aujourd'hui détruite de fond en comble.

Ailleurs, sur les bords du canal de fuite qui distribue la force motrice aux fabriques dont est peuplée la rue des Amidonniers, le fléau a produit les mêmes effets, à l'aide d'un engin de destruction dont nul n'aurait pu prévoir le rôle. La belle manufacture de M. Marcon, qui présentait un ensemble de constructions considérables, assez justement comparables à une ruche toujours en activité, cette manufacture a été, l'on peut dire, littéralement décapitée par les câbles qui soutenaient le pont suspendu de Saint-Pierre, lorsque l'autorité, après la chute de ce monument, a jugé prudent et utile de les couper. C'est sur ce point surtout que les résultats de l'inondation peuvent être appréciés avec le caractère horrible qui l'a signalée à notre observation. On ne saurait voir rien de plus bouleversé, de plus effroyablement tourmenté que cette ruine. L'usine de M. Marcon et celle de M. Campionnet sont, sans contredit, celles de toute notre région qui ont eu la plus large part dans le désastre sans précédent des 23-24 juin.

Nous nous arrêtons, l'âme navrée, dans notre promenade à travers les ruines. Ce spectacle, que les devoirs du narrateur ont trop longtemps prolongé, jette notre esprit dans une morne stupeur, voisine du désespoir. Nous participons par le cœur à toutes les misères que nous avons décrites, à toutes les douleurs que nous avons racontées, et l'état de surexcitation pénible qui nous soutient depuis vingt-quatre heures, a enfin épuisé nos forces et brisé notre énergie. Il ne nous reste plus, pour adoucir l'amertume de notre âme, dans la cruelle situation que le patriotisme ému nous a faite, que le souvenir des dévouements qui ont atténué les malheurs publics et le spectacle des efforts tentés par la charité universelle pour nous les faire oublier.

Nous ne pouvons pas faire suivre le chapitre que nous venons d'écrire sur les ruines accumulées par l'inondation, de commentaire plus éloquent que le tableau suivant, où nos lecteurs liront, en chiffres d'une brutalité saisissante, l'importance du désastre matériel dont le fléau dévastatateur a été l'inexorable agent.

Voici donc indiqué, par quartiers et par rues, le nombre des maisons détruites sur le passage de la Garonne :

NOMBRE DES MAISONS ÉCROULÉES

DANS LE FAUBOURG SAINT-CYPRIEN

	Nombre.
Rue de Bayonne	11
Rue Saint-Nicolas	10
Rue des Teinturiers	12
Rue Viguerie	7
Rue du Crucifix	3
Rue Quilméry	4
Petite rue Saint-Nicolas	2
Rue Cujette	1
Rue Saint-Joseph-de-la-Grave	5
Rue du Chapeau-Rouge	1
Rue Courte	1
Rue Réclusane	9
Rue du Pont-Saint-Pierre	6
Rue Piquemil	4
Impasse des demoiselles de Laporte	4
Rue Pélissier	3
Place l'Estrapade	7
Place du Chairedon	7
Rue Lagane	7
Nombre à reporter	104

Nombre reporté.........	104
Rue du Pont-Vieux....................	3
Rue du Chairedon.....................	2
Rue des Feuillantines...................	9
Rue de la Laque.....................	10
Rue Villenouvelle....................	6
Rue des Feuillants....................	1
Rue Coupe-Fer.....................	2
Rue Payrolade.....................	2
Place du Fer-à-Cheval.................	5
Allées de Garonne....................	30
Avenue de Muret....................	95
Rue Sainte-Lucie....................	25
Rue Lavigne.....................	4
Rue Lamarque.....................	7
Rue Delpy.....................	7
Rue Cany.....................	33
Rue du Cimetière....................	22
Chemin de la Néboude.................	1
Rue des Arcs.....................	24
Rue de Cugnaux....................	42
Rue la Gravette....................	13
Allée Saint-Simon....................	64
Rue de la Brasserie....................	2
Rue Varsovie.....................	20
Place de la Patte-d'Oie.	7
Avenue de Lombez.................	14
Nombre à reporter....	551

Nombre reporté.........	554
Avenue de la Patte-d'Oie.....	31
Avenue de Bayonne........................	20
Chemin de ronde des Fontaines.........	2
Rue Tournefeuille.....................	34
Rue Antipoul.......................	2
Rue des Fontaines..........	25
Rue Gameldy.....................	1
Rue de Bourasol..........................	5
Rue des Abattoirs.......	1
Rue du Martinet....................	3
Rue Champêtre........	6
Rue du Ravelin......................... ...	10
Place du Ravelins........................	5
Rue Villeneuve.........................	8
Rue des Trois-Canelles....	11
Place Roguet...........................	10
Place Saint-Cyprien......................	3
	731

Hors des barrières de l'octroi.

Chemin de ronde des Arcs.................	8
Chemin des Arcs.......................	15
Rue traversière des Arcs	19
Chemin des fontaines Lestang..............	45
Route de Cugnaux......................	4
Nombre à reporter......	822

Nombre reporté.........	822
Avenue de Lombez....................	27
Avenue de Bayonne (côté gauche)...........	9
La Croix-de-Pierre........................	88
Rue Saint-Hippolyte......................	2
Rue Fieux...............................	2
Route des fontaines Lestang..............	6
Chemin de barrière des Arcs..............	1
Quartier de Lafourguette.................	16
Briqueterie.............................	4
Route de Bayonne (côté droit)............	15
Chemin des Fontaines.....................	3
Quartier de Bourasol.....................	7
Total............	1,002

Trois moulins à farine; une usine à trituration.

NOMBRE DES MAISONS ÉCROULÉES

AU PORT-GARAUD

	Nombre.
Rue des Menuisiers......................	4
Rue des Vaillants.......................	7
Rue du Port-Garaud......................	17
Rue des Saules..........................	2
Nombre à reporter.......	30

Nombre reporté.........	30
A la Gourgue-Métairie....................	1
Métairie Milhès (Calvaire).................	1
Métairie Courége (Calvaire)...............	1
Rue des Bûchers........................	3
Rue Mespoul...........................	4
Total..............	40

Toutes les usines et fabriques de ce quartier fonctionnent comme avant l'inondation.

TOUNIS

MAISONS ÉCROULÉES OU DÉGRADÉES

	Nombre.
Rue de Tounis............................	12
Quai de Tounis...........................	13
Rue du pont de Tounis....................	1
Rive droite du canal de fuite du Moulin.......	2
Total..............	28

AMIDONNIERS, EMBOUCHURE ET SEPT-DENIERS

ÉTAT DES USINES, MAISONS ET MAGASINS EFFONDRÉS.

	Nombre.
Ramier du Bazacle, usines écroulées.........	2
Ramier du Bazacle, magasins écroulés........	4
Rue des Amidonniers, usines effondrées.......	3
Rue des Amidonniers, maisons effondrées.....	5
Rue Saint-Bruno, maisons effondrées.........	5
Rue Sainte-Thérèse, maisons effondrées.......	20
Rue de l'Industrie, maisons effondrées........	11
Rue Lignières, maisons effondrées...........	4
Rue traversière des Amidonniers, hangard....	1
Chemin de ronde de l'octroi, maison effondrée.	1
Quartier des Sept-Deniers, maisons effondrées.	43
Quartier des Sept-Deniers, briqueterie effondrée...	1
Quartier de Lalande, maisons effondrées.......	14
Quartier de Lalande, briqueterie effondrée.....	35
Total...............	149

Maisons endommagées dans le même quartier.

	Nombre.
Ramier du Bazacle............................	4
Rue des Amidonniers.....................	3
Chemin de ronde de l'octroi................	1
Quartier des Sept-Deniers...................	7
Quartier de Lalande.........................	4
Total:..................	19

RÉCAPITULATION DES MAISONS ÉCROULÉES

Faubourg Saint-Cyprien.....................	1,002
Port-Garaud................................	40
Tounis......................................	28
Amidonniers, Embouchure et Sept-Deniers...	149
Total général des maisons écroulées par suite de l'inondation..........	1,219

V

LES DRAMES DE L'INONDATION

SOMMAIRE : Drames sans témoins. — La catastrophe de la rue des Teinturiers. — La corde des noyés. — Le facteur Estrade. — M. et Mme Carrère. — Un étroit abri. — Epouvantable agonie. — Tortures morales. — Le couvent des Feuillants. — Confession préventive. — L'heure du salut. — Tragédie de la rue du Pont-Saint-Pierre. — Un saut périlleux. — Famille engloutie. — Le jeune séminariste. — Réunis dans la mort. — Pendu et noyé. — Récit d'un ressuscité. — Mort de M. Wohlfart. — Les Pères Carmes. — Confession *in extremis*. — Sauvetage miraculeux. — Péril et salut. — La maison Maurette. — Drame de la rue Varsovie. — Un paria de sang-froid. — Les martyrs du devoir. — Le bateau-ponton. — Les victimes de la rue Réclusane. — La légende du berceau.

Après avoir esquissé en traits rapides la vaste scène où l'inondation des 23-24 juin a mis en œuvre sa lugubre tragédie, il nous reste à raconter les épisodes qui sont comme la trame de la grande action, les mille et un drames qui ont donné ses effroyables proportions et ses sombres couleurs au drame lamentable dont témoigne le deuil de tous.

Mais quelle plume est capable de faire passer dans les âmes de ceux qui n'ont pas vu ces affreuses journées les émotions ressenties, les douleurs éprouvées ? Et d'ailleurs, comment raconterions-nous nous-même ces drames intimes, les plus poignants, les plus cruels, les plus tragiques, dont furent victimes, jusqu'au dernier, tous ceux qui y prirent part ?

Qui nous peindra, avec les couleurs exactes de la vérité, l'effroyable catastrophe de la rue des Teinturiers, dont la scène fut cette maison, écrasée au milieu de plusieurs autres restées debout, et où, par une inspiration fatale, par une défaillance de cet instinct de conservation qui protégea si souvent la vie contre les assauts de la mort, quarante-deux habitants des maisons voisines vinrent chercher un affreux trépas dont ils eussent été très probablement préservés ailleurs ?

L'âme se serre et le cœur s'émeut à la vue de cette corde, qui devait être un agent de salut, et qui fut un instrument de perte pour ceux qui l'établirent sur le faîte des toits des maisons voisines, afin d'aider les femmes, les vieillards, les enfants, à aller chercher, sans trop de danger, l'abri perfide que semblait leur offrir la maison engloutie.

C'est là précisément que le facteur Estrade, suivi de sa jeune famille, vint se réfugier, quand, arrêté dans son service de distribution par l'envahissement subit des eaux, il dut rentrer précipitamment chez lui, y déposer le sac des dépêches contenant cette lettre chargée que l'inspecteur des postes, M. Palan, vint retirer le lendemain du milieu des ruines, et pourvoir à la sécurité de sa jeune femme et son jeune enfant, trouvés hélas? comme lui, le 25 juin parmi les cadavres gisant sous les décombres de la maison détruite !

A quelques pas de la scène où avait eu lieu ce drame horrible, dont aucun témoin n'a pu raconter les cruelles péripéties, M. et Mme Carrère, dont le fils est un des jeunes avocats les plus intelligents et les plus sympathiques du Palais, étaient surpris eux aussi par le débordement imprévu et subit de la Garonne. Ce qui aggravait singulièrement leur situation, c'est que leur jolie chartreuse n'a qu'un rez-de-chaussée sans étage supérieur. Il ne fallait pas que la crue du fleuve fît de grands progrès dans le faubourg pour rendre cette demeure, si riante et si calme d'ordinaire, inhabitable. Or, l'eau, on l'a su le lendemain, s'est élevée de trois mètres et demi dans cette partie du faubourg !

M. et Mme Carrère songèrent un instant à demander l'hospitalité à M. Esquirol, dont la maison, située au bout de la rue des Feuillants, était élevée de deux étages et avait un aspect de solidité tel qu'il écartait toute crainte de l'esprit le plus inquiet. Mais leur domestique alla vainement frapper à la porte de M. Esquirol, par un heureux hasard absent de Toulouse ce jour-là. Nous disons « heureux hasard, » car nous devons ajouter que ce refuge eût été bien illusoire, puisque la maison de M. Esquirol s'effondra quelques heures après, écrasant sous ses débris les seuls hôtes qu'elle contenait, les pauvres vaches d'un laitier.

M. et Mme Carrère surent donc se résigner à chercher un abri chez eux. Heureusement, la soupente du toit, élevée d'un mètre et demi environ au-dessus du plafond du rez-de-chaussée, a permis d'y ménager une petite chambre étroite

et basse. C'est là que les maîtres du lieu
se réfugièrent quand l'eau eut envahi leur
habitation, et que de pauvres voisins,
au nombre de dix ou douze, chassés de
chez eux par l'inondation, vinrent leur
demander l'hospitalité.

Dans cette situation, la nuit vint les surprendre, cette nuit d'autant plus sombre, d'autant plus lugubre, que le premier effet du torrent furieux avait été de renverser les candélabres qui portaient les lanternes à gaz, et d'obliger ainsi les agents de la compagnie d'éclairage de rompre les conduits, au bas du Pont-Neuf, et de priver le faubourg Saint-Cyprien de la lumière qui lui est habituellement si largement distribuée, afin de lui épargner cette fois le danger d'un vaste incendie.

Il était onze heures du soir environ quand les hôtes de M. et de Mme Carrère et eux-mêmes entendirent à côté d'eux, dans la nuit obscure, un horrible craquement. L'unique maison qui s'adossait à celle qui leur servait de refuge venait de s'abimer dans l'eau, en ébranlant par une formidable secousse l'abri précaire d'où ils entendaient l'eau grandir et gronder, comme un monstre insatiable impatient de saisir sa proie.

Quelques instants après, un immense cri d'angoisse et de désespoir retentit à leurs oreilles. C'étaient les quarante-deux victimes de la rue des Teinturiers englouties sous les ruines de leur maison, qui, en mourant, envoyaient jusqu'au ciel le témoignage de leur épouvantable agonie.

Quelles tortures morales sont comparables à celles ressenties dans une position aussi cruelle par M. et Mme Carrère, jusqu'à l'heure matinale où leur fils, justement inquiet, vint les recueillir dans une barq?ue et, après le sort lamentable de ceux qui périrent dans cette nuit terrible, en est-il de plus affreux, de plus capable d'émouvoir le cœur ?

Ce furent des tortures semblables qui assaillirent le nombreux personnel du couvent des Feuillants, le plus proche voisin des sympathiques concitoyens dont nous venons de traduire les émotions.

Ici, seulement, le drame se compliquait de la multiplicité des intérêts qu'il mettait en jeu et des existences qu'il menaçait sur un même point, dans cette fleur de jeunesse que l'on appelle si justement le printemps de la vie et qui en double la valeur.

Ces bonnes dames des Feuillants, entourées de leurs jeunes et charmantes élèves, avaient été prévenues, vers deux heures et demie ou trois heures, que le danger de l'inondation du faubourg Saint-Cyprien était menaçant. Mais, avec la foi naïve qui distingue les âmes ferventes et leur fait voir Dieu toujours soigneux d'épargner aux siens de trop cruelles épreuves, elles ne crurent au péril que lorsqu'il ne fut plus temps de le conjurer. Maîtresses et élèves virent l'eau renverser en grondant les murs de clôture de l'établissement, et pénétrer dans le beau jardin du couvent avec une fureur toujours croissante. Quand la nuit sombre eut étendu sur le quartier submergé ses voiles funèbres, elles entendirent les craquements sinistres des maisons qui s'effondraient dans la rue Lagane, dans la rue des Feuillants, dans la rue des Teinturiers, tout autour des lieux où leur angoisse triomphait de leur résignation chrétienne. Les cris et les gémissements des victimes englouties parvenaient à leurs oreilles comme le glas lamentable des agonisants.

A ce moment, le pasteur de ce jeune troupeau d'ouailles, dont tant de motifs de terreur troublaient l'âme impressionnable et craintive, l'aumônier des Feuillants, vint accroitre encore l'inquiétude des esprits. En écoutant la grande voix du torrent, qui grondait avec la sévère majesté de tout ce que porte le sceau divin, il ne songea plus qu'au but final de la vie, qu'un danger mortel menaçait. Il craignit que le couvent tout entier ne subit le sort de tant d'autres maisons que le fléau dévorait sous ses yeux, et il voulut que, du moins, si le corps devenait la proie prématurée de la mort, l'âme, épurée par la résignation et la foi, triomphât d'elle et entrât dans la vie des élus.

C'est alors que toutes ces jeunes pensionnaires, oubliant les rêves dorés qu'elles avaient faits quelques heures avant, se confessèrent des fautes qu'elles avaient pu commettre, et communièrent avec leurs maîtresses et leur aumônier, comme ces pécheurs repentants sur le déclin de la vie, que la pénitence vient de préparer à la mort.

Heureusement, ces pauvres enfants virent le jour poindre et dissiper les affreuses angoisses d'une nuit dont chaque minute leur avait parue longue d'une heure. Dès les premières lueurs de l'aube, de nombreux fourgons d'artillerie, traînés par des chevaux qui avaient encore de l'eau jusqu'au poitrail, vinrent aux portes des Feuillants. On recueillit toute cette charmante population, transportée sur le dos des soldats à travers l'eau et la vase, jusque dans les voitures de sauvetage, d'où elle pût gagner le quai Dillon et entrer en ville.

Un autre épisode fort attachant aussi de cette terrible journée du 23 juin et de la nuit affreuse qui l'a suivie, c'est la série de soucis éprouvés et de dangers courus par M. Durand, l'intelligent et énergique commissaire de police du faubourg Saint-Cyprien.

Après avoir assisté à la construction du batardeau sur l'avenue de Muret, où les périls de l'inondation grandissaient d'heure en heure et, bientôt, de minute en minute, M. Durand se rendit, accompagné d'ouvriers serruriers, à l'une des extrémités du pont Saint-Pierre, quand ce beau et élégant monument eut été emporté par le formidable courant auquel rien ne résistait plus.

Il s'agissait de couper les énormes câbles de fer qui avaient soutenu jusqu'à son effondrement le tablier du pont, et que le fleuve secouait à ce moment avec fureur, ébranlant les pavillons situés au haut du quai de la Grave et menaçant à tout instant d'ouvrir là une large brèche, par laquelle le fleuve débordé se fût précipité sur l'hospice Saint-Joseph et l'eût fatalement englouti.

L'opération de la rupture des câbles n'était pas sans danger pour ceux qui l'exécutaient. Il fallait les couper, à coups redoublés, sur la courbe d'énormes tambours, compliquant ainsi l'ébranlement produit par les secousses du courant et diminuant d'autant la sécurité du terre-plein sur lequel on opérait. Enfin, grâce à la prudence de ceux qui pratiquèrent cette nécessaire amputation, on n'eut aucun désastre à signaler sur ce point. Les câbles rompus sautèrent dans le fleuve en fouettant bruyamment l'air et allèrent s'échouer malheureusement aux Amidonniers, sur la belle usine de M. Marcon, qu'ils coupèrent littéralement en deux et bouleversèrent complétement.

Du haut de la rue du Pont-Saint-Pierre, M. Durand se rendit aux Abattoirs, où la maison de M. Mariteau venait de s'effondrer, retenant sous ses ruines Mlle Mariteau. L'énergique officier de police se mit en devoir de secourir cette première victime de l'inondation. Accompagné de quelques pompiers, il monta dans une barque, se dirigeant vers la maison Mariteau, quand la construction voisine, s'écroulant à son tour sous l'effort de l'eau qui grossissait rapidement, rendit tout sauvetage impossible.

Forcé de rebrousser chemin et de rentrer dans le faubourg, M. Durand arrive place du Chairedon, où il rencontre madame Durand et les trois plus jeunes de ses cinq enfants, les deux ainés étant retenus en ville par leurs occupations journalières. M. Durand rassure sa famille alarmée, la conduit dans l'hôtel Abéla, où on la recueille avec empressement, mais qui, hélas! devait bientôt s'écrouler avec fracas, et lui-même rentre un instant chez lui, dans sa charmante et coquette habitation de la rue de la Laque, pour en fermer les chambres restées ouvertes et en emporter les clefs... A ce moment, M. Durand l'avoue, personne, dans le faubourg Saint-Cyprien, ne voulait croire aux proportions que devait prendre la crue de la Garonne ; et l'on craignait tout au plus de voir s'élever les eaux de quelques centimètres au-dessus du sol.

Cependant, dix minutes après, l'eau cernait entièrement le quartier; il n'y avait plus de retraite, pour M. Durand comme pour tant d'autres, que sur les toits.

D'ailleurs, l'escalier de son habitation faisait déjà entendre des craquements précurseurs de l'écroulement : il fallait fuir. M. Durand monte sur le toit, dont la charpente lui parait chancelante, et, franchissant un espace de plus de trois mètres, il tombe sur une sorte de pavillon servant de four à la boulangerie Roucolle, dont la maison a une façade sur la place du Chairedon, et d'où M. Durand espère voir ou même rejoindre sa famille, refugiée, comme nous l'avons dit, à l'hôtel Abéla.

Quand M. Durand arriva sur la *fournil*

de la maison Roucolle, le feu, communiqué à des fagots, venait de prendre à cette fragile construction. Le plus pressé était de l'éteindre, à quoi il s'employa activement, avec quelques personnes qui, bientôt après, le suivirent dans la maison Roucolle.

C'est de là que, pendant de longues et mortelles heures, M. Durand et ses douze compagnons d'infortune entendirent, dans la nuit obscure, sous la pluie qui tombait toujours, le bruit sourd des maisons qui s'effondraient, le clapotement de l'eau qui engloutissait les ruines des maisons écroulées et leurs habitants, les prières désespérées, les cris d'angoisse, toutes ces manifestations sinistres de la terreur folle et de la douleur inquiète que la plume est impuissante à décrire et qui remplissaient l'âme des témoins ou des auditeurs de ces scènes déchirantes, d'une anxiété plus pénible à supporter que la mort.

Mais, vers deux heures et demie, les réfugiés de la maison Roucolle comprennent qu'ils vont avoir, eux aussi, un rôle plus actif dans le grand drame qui se joue sous leurs yeux. La maison Rodolose, adossée à celle qui leur sert d'abri, s'écroule, à ce moment, avec un bruit affreux. Le danger approche, il les étreint. M. Durand, avec le sang-froid qui le caractérise, s'occupe de le conjurer. Suivi de ses compagnons, il quitte le corps principal de la maison Roucolle et se réfugie de nouveau sur ce *fournil*, qu'il avait fort sagement disputé à l'incendie quelques heures avant.

Il était temps. La maison Roucolle s'effondre à son tour, un quart-d'heure à peine après celle qui l'a précédée, et il faut presque un miracle pour que ses ruines ne fassent pas de victimes.

Cependant, la situation des réfugiés n'est pas faite pour leur inspirer une confiance absolue. La maison Roucolle, en s'effondrant, pouvait entraîner avec elle ce petit corps de derrière où se sont réfugiés ses habitants, et maintenant qu'elle ne lui sert plus de point d'appui elle peut encore déterminer son écroulement.

C'est ce qui décide M. Durand, dès que le jour commence à poindre, à sortir coûte que coûte d'une situation toujours fort périlleuse. Il se suspend à la treille qui court le long de la muraille du fournil et se laisse tomber dans le jardin, où il enfonce dans l'eau jusqu'au cou. Suppléant à son ignorance absolue de l'art nautique par l'énergie que double en lui à ce moment l'instinct de la conservation, il se dirige, tantôt nageant, tantôt s'appuyant aux pans de muraille qui émergent de l'eau, vers une allée ouverte de l'entrepôt de M. Ollivier, pénètre ainsi jusqu'à la façade intérieure, d'un coup de tête enfonce une des glaces de la vitrine qui le sépare encore de la voie publique, et arrive enfin sur le trottoir de la place du Chairedon.

Là, M. Durand se trouve en face de l'hôtel Abéla, où il a lui-même conduit toute sa famille quelques heures auparavant, et qui n'offre plus à ses regards que d'affreuses ruines!

Faut-il dire l'épouvantable serrement de cœur qu'éprouve à ce moment le mari et le père, en face du témoignage cruellement irrécusable du malheur dont il se sent atteint? Nous y renonçons, parce qu'il en est des douleurs morales comme de certains spectacles de la nature bouleversée, que le pinceau est impuissant à rendre.

M. Durand, poussé par un sentiment dont il ne se rend plus compte, et comme frappé de vertige, nage ou marche devant lui, oublie la saillie du trottoir qui borde la place, trébuche, perd l'équilibre et disparaît sous l'eau, au grand effroi des habitants des maisons encore debout, placés tous aux fenêtres, et qui poussent des cris où se révèlent la commisération et la pitié.

Mais il était écrit que cet énergique officier de police ne périrait pas victime de l'inondation. Il se débat un instant au milieu de l'eau bourbeuse, se relève par un effort suprême et atteint enfin une charrette de blé, qui formait une sorte d'île au milieu de la place du Chairedon, et sur laquelle dix personnes sont parvenues à se hisser.

C'est là que M. Durand peut vérifier la vérité du proverbe : « il n'arrive jamais un bonheur tout seul » puisque un inondé, qui le reconnait sous ses vêtements souillés, lui crie d'une maison voisine que sa famille a pu échapper à l'effondrement de l'hôtel Abéla, par les jardins de M. Bernady, et se réfugier à l'école municipale de M. Darré, où on l'a vue saine et sauve.

Cette bonne nouvelle donne du cœur, des jambes et rend tout son courage à M. Durand, qui s'élance de nouveau dans l'eau et gagne le Pont-Neuf, où l'attendent ses deux fils aînés, qui n'avaient pu pénétrer dans le faubourg la veille au soir, et dont l'anxiété terrible a enfin un terme.

Nous voudrions n'avoir à raconter que des drames comme celui-là, sans dénouement tragique, sans autre élément d'intérêt que ces affreuses terreurs que nous avons essayé de dépeindre et qui permettent aux âmes de réagir, dans un lendemain plus heureux, contre les douleurs morales dont elles ont eu tant à souffrir.

Mais, hélas! des centaines de victimes, couchées côte à côte, dans la vaste salle de l'Hôtel-Dieu, en attendant que les voitures d'ambulance les transportent au cimetière, nous révèlent, par le spectacle muet de leur mort, la tragédie sanglante dont ils furent les tristes héros.

Nous visitons un instant après les ruines de la rue du Pont-Saint-Pierre, quand un homme, aux vêtements souillés, nous raconte le deuil qui l'amène devant l'hôpital, dont il fouille du regard les décombres en attendant qu'il puisse en retirer ceux qu'il a perdus. Au moment où le flot dévastateur l'a surpris dans la maison qu'il habitait, bâtie, hélas! comme presque toutes celles du faubourg, avec des briques simplement reliées entre elles à l'aide de mortier de terre, il était là avec sa femme et ses deux fils. Il dût bientôt, suivi des siens, se réfugier sur le toit de la maison.

Il y était depuis demi-heure environ, quand un craquement se fit entendre sous ses pieds. Sans délibérer, car les secondes étaient précieuses, il franchit les quatre mètres qui le séparent de la rue Piquemil, au risque d'aller se briser contre le pavé, et il tombe heureusement sur le rebord du toit qui lui fait face. Son fils le plus jeune l'a suivi dans cette périlleuse descente; mais sa femme et son fils aîné sont passés sur le toit voisin de la maison qui vient de crouler, et, ne s'arrêtant pas encore, ils sont allés se réfugier sur la toiture de la construction qui faisait l'angle des deux rues et où plusieurs autres voisins étaient allés aussi demander un abri.

Eh! bien, c'est celle-là qui s'effondre, entraînant dans l'abîme qui gronde tous ceux qu'elle abritait, et c'est sous l'œil terrifié de l'époux et du fils que le frère et la mère périssent, sans que nul ne puisse leur porter secours!

Devant ces ruines, changées en tombeau, une jeune et charmante fille de dix-sept ans, qui travaillait la veille hors du faubourg, raconte en pleurant, à l'une de ses voisines, qui essaie de la consoler, le malheur dont elle aussi a été frappée. Son père, sa mère, sa petite sœur, en un mot les seuls êtres qui lui fussent chers en ce monde, sa famille toute entière, sont là, engloutis, gisant, sans que sa pitié filiale puisse même leur donner un dernier témoignage d'amour et embrasser ces chers cadavres qu'elle sait à côté d'elle et qu'elle ne voit pas!

N'est-ce point ces mêmes déchirements du cœur qu'éprouve sur les ruines de la maison qui a englouti sa famille, à quelques pas de l'église Saint-Nicolas, ce jeune séminariste dont la folie et le désespoir font pitié? Sans se préoccuper de la pluie qui le mouille, de la vase qui salit ses vêtements, il fouille l'énorme enchevêtrement de briques et de planches que lui indique la place de la maison à trois étages où, hier encore, vivaient ses parents. L'effondrement les a écrasés ou noyés, et le fils et le frère, affolé de douleur, sans se demander si ce qu'il fait là n'est pas aussi inutile qu'insensé, il saisit un à un les débris de la maison détruite et, ne s'interrompant dans son travail que pour écouter si quelque gémissement lui laisse encore quelque espoir, il essaie de déblayer, à lui tout seul, la place où gisent inanimés ceux qu'il ne reverra plus !

Mais si le sentiment de ces tortures morales, dont nous sommes les témoins attristés, éveille dans notre âme une immense pitié, quel affreux serrement de cœur n'éprouvons-nous pas devant des spectacles dont l'éloquence muette nous glace d'horreur !

Dans la Grande-Rue-Saint-Nicolas, une

haute muraille semble maintenue en équilibre par deux énormes tas de décombres qui lui servent pour ainsi dire d'étais. Malgré la menace du mur branlant, nous gravissons un de ces monticules, et, à la hauteur de quatre mètres à peu près, plongeant le regard au milieu de ce bouleversement de tuiles et de poutres, nous apercevons un tableau navrant. Sous une sorte de soupente, improvisée par l'effondrement de la charpente du toit, maintenue à trois mètres du sol par les débris du premier étage et la muraille restée debout, trois victimes ont été surprises par la double catastrophe de l'inondation et de l'écroulement. Dans le même lit, le père et la mère gisent, les bras dressés, les mains crispées, comme dans un mouvement de défense contre la mort, et, à côté de leurs deux cadavres, sur une couchette plus basse, nous voyons celui de l'enfant surpris par la même catastrophe et frappé par le même coup.

Sur un autre point, le tableau est plus effroyable encore dans sa hideuse réalité. Un homme jeune et vigoureux, précipité, avec les débris de sa maison, du second étage au rez-de-chaussée envahi par les eaux, est cependant retenu à trois mètres du sol par les poutres qu'il a suivies dans leur chute. Mais, détail horrible, ce qui semblait devoir le préserver de la mort l'a au contraire plus fatalement perdu. Ses deux jambes sont si fortement engagées entre les pièces de bois qui le maintiennent en l'air, qu'il lui est impossible de se dégager; et sa tête, portée trop bas, plonge dans l'eau, haute de trois mètres et demi au-dessus du sol! C'est dans cette position épouvantable que son cadavre a été découvert, le visage affreusement contracté par les efforts désespérés mais impuissants que cette malheureuse victime de l'inondation a dû faire pour échapper à la mort.

Devant ces scènes lamentables, qui nous révèlent des drames poignants, avec la cruelle et brutale précision du fait, comment ne serait-on pas tenté de trouver heureux ceux qui peuvent nous dire eux-mêmes, comme l'a fait M. de la Rhoëllerie, les périls qu'ils ont couru, la tragédie dont ils ont été les principaux acteurs, alors même que le dénouement de l'action a de si près vu et coudoyé la mort ?

Le récit de M. de la Rhoëllerie est presque l'œuvre d'un ressuscité, et, à ce titre, le drame qu'il raconte offre un intérêt palpitant. Voici ce qu'il écrivait, le lendemain de la catastrophe :

« Je quittai Toulouse vers trois heures du soir, avec l'intention d'arriver à tout prix à la Gravette, où le sort de ma famille commençait à m'inspirer de vives inquiétudes. Arrivé à la place Intérieure-Saint-Cyprien, j'essayai de franchir la grille de fer ; mais une masse d'eau, s'avançant comme le flot de la marée, me repoussa en me faisant tourbillonner sur moi-même. Je me crus perdu et n'eus que le temps de crier *au secours!* Un brave ouvrier, d'une taille et d'une force herculéennes, me saisit par le collet et me porta le long des maisons où le courant était beaucoup moindre. J'arrivai ainsi jusqu'à la maison habitée par M. Wohlfart, ancien intendant militaire, et son beau-père M. Guiraud.

» Il vit ma détresse et m'offrit l'hospitalité, que j'acceptai de grand cœur. — L'eau montait, montait toujours. Du seuil des magasins elle avait gagné les enseignes; quelques maisons, entre autres la minoterie Gachies, commençaient à s'écrouler. — Je m'occupai, avec les personnes de la maison, à faire évacuer les Pères Carmes, qui durent passer par une lucarne et franchir sur une échelle l'espace séparant leur chapelle de la maison dite Massabiau.

» Je me croyais en parfaite sécurité, la maison étant en briques et parfaitement construite. — La nuit était obscure; le silence n'était interrompu que par le bruit sinistre des maisons qui s'écroulaient et les cris lamentables des malheureux engloutis sous les décombres. Le père

Athanase s'était mis en prière sur un balcon. De toutes les fenêtres, mille voies émues donnaient la réponse aux litanies de la Vierge.

» Toute la famille Wohlfart, composée de Mme Wolhfart (née Guiraud), de deux demoiselles, de Mme Guiraud, mère, d'une jeune parente et d'une vieille domestique : total, sept personnes, était en prières dans le salon. — Onze heures viennent de sonner. Je vois les tableaux et les glaces faire un mouvement, des craquements se produire dans les cloisons et les plafonds. Je me précipite dans l'escalier où je constate une énorme lézarde. J'appelle M. Wohlfart, qui me rejoint avec sa jeune parente et sa domestique. Au même instant, un épouvantable craquement se fait entendre, et je me sens entraîné dans le vide au milieu d'un tourbillon de plâtre, de briques, de poutres. — Quand je repris mes sens, j'étais couché sur le dos, recouvert jusqu'au cou par des matériaux ; ma tête était comprimée comme dans un étau par deux pièces de bois, mes jambes engagées sous une poutrelle, enfin, le poids de plusieurs grosses briques oppressait ma poitrine — mais j'étais vivant. Il n'en était pas de même du malheureux M. Wohlfart, dont la tête broyée reposait sur mon épaule ; la jeune fille était engagée au-dessous de moi et poussait des gémissements, appelant la mort et la fin de ses souffrances. Quant à la servante, elle était libre de ses mouvements dans une espèce de niche formée par une partie de l'escalier et une poutre arc-boutée contre le mur des Carmes.

» Il fallait à tout prix sortir de cette position : je ne perdis pas une minute mon sang-froid. M'adressant à la servante : « Essayez de me » dégager, lui dis-je, et je réponds du salut de » tous. » J'avais pu m'emparer d'une latte de la toiture : « Écoutez le bruit (nous étions dans » l'obscurité la plus profonde) et soulevez cha- » que pierre que je frapperai de mon bâton. » La malheureuse avait le bras gauche cassé ; elle parvint néanmoins à déplacer trois rangs de briques que j'avais sur la poitrine. Puis vint le tour des jambes. Une fois à peu près dégagé, je m'arc-boutai contre la poutre et je parvins à m'établir dans la petite niche dont j'ai parlé plus haut. Mon premier soin fut naturellement de rendre à ma malheureuse compagne le service que j'en avais reçu. Nous restâmes à peu près deux heures dans cette position, attendant la catastrophe finale.

» Il s'opérait autour de nous des tassements

de mauvais augure; des parties de maisons restées intactes s'écroulaient à chaque instant; enfin, le mur auquel s'appuyait la poutre protectrice se lézardait à vue d'œil et laissait tomber à chaque instant des plâtras. C'est à ce moment que j'entendis au-dessus de ma tête des prières et des cantiques chantés par des voix de femmes : c'était les autres membres de la famille Wohlfart, miraculeusement conservés.

» Voici ce qui s'était passé à leur égard. — Ainsi que je l'ai raconté, la cage de l'escalier communiquant avec le salon s'était effondrée, entraînant à sa suite l'étage supérieur; les membres de la famille Wohlfart, groupés autour de la cheminée, étaient restés comme suspendus dans un espace de deux mètres environ, soutenus par une poutre maîtresse, appuyée sur un mur resté debout. A chaque instant, de nouveaux éboulements se produisaient autour de nous; nous dûmes attendre le petit jour dans cette horrible position. Enfin, nous entendîmes quelques voix dans la rue : « Au secours ! Sauvez-nous ! sauvez-nous ! criaient les malheureuses femmes. » Mais on ne savait où nous trouver. Je me décidai alors à entreprendre le voyage à travers les décombres. Rampant comme un renard, la plupart du temps à plat-ventre, je parvins à gagner la rue où les ruines des deux maisons avaient formé comme un promontoire au-dessus des eaux, dont le niveau avait baissé considérablement. Je trouvai là deux braves ouvriers dont j'espère pouvoir bientôt donner le nom. Il nous fut, grâce au jour, aisé de trouver un chemin beaucoup plus facile que celui que j'avais suivi. Six fois nous fîmes l'ascension, ramenant un membre de la famille. Tout le monde était sauvé, le père Bazile nous donna la bénédiction et nous pûmes joindre nos prières aux siennes pour remercier le bon Dieu de sa protection miraculeuse.

» J'aperçus bientôt un bâteau-ponton d'artillerie qui remontait le courant. Je me précipitai à sa rencontre, ayant de l'eau jusqu'aux aisselles, et je le dirigeai vers les malheureuses femmes que j'amenai, à moitié mortes, aux pieds du général de Salignac-Fénelon, qui donna l'ordre de les transporter dans une prolonge d'artillerie jusqu'à l'hôpital militaire.

» Épuisé de fatigue, je n'eus que le temps de donner à deux sergents de ville l'adresse d'un vieil ami chez lequel on me transporta, d'où je vous adresse ces lignes, dont vous excuserez le décousu et l'incorrection après une nuit si terrible. Un trou à la tête, un doigt écrasé, les jambes à moitié dépouillées, voilà mon lot; mais je ne me plains pas, et le bonheur d'avoir pu sauver plusieurs de mes semblables me fait oublier ces petites misères, de peu d'importance à côté de cette terrible catastrophe qui met plus de mille familles en deuil. »

M. de la Rhoëllerie, dans le récit émouvant du drame où il a failli périr, parle des RR. PP. Carmes, tout récemment installés au n° 60 de la rue de Bayonne, sur la propriété connue, dans tout le faubourg Saint-Cyprien, sous le nom de maison Massabiau.

Cette maison, comme nous l'avons dit ailleurs, fut précisément celle dont la chute détermina l'écroulement de la maison habitée par la famille Wohlfart, et elle a été la scène d'un événement non moins tragique, non moins lamentable que celui dont MM. Wohlfart et de la Rhoëllerie furent victimes.

Le drame du numéro 60 de la rue de Bayonne a eu un narrateur d'une notoriété et d'une sincérité tellement indiscutables, que nous ne croyons pouvoir mieux faire que de lui laisser le soin de nous raconter l'histoire terrible de la nuit du 23 au 24 juin à la maison des Pères Carmes. Voici comment s'exprime le P. Athanase :

» Le 23 juin, à 3 heures du soir, l'eau arrive par la barrière Saint-Cyprien ; dans la rue de Bayonne, le premier flot est à notre porte, numéro 60 ; dans toutes les maisons on barricade les ouvertures ; mais en moins de dix minutes l'eau est montée d'un mètre. Nous nous précipitons dans le couvent pour sauver les ornements et les vases sacrés ; les saintes espèces sont portées à la hâte au premier, à la bibliothèque. Puis, convoqués par le P. Bazile, nous descendons dans le jardin. Rester là était impossible : du levant et du couchant on est envahi ; le mur mitoyen Bernady et Massabiau est emporté par l'eau qui vient de l'est au midi; le petit mur de terre Trabuc est aussi emporté.

Nous demandons aux voisins, les Sanarens, s'il y a plus de sûreté chez eux que chez nous. « Non, nous sommes envahis, nous est-il répondu; nous allons périr. »

» Le R. P. Philippe et le F. Paulin franchissent le mur du nord et s'enfuient chez M. Perussan. J'appelle le P. Emmanuel, le P. Fabien, le F. Nicolas, le F. Philippe, la famille Bonnefond, composée de quatre personnes, et nous remontons au premier de notre couvent. Nous avons de l'eau jusqu'à la ceinture. Au fond du corridor qui longe à l'ouest notre chapelle, j'avise une petite ouverture en demi-lune; je casse un carreau et j'appelle M. Domecq et M. Wohlfart. M. Domecq et les demoiselles Wolfart me disent que nous pouvons, en sautant sur le toit d'un petit caveau qu'ils ont dans la cour, atteindre le mur de la cour de notre chapelle et par la fenêtre rentrer ou chez nous ou chez eux. J'avertis le R. P. Bazile, et, au moyen d'une très longue échelle, qui se trouve heureusement dans le corridor, nous franchissons l'espace et nous rentrons dans notre maison de la rue de Bayonne. Il est cinq heures environ ; l'eau roule comme un fleuve dans ce malheureux quartier où tous, du côté de la Patte-d'Oie, nous voyons tomber les plus hautes maisons qui s'abîment, projetant un nuage de poussière.....

» Il nous sembla que l'eau avait baissé de dix centimètres environ. Mais bientôt l'eau, qui franchissait le cours Dillon, remonta le niveau de façon à soulever le plancher des entresols.

» C'était fini. La nuit était venue. Mme Garrigue, qui avait rempli à notre égard tous les devoirs de la plus exquise charité, offrant à chacun vêtements, vivres, etc., demanda au R. P. Emmanuel, son confesseur, de vouloir bien l'entendre. Ils entrèrent dans la chambre à côté, je fermai sur eux la porte.

» En même temps, le Père Bazile nous appelle au premier. « Mes amis, la maison tremble ; vite au premier ! c'est plus solide, nous y serons plus en sûreté... — Mais, notre Père, nous recevrons les poutres, les briques ; montons plutôt sur le toit..... »

Le Père avait entraîné le plus grand nombre avec lui. Heureusement, nous fûmes ainsi partagés et nous trouvâmes notre salut. Les uns étaient dans la cuisine du premier qu'avait jadis occupée M. Brun; il y avait là le R. P. Bazile, le P. Fabien, le frère Nicolas, le frère Philippe, M. Domecq et sa femme, Bonnefond, sa femme et ses deux enfants.

Au-dessus, dans le cabinet de travail où M. Garrigue avait une charmante collection de peintures, ses valeurs et ses mémoires, j'avais avec moi M. Valéry et sa femme, sa domestique et leur jeune nièce de 14 ans. A peine y étions-nous, qu'un craquement se fit entendre, suivi d'un bruit sourd ; puis une voix, celle du Père Emmanuel, criant : « Des cordes! jetez-nous des cordes!... » Nous n'en avions point... Un instant de silence me permit d'aller voir ce qui était arrivé : j'entr'ouvris la porte de la chambre où le P. Emmanuel confessait Mme Garrigue; le plancher avait cédé : ce n'était plus qu'un gouffre affreux, béant sous nos pieds.

« A ce moment, il me sembla qu'un coup de tonnerre éclatait sur ma tête, que la foudre était tombée sur le toit accompagné d'une grêle énorme. Je m'enfuis épouvanté dans le cabinet de M. Garrigue. A peine y étais-je que la cage de l'escalier et toute la portion ouest de la maison s'écroulait, aussi bien que la maison Wohlfart... J'entendis les demoiselles Wohlfart crier ensemble : « Papa où êtes-vous ? Maman, maman, ma chère maman où êtes-vous ? » Nous avions tous le cœur navré.

« Père Athanase, me cria le R. P. Bazile, allez voir si on peut encore descendre et venez ici... » C'était impossible ; un vide affreux s'était fait autour de nous.

« Valéry, sa femme et sa nièce passèrent pendant ce temps par la petite alcôve de M. Garrigue, dans la chambre à coucher au nord du cabinet de travail. « Malheureux, leur criai-je, revenez ici ; revenez ici, la maison est appuyée au levant ; vous tomberez dans la rue. » Je pus les faire asseoir et les appuyer au mur de la maison Campech. Ce fut alors que tomba le reste de la maison, moins le cabinet Garrigue où Dieu nous a sauvés, après avoir taillé la maison autour de nous comme avec un ciseau. On peut le voir encore.

« Au bruit de cette nouvelle catastrophe, le R. P. Bazile m'appela : « Père Athanase, êtes-vous encore ici ? » — Mais oui, au-dessus de vous, et si je tombe, ce sera sur vos épaules... Appelez du secours... » Peine perdue : ni M. Wohlfart, ni M. de la Rhoëllerie, qui étaient sous les ruines, ne nous entendaient. Mlle Amélie me répondit. « Papa est mort, maman blessée... » A ce moment, un brave jeune homme, dont nous n'oublierons jamais le nom, Cyprien Eustache, employé d'une maison voisine et qui s'était retiré au n° 58 à côté de nous, sauta d'une fenêtre sur le bas-côté de notre église (il n'était encore que 9 heures et demie du soir, les éboulements avaient commencé chez nous à 9 h. dix.) « Venez chez nous, s'écria-t-il, notre maison est solide, bien bâtie à chaux et à sable sur voûte... venez vous serez sauvés. » — Oui, mais comment faire; pas d'échelle, et nous sommes séparés de vous par une cour de 12 à 15 mètres de large. »

« Ce jeune homme s'avança résolûment pour voir si dans la cour il n'y avait pas quelque échelle... Là, il aperçoit le mur de la maison étayé par le mur de la cour. Il s'y hasarde et passe à califourchon jusqu'à un mètre de la fenêtre du premier, où était le R. P. Bazile, avec tous les autres. Il aida chacun à passer, les conduisant et les tirant les uns après les autres, faisant autant de voyages qu'il y avait de personnes. Mais il fallait sauver ceux du troisième étage.

« La nièce de M. Valery en donna le moyen. « Je veux descendre, je veux passer! criait-elle; voici un drap, mon père, tenez le nœud, je ne suis pas lourde, ce monsieur en bas me recevra et je serai sauvée : » Le drap était court. Des embrasses des rideaux je fis double cordage qu'on attacha solidement au garde-fou. J'aidai alors les quatre personnes de la famille Valery à descendre par ce périlleux passage et je suivis ensuite le même chemin. « Certes! mon père, vous êtes leste, vous du moins, et ne me donnez guère de peine, » dit notre sauveteur.

« A onze heures quarante du soir nous étions dans la maison la plus solide du quartier. A quatre heures, nous passâmes par l'entresol de la rue de Bayonne, pour nous réfugier sur les ruines de notre maison. »

Une heure après, nous dit le narrateur en terminant son récit, des barques-pontons vinrent recueillir les victimes de la catastrophe du n° 60 de la rue de Bayonne, excepté toutefois le P. Emmanuel, que ses amis n'avaient plus revu depuis qu'il était entré chez la respectable Mme Garrigue, pour lui apporter les consolations de la religion, et M꠲ᵉ Garrigue elle-même.

Celle-ci, hélas! avait péri dans l'effondrement de la maison des Carmes; et quant au P. Emmanuel, ses compagnons le crurent mort pendant de longues heures et jusque dans la soirée du 24, au moment où une bonne sœur de charité de l'hospice de la Grave vint apporter de ses nouvelles aux amis qui le pleuraient.

On ne peut pas lire sans émotion, nous dirions sans stupéfaction si nous pouvions nous étonner des moyens que la Providence met en œuvre pour accomplir ses desseins, on ne peut pas lire sans émotion, disons-nous, les lignes où le P. Emmanuel raconte son miraculeux sauvetage par les sœurs de l'hôpital de la Grave, accompli à cinq cents mètres au moins du couvent, aujourd'hui écroulé, des RR. PP. Carmes :

« Dès que je fus entré dans la chambre pour confesser Mme Garrigue, nous dit le P. Emmanuel, je la fis mettre à genoux. A peine a-t-elle commencé sa confession, que le plancher manque sous nos pieds, et nous nous trouvons en un clin d'œil précipités au fond de l'eau. Mme Garrigue me criait : « Père Emmanuel, où êtes-vous? Donnez-moi l'absolution; l'absolution, Père Emmanuel ! — Je vous la donne... acte de contrition. » Je vis la pauvre dame tourbillonner un instant frénétiquement attachée à son prie-Dieu... Je ne sais si elle a été entraînée comme moi ou si elle est sous les ruines.

„ Une poutre d'environ 1 mètre 50 centimètres de long sur 40 centimètres carrés me toucha sur le crâne comme j'étais déjà quelque peu enfoncé dans l'eau. Je pense que le coup fut un peu amorti, car ce soliveau était de poids à m'assommer. Je ne crains pas l'eau, et je sais nager. Je remontai à la surface et je rencontrai encore mon soliveau. Cette fois, je m'en saisis; je le poussai vigoureusement au large, pendant que tout croulait autour de moi avec un fracas qui ressemblait aux éclats du tonnerre.

Le courant m'emporta je ne sais où. J'entendis tout le monde aux fenêtres s'écrier : « L'eau l'emporte, l'eau l'emporte! » Personne ne pouvait me secourir. Tout le monde criait. Je ne sais pas le nom des rues par où je passai moitié nageant, moitié me laissant porter par le courant et mon soliveau.

« Enfin, je passai par une petite rue très étroite qui passe auprès de l'église Saint-Nicolas ; puis je me trouvai dans un clos où il y avait quelques arbres. Je ne voyais plus les maisons. Il faisait noir. Je grelottais. J'avais peur de mourir de froid, mais pas de me noyer.

« Le courant me portant où il voulait, j'arrivai près d'une maison où j'aperçus, à portée de ma main, une sorte d'étrier en fer. Je m'y accrochai, et, en même, temps je me trouvai le pied reposé sur un autre point d'appui de même nature. Je me fixai là solidement, toujours maintenu par mon soliveau. Une poutre vint se glisser entre le mur et moi. Je penchai la tête en arrière, et je reposai là tranquillement, priant toujours et ne songeant qu'à nos pères et frères que je croyais morts.

« Le matin, vers 7 ou 8 heures, je m'aperçus que les eaux avaient baissé beaucoup. Je cherchai à prendre pied, et passant par-dessus un petit mur, je me dirigeai vers la statue de la sainte Vierge, qui se trouvait dans la cour. J'étais à la Grave. « C'est vous, ma bonne « Mère, qui m'avez sauvé... » J'appelai des sœurs de charité à mon secours. M'ont-elles entendu ? Je ne le crois pas. J'étais si faible ! Mais elles me virent, et aussitôt deux *pauvres* de l'hôpital vinrent à mon secours; appuyés comme moi sur un bâton, ils me prirent chacun par un bras et me sauvèrent.

« A l'hospice de la Grave, je reçus les soins les plus empressés de la part des bonnes sœurs et des médecins, mais j'étais si faible que je ne devais pas dire grand'chose. Quant je pourrai aller tout seul, ma première visite sera pour la Grave. »

Cette surprenante fortune du père carme, dont on vient de lire le sauvetage vraiment miraculeux, au milieu d'une nuit sans lumière et de courants qui, tous, entraînaient les victimes vers l'abîme sans fond où la Garonne roulait ses flots torrentueux; cette fortune, d'autres que le P. Emmanuel en ont éprouvé les effets et ont pu qualifier ainsi d'un mot qui ressemblerait sans cela à une ironie amère, l'atténuation de l'immense infortune qui s'est abattue sur le faubourg Saint-Cyprien.

Qui ne sait, en effet, au milieu de quels périls, M. Durban, distillateur, avenue de la Patte-d'Oie, a eu le bonheur de passer sain et sauf, et par combien de hasards heureux il a échappé à la mort, dans son établissement bouleversé par l'inondation?

Lorsque la crue subite de la Garonne eut envahi de ses flots précipités le faubourg Saint-Cyprien, M. Durban dut se réfugier sur le toit de la belle chartreuse qui lui servait d'habitation et où le suivit tout le personnel de la distillerie. Mais ce refuge n'offrit pas longtemps une sécurité entière à ceux qu'il devait protéger contre le flot toujours grandissant. Les eaux ravageaient rapidement les murs, et des lézardes menaçantes, suivies d'un léger ébranlement, annonçaient une catastrophe prochaine. M. Durban et ses ouvriers passèrent précipitamment sur une galerie qui prolongeait l'habitation, et furent ainsi préservés d'un affreux péril, car au même instant la distillerie s'abima dans l'eau avec un effroyable fracas.

Quelques instants après, la partie de la galerie sur laquelle il était placé menaçant de s'effondrer, M. Durban, pour éviter un malheur plus grand, se jeta précipitamment à l'eau et se dirigea vers l'arbre de l'avenue le plus voisin. Mais un effort du courant vint bientôt déraciner ce fragile abri et forcer M. Durban à se réfugier sur un second arbre, qui, en quelques minutes, subit le sort du premier.

Rejeté violemment dans le courant, qui entrainait tout dans ses eaux bourbeuses, M. Durban, que son sang-froid n'abandonnait pas, s'accrocha à un arbre plus robuste, qui résista, et sur lequel il dut passer la nuit, transi par le froid plus encore qu'il n'était brisé par l'émotion.

C'est à ce moment, où le soin de sa conservation pouvait l'occuper tout entier, que M. Durban sauva par sa présence d'esprit ceux qu'il avait laissés sur la galerie de son habitation. Du haut de son observatoire improvisé, il aperçut le travail du mur qui supportait cette galerie et pressentit un prompt écroulement du précaire abri. Il avertit du péril ceux qu'il menaçait et les engagea instamment à chercher un dernier refuge sur les ruines de la maison écroulée. Ce conseil était suivi depuis quelques secondes à peine lorsque la galerie s'effondra à son tour, déchargée, fort heureusement, des nombreuses personnes dont sa chûte eût inévitablement entraîné la mort.

Le drame dont la famille Maurette a été victime dans le quartier de la Croix-de-Pierre a eu des péripéties non moins terribles et un dénouement plus cruel. Surpris par la crue, dans un quartier qui fût le premier envahi et qui a été un des plus affreusement ravagés par l'inondation, notre habile professeur de sculpture à l'Ecole des Beaux-Arts n'eut que le temps d'entrainer sa femme et ses trois enfants sur le toit de sa maison.

La nuit vint, avec ses terreurs, accroitre le péril des inondés, par la difficulté de voir et d'agir, au milieu de cette mer furieuse, charriant de lourdes épaves qui faisaient l'office de bélier contre les maisons encore debout, tandis que l'eau déchaussait les briques et sapait les fondations.

Vers dix heures, un affreux craquement, précurseur d'une catastrophe commune à presque toutes les constructions de ce malheureux quartier, se fit entendre sous les pieds de la famille Maurette et des personnes qui partageaient son refuge. Aussitôt, un des voisins de M. Maurette abandonne la maison menacée, en s'élançant à la nage pour aller chercher un autre abri ; et dans son mouvement précipité, heurtant Mme Maurette qui tenait dans ses bras son petit garçon, il la renverse sur le toit en pente, d'où l'enfant infortuné roule dans l'abîme.

M. Maurette voit la catastrophe sans pouvoir la conjurer. Entouré de ses deux petites filles, qui l'étreignent en pleurant, il doit songer à sauver ceux des siens qu'un péril mortel menace encore et qui, à leur tour, peuvent être engloutis d'un instant à l'autre. Pourvu d'une corde qu'on lui a lancée d'une maison voisine, il attache successivement par la taille ses deux filles, que l'on hisse sur un toit moins ébranlé. Lui-même se jetant à la nage, et entraînant Mme Maurette, que la perte de son enfant avait rendu insensible et comme folle de douleur, il échappe ainsi, lui et tous les siens, son jeune fils excepté, hélas ! au sort affreux qui, une minute plus tard, les eût tous fatalement atteints, puisque la maison abandonnée s'affaissa à ce moment dans la nuit sombre avec un bruit affreux.

Le drame que nous venons de raconter, qui nous dira sur combien de points de ce vaste champ de mort de la nuit ténébreuse du 23 au 24 juin il a été mis en œuvre par l'implacable fléau ?

Qui nous peindra, avec les couleurs de la vérité terrible et nue, ces angoisses inouïes, ces tortures inénarrables qui, pendant dix heures mortelles, tourmentèrent l'âme des inondés plus cruellement que ne l'a fait l'imagination farouche de Dante dans les cercles de son enfer ?

Pour suppléer à l'impuissance habituelle de la parole et de la plume, il faudrait au moins que le narrateur eût vécu ces heures d'agonie horrible, où les victimes du fléau se tordaient dans le désespoir, dans l'attente d'une mort que tout leur présageait inévitable et prochaine.

Une des scènes les plus émouvantes de ce grand drame des 23-24 juin s'est passée dans la rue Varsovie, changée par l'inondation en une vaste nécropole. Dans une même maison, seize femmes et quatre hommes, vingt personnes de tout âge, s'étaient réfugiées à l'étage le plus élevé, afin de ne pas être surprises par la crue, dont le niveau s'élevait toujours.

Jusqu'à une heure du matin environ, ces malheureux, dont l'anxiété allait toujours croissant, n'entendirent d'autres bruits que celui des maisons voisines croûlant avec fracas et les appels désespérés des victimes que la terreur affolait ou que la mort saisissait dans une dernière étreinte.

Tout à coup, la maison qui abrite ces infortunés tremble à son tour sur ses fondations ébranlées par le passage de l'eau, les murs se lézardent et craquent, le plancher cède au poids dont il est chargé, comme le tablier d'un pont suspendu, quelques tuiles canal se détachent du faîte et tombent dans la rue.

Il n'y a pas un instant à perdre. Un de ces bohémiens, tondeur de chevaux, que beaucoup de nos concitoyens traitent en parias, voit le danger et, avec un sang-froid admirable, s'occupe immédiatement de le conjurer. Il fait évacuer aux vingt personnes menacées le corps de bâtiment qui est la maison proprement dite, et les fait placer sur une galerie indépendante du corps principal, juste à temps pour éviter l'écrasement de la maison, qui s'écroule avec fracas.

Avons-nous besoin de dire quel effroi d'une part, quelle joie de l'autre, éprouvent ces vingt personnes si providentiellement préservées de la mort?

Mais le danger les suit sur leur nouvel abri. Après deux heures d'angoisse terrible, un second craquement révèle un nouveau péril. Une partie de la galerie, précipitamment évacuée, s'effondre à son tour et noie ses débris dans l'eau. Les femmes pleurent, les enfants crient, la terreur, la terreur folle trouble les esprit. Seul, le gitano garde son sang-froid, organise le sauvetage de ses compagnons d'infortune, les fait passer un à un sur un toit voisin, où les prolonges d'artillerie les recueilleront trois heures plus tard, et il les sauve ainsi, une seconde fois, d'une mort que le moindre retard eût fatalement entrainée!

Au coin de la place Extérieure-Saint-Cyprien, sur ce pâté de maisons où était bâtie l'auberge de la Femme-Sans-Tête, et qui donne en raccourci l'image trop exacte des ruines de la rue Varsovie débouchant sur ce point, deux drames navrants ont signalé la nuit funeste du 23 au 24 juin.

Une mère a son enfant jouant à côté d'elle, dans la chambre qu'elle habite, quand l'eau, minant la maison, entraine la façade. L'enfant roule dans le courant qui l'emporte, sous les yeux de sa mère, dont les bras, pris sous une poutre, la mettent dans l'impossibilité absolue de le secourir ou de périr avec lui.

Dans la maison voisine, ruinée aussi par le torrent furieux, c'est le père et la mère qui, menacés d'être écrasés sous l'effondrement des murs, se jettent à l'eau et sont entrainés vers la Porte de fer, où ils périssent tous deux, après avoir lutté une ou deux minutes contre le courant, sous les yeux de leur fille, qui pousse des cris désespérés et les appelle elle-même à son secours.

A l'autre extrémité de la rue Varsovie, dans la rue de Cugnaux, un spectacle moins navrant peut-être, mais en revanche plus hideux, épouvantait le regard des habitants de ce quartier si affreusement éprouvé. La Garonne, débordant sur la route de Muret, au-dessus de la chaussée du moulin Vivent, passait sur le cimetière de Saint-Nicolas, qu'il ravageait, et entraînait les cercueils enlevés aux fosses, vers l'allée de Garonne et la rue des Teinturiers, où plusieurs sont allés échouer. D'autres cercueils, poussés par le courant irrésistible, allaient se jeter dans le lit du fleuve, au-dessus du nouveau Château-d'Eau, et disparaissaient comme de sinistres fantômes après avoir terrifié les vivants.

L'odyssée de M. Delaye fils et des sept

personnes qui passèrent la nuit du 23 au 24 juin avec lui, dans le bateau amarré sur l'allée de Garonne, n'est pas une des moins émouvantes par ses péripéties. C'est un brave lieutenant du 59e de ligne, décoré pour son admirable conduite dans la soirée du 23 juin, M. Besse-Moulin, qui nous en a raconté les détails.

La dernière prolonge de l'artillerie, qui était allée dans la direction de la place du Fer-à-Cheval, afin de porter secours aux inondés de la Croix-de-Pierre, fut dans l'impossibilité absolue de continuer son œuvre périlleuse de salut et dut rebrousser chemin par l'allée de Garonne. Mais déjà le terrain, profondément raviné, cachait sous l'épaisse couche d'eau qui roulait là ses flots furieux, des fondrières extrêmement dangereuses pour la marche des chevaux.

Aux trois quarts de sa course, la prolonge s'engage dans une profonde dépression du terrain et se renverse sur un des côtés. Les chevaux, déjà effrayés par la vue de l'eau dans laquelle ils plongent jusqu'au poitrail, se cabrent, se démènent et tombent à leur tour, entraînant un des conducteurs, qui a son pied engagé dans l'étrier et qui se noie sur place, en même temps que sa monture. Le second conducteur, plus heureux, peut gagner, en nageant, un des bateaux qui parcourent l'allée et vers lequel se dirigent aussi les quatre artilleurs qui ont dû abandonner la prolonge pour échapper à la mort.

C'est ce même bateau qui recueillit M. Delaye fils et deux autres personnes, dans la maison de santé fondée par le père de ce jeune et habile praticien et que celui-ci dirige avec autant de sollicitude que de talent.

Mais le bateau, à son tour, entraîné par un irrésistible courant, met en détresse les huit naufragés auxquels il sert d'abri. Essayer de le diriger jusqu'au dehors du faubourg est une opération aussi périlleuse qu'aventureuse ; aussi, sans s'exposer au danger d'une tentative qui peut être funeste à ceux qui en courraient les terribles chances, les habitants du bateau sauveur se résignent-ils à l'amarrer fortement à un des plus robustes ormeaux de la promenade et à braver là, jusqu'au lendemain, au milieu des bruits sinistres de l'écroulement des maisons et des épaves heurtant leur fragile esquif, toutes les terreurs et tous les périls que dissimulent à peine à leurs yeux les ténèbres de la nuit et le sourd grondement de l'eau.

Sur cette allée de Bayonne, si impitoyablement frappée par le fléau destructeur, tous les genres d'émotions ont été éprouvés, toutes les misères ont été subies, toutes les catastrophes, avec leur horrible variété de douleurs et de désastres, se sont abattues.

Là, c'est la famille Groc, si intéressante et si sympathique, qui voit et qui sent crouler sous ses pieds une des plus belles constructions du faubourg; tandis que le Ciel, après l'avoir éprouvée par la plus lamentable ruine, la sauve visiblement et miraculeusement de la mort.

Ici, c'est Mme Chalons qui périt noyée, sous les yeux de sa famille impuissante à la sauver, et dont la mort, par un jeu cruel de la destinée, est le résultat de la précaution prise précisément pour lui échapper.

Ailleurs, c'est l'écroulement, l'anéantissement complet de la belle fabrique de vitraux peints que M. Chalons fils, avec une persévérance et une énergie qui sont l'honneur de sa vie, avait fondée, et dont la réputation déjà s'étendait au loin.

C'est partout l'image de la désolation

et de la destruction dans ce qu'elles ont de plus lamentable et de plus hideux!

Nous fermons ce douloureux récit, sans avoir la prétention de l'épuiser, parce que les proportions de ce volume ne suffiraient pas à la vaste tâche de raconter tous les épisodes du grand drame des 23 et 24 juin.

Comme nous le disions, d'ailleurs, en commençant notre relation, les drames les plus émouvants, les plus tragiques, sont ceux qui n'ont pas eu de témoins, parce que tous les infortunés qui y prirent part en furent victimes.

Un seul, peut-être, de ceux dont les péripéties et la vue déchirent le cœur a pu être raconté par un témoin oculaire.

C'était dans la rue Réclusane, si durement éprouvée par le fléau. Une maison restée debout, au milieu de plusieurs autres dont les débris faisaient refluer l'eau dans la rue, contenait une femme et son mari, en proie à la plus terrible inquiétude. Leur habitation était menacée du sort des maisons voisines et aucune issue ne s'offrait à eux pour fuir le péril.

Le malheur prévu se produit. La façade s'écroule avec un bruit épouvantable, mais n'entraîne pas les planchers. C'est quelques minutes de répit données aux malheureux habitants, qui n'en peuvent profiter pour chercher le salut. Ils poussent des cris déchirants et appellent instinctivement au secours, dans ce quartier sombre et désert où l'écho même ne leur répond pas.

Tout à coup, le plancher s'affaisse en rompant les poutres qui le retenaient encore aux murailles branlantes; le mari est précipité dans le gouffre qui se referme sur lui, et la femme, suspendue à une saillie du mur, appelle un secours qui ne viendra pas. Elle lutte encore pourtant contre l'effroyable péril qui la menace et se cramponne avec énergie au fragile abri qui la soutient. Mais une minute de cet effort désespéré, en épuisant ses forces, a entraîné sous le poids de son corps le point d'appui qui avait prolongé sa vie. Le bruit sourd de la victime tombant dans l'eau se mêle à celui du torrent qui gronde, et le drame horrible a son dénouement !

S'il nous était permis de jeter un rayon de lumière sur ce tableau fait de sang et de ténèbres, nous rapporterions la légende (est-ce autre chose qu'une légende?) de ce berceau promené sur le torrent, et contenant sain et sauf, comme autrefois Moïse, un enfant que le fléau a respecté. Mais nous redoutons, dans un livre d'histoire, de laisser pénétrer la fiction, quelque attrayante qu'elle soit.

Nous n'avons voulu relater dans notre

narration que les faits appuyés sur des témoignages d'une notoriété et d'une valeur indiscutées. Aussi, préférons-nous clore ces pages sans les charger de faits douteux et laisser au drame dont nous avons esquissé la scène et rapporté les épisodes, la physionomie honnête et naïve de la vérité historique et de l'exacte réalité.

———

Nous venons de raconter quelques-uns des mille drames de l'inondation des 23-24 juin. Voici le bilan des coups que la mort a frappés et le nom des victimes qu'elle a étendues en une seule nuit dans le froid linceul qui fut leur dernier vêtement, avant leur inhumation dans la fosse commune au cimetière de Terre-Cabade.

Nos lecteurs ne devront pas s'étonner de ne lire l'état civil — ce froid passe-port de l'éternité — que de cent cinquante à soixante victimes. Le tiers d'entre elles, à peu près, puisque le nombre des inhumations a été de deux cent dix environ — nous parlons de Toulouse seulement — le tiers des victimes, disons-nous, n'ont été ni reconnues ni réclamées.

Quelques-uns des morts, dont l'état de décomposition était trop avancé, ou que des blessures rendaient méconnaissables, n'ont pu être utilement photographiés par MM. Provost et Delon; quelques autres, appartenant sans doute à des familles tout entières disparues dans la catastrophe, n'ont fait l'objet d'aucune déclaration de la part d'amis ou de simples connaissances, qui eussent pu aider l'administration à dresser leur état-civil. Nous n'avons donc pu recueillir que le nom des victimes dont le tableau suivant donne l'indication.

NOMS DES VICTIMES DE L'INONDATION

des 23-24 juin

ET DES LIEUX OU LEURS CORPS ONT ÉTÉ RECUEILLIS APRÈS LE DÉSASTRE

CRUZEL (Jeanne-Antoinette), 4 ans 1|2, allée de Garonne, 25.
LAMOTHE (Melchior), 68 ans, allée de Garonne, 25.
COMPANS (Jean), 45 ans, allée de Garonne, 25.
NOGUÉS (Charles), 51 ans, allée de Garonne, 25.
WEYER (Charles-Joseph), 22 ans, hôpital militaire.
BALZANNE (Madeleine), 68 ans, hôpital de la Grave.
AVIT (Arzile-Claude), 21 ans, quartier de l'Embouchure.
PALANCADE (Bernarde-Mélanie), 41 ans, Hôtel-Dieu Saint-Jacques.
DOUMENG, veuve MAZET, 70 ans, à Saint-Cyprien.
PECH (Paul-Victor-Marie-Jacques), 21 ans, à Saint-Cyprien.
COMMINGE (Berthe), 7 ans, à Saint-Cyprien.
PICASSE (Marguerite) 72 ans, quartier de Ginestous.
MAURETTE (Alexandre-Marie-Henri), 2 ans, avenue de Muret.
CALAS (Pierre), 95 ans, quartier des Sept-Deniers.
WOLFART (Alexandre), 65 ans, rue de Bayonne, 62.
VERSEVY (Jean-Marie), 15 ans, rue de Bayonne, 62.
CALVET (Antoinette), 30 ans, rue Saint-Nicolas, 31.
PAPAY, épouse PELLEFIGUES, 22 ans, Hôtel-Dieu Saint-Jacques.

Inconnu, 35 ans, quartier des Sept-Deniers.
Dubarry (François), 71 ans, rue Varsovie, 28.
Dubarry (Marguerite), 35 ans, rue Varsovie, 28.
Bruel (Jean), 69 ans, Hôtel-Dieu Saint-Jacques.
Vasseur, veuve Despons, 60 ans, rue de Bayonne, 57.
Inconnu, 50 ans environ, quartier de Ginestous.
Giral (Conception), Hôtel-Dieu Saint-Jacques.
Brun (Pierre-Antoine-Martin), docteur médecin, 77 ans, rue de Bayonne, 57.
Chiffres, épouse Brun, 75 ans, rue de Bayonne, 57.
Rostan (Charles), 53 ans, allée de Garonne, 17.
Andrieu (Jean), 69 ans, hôpital militaire.
Tournié (Antoine), 45 ans, avenue de Muret.
Taraud (François-Jean), 15 mois, rue Peyrolade, 6.
Delamarre (Alexandrine), 37 ans, hôpital de la Grave.
Soum (Marie), 48 ans, hôpital de la Grave.
Toulza (Jeanne), 78 ans, hôpital de la Grave.
Bordes (Jeanne), 19 ans, hôpital de la Grave.
Moisset (Catherine), 64 ans, hôpital de la Grave.
Marcet (Anne-Etiennette), 80 ans, hôpital de la Grave.
Gleyzes (Antoinette), 66 ans, hôpital de la Grave.
Marie, dite Dedieu, 11 ans, hôpital de la Grave.
Minville, veuve Abadie, 82 ans, allée de Garonne, 65.
Fort (Jean-Marie-Bertrand), 11 ans, allée de Garonne, 49.
Gay, épouse Perrette, 65 ans, rue Viguerie, 27.
Perrette (Jean-Marie-Louis), 64 ans, rue Viguerie, 27.
Eulalie (Antoine), 66 ans, allée Saint-Simon.
Fuzéré (Jean-Martin), propriétaire, 69 ans, rue Réclusane, 25.
Saint-Paul (Jeanne-Marie), ménagère, 57 ans, rue Réclusane, 28.
Espert (Marie), sans profession, 11 ans, rue Cany.

Cordille (Marguerite), revendeuse, 45 ans, rue des Teinturiers, n° 18.
Galtier (Joseph), coutelier, 56 ans, place intérieure Saint-Cyprien, 7.
Malaterre (Emilie), épouse Galtier, sans profession, 58 ans, place intérieure Saint-Cyprien, 7.
Galtier (Pierre-Casimir), coutelier, 29 ans, place intérieure Saint-Cyprien, 7.
Chassain (Elisa-Euphrasine), lingère, 25 ans, rue Varsovie, 22.
Terris (Louise), ex-institutrice, 59 ans, rue Varsovie, 22.
Gras (Jeanne-Marie-Françoise-Pauline), lingère, 33 ans, rue Varsovie, 28.
Sentenac (Marie), ménagère, 50 ans, place de l'Estrapade, 30.
Brunet (Jenny), ouvrière aux tabacs, 24 ans, place de l'Estrapade, 30.
Pujol (Paulin), 2 mois, rue des Teinturiers, maison Casse.
Pujol (Catherine-Jeanne-Elisabeth), 3 ans, maison Casse.
Dupeyron (Jean-Marie), 35 ans, sans profession, maison Casse.
Palangade (Bernarde), sans profession, 46 ans, place de l'Estrapade, 32.
David (Françoise), sans profession, 67 ans, place de l'Estrapade, 32.
Carpentré (Claire), sans profsssion, 53 ans, place intérieure Saint-Cyprien, 40.
Estrade (Joseph), facteur à la poste aux lettres, 33 ans, rue des Teinturiers, 20.
Couzinié (Joséphine), femme Estrade, sans profession, 35 ans, rue des Teinturiers, 20.
Estrade (Etienne), 6 mois, rue des Teinturiers, 20.
Servote (Emma), tailleuse, 18 ans, rue Peyrolade, 4.
Fourés (Louise-Victorine-Antoinette), tailleuse, 48 ans, rue Peyrolade, 4.

Dedieu (Victor), puisatier, 65 ans, route de Saint-Simon.
Boudet (Claude), tombelier, 43 ans, rue Cany.
Cavé (Baptiste), ébéniste, 58 ans, rue Cany.
Bardou (Etienne), chapelier, 27 ans, allée de Garonne, 20.
Autané (Antoinette-Angélique), sans profession, 33 ans, rue du Pont-Saint-Pierre, 10.
Dacier (André), fabricant de chaussures, 49 ans, rue du Pont-Saint-Pierre, 14.
Dacier (Marie-Germaine), marchande de chaussures, 20 ans, rue du Pont-Saint-Pierre, 14.
Dacier (Marie-Clémentine), 5 ans 1|2, rue du Pont-Saint-Pierre, 14.
Curieux (Bertrande), sans profession, 60 ans, place Roguet.
Merly (Bertrande), sans profession, 56 ans, rue Lagane, 7.
Barrère (Paulin-Marcelin), vannier, 61 ans, rue Champêtre, 8.
Gandelat (Jean-Lucien), 22 ans, rue Saint-Nicolas, 37.
Deschandal (Jeanne), femme Gandelat, sans profession, 50 ans, rue Saint-Nicolas, 37.
Gandelat (Bernard-Marie-Hippolyte), menuisier, 60 ans, rue Saint-Nicolas, 37.
Cayrol (Marie), sans profession, 51 ans, avenue de la Patte-d'Oie, 12.
Espagnac (Julienne), ouvrière aux tabacs, 33 ans, rue Varsovie, 28.
Amalet (Françoise), sans profession, 52 ans, rue du Pont-Saint-Pierre.
Durand (François-Marie), fabricant de malles, 51 ans, rue du Pont-Saint-Pierre.
Cazeneuve (Pierre), marchand de toile, 63 ans, avenue de la Patte-d'Oie.
Morin (Clotilde), 5 ans 1|2, impasse des dames de la Porte, 9.

Estelle (Clémentine-Pauline), sans profession, 62 ans, rue Saint-Nicolas, 59.

Sans (Benoît), employé de commerce, 32 ans, rue des Teinturiers.

Sans (Paul-Victor), 2 ans, rue des Teinturiers.

Tap (Marie-Victorine), marchande de peignes, 54 ans, rue des Teinturiers.

Azam (Jeanne-Marie), couturière, 41 ans, avenue de la Patte-d'Oie.

Latrille (Rose-Jeanne-Marie), ouvrière aux tabacs, 41 ans, place l'Estrapade.

Comboul (Auguste-Marius), 8 ans, place l'Estrapade.

Bonnefond (Pierre), sans profession, 98 ans, rue Réclusane, 43.

Amalet (Jeanne-Marie), 11 ans, rue Réclusane, 31.

Amielet (Maurice), plâtrier, 63 ans, rue Réclusane, 31.

Aboulène (Jeanne-Marie), sans profession, 60 ans, rue Réclusane, 31.

Clément (Charlotte-Pauline), 2 ans 1|2, rue du Pont-Saint-Pierre, 2.

Clément (Marguerite-Jeanne-Charlotte), lisseuse, 15 ans, rue du Pont-Saint-Pierre, 2.

Gaubert (Henriette-Philippine), femme Clément, sans profession, 39 ans, rue du Pont-Saint-Pierre, 2.

Clément (Paul), chaudronnier, 42 ans, rue du Pont-Saint-Pierre, 2.

Montmey (André-Jean-Marie), 3 ans 1|2, rue Réclusane, 16.

Senac (Catherine), ouvrière aux tabacs, 31 ans, rue Réclusane, 16.

Broquère (Clotilde-Octavie), sans profession, 58 ans, rue Varsovie, 28.

Maillet (Guillaume), journalier, 75 ans, rue des Cimetières, 10.

Laby (Françoise-Eulalie-Angélique), sans profession, 81 ans, rue des Feuillantines, 20.

Chaila (Jean-Benoît-Louis-Philibert), sans profession, 86 ans, rue des Feuillantines, 20.

Boudières (Isabé), lingère, 46 ans, place Roguet.

Mendement (Léon), marchand de chevaux, 55 ans, rue des Teinturiers, 20.

Lenfroy (M.-Adolphine), sans profession, 14 ans, place Roguet.

Boubée (Raymonde-Perrette-Pascale), revendeuse, 63 ans, rue du Pont-Saint-Pierre.

Balmes (Marie-Anne), revendeuse, 53 ans, rue des Teinturiers, 20.

Dauriac (Jean-Baptiste), jardinier, 82 ans, avenue de Muret, 95.

Razat (Pierre), boulanger, 52 ans, rue du Pont-Saint-Pierre,

Raynaud (Jeanne), femme Raat, sans profession, 48 ans, rue du Pont-Saint-Pierre, 14.

Razat (Pascale), 13 ans, rue du Pont-Saint-Pierre, 14.

Périssé (Henri), employé à la manufacture des tabacs, 35 ans, rue Lagane, 29.

Sentis (Guillaume), cordonnier, 53 ans, avenue de Bayonne.

Panchaud (Jeanne-Marie), piqueuse de chaussures, 53 ans, avenue de la Patte-d'Oie, 20.

Cartou (Elisabeth-Félicité), sans profession, 19 ans, avenue de la Patte-d'Oie, 20.

Rolie (Fernand-Auguste), 3 ans, avenue de la Patte-d'Oie, 20.

Auroux (François-Noël), aubergiste, 63 ans, avenue de la Patte-d'Oie, 20.

Bousquet (Rose), sans profession, 73 ans, avenue de la Patte-d'Oie 20.

Mourlane (Antoinette), domestique, 60 ans, avenue de la Patte-d'Oie, 20.

Latrille (Antoinette), sans profession, 79 ans, place de l'Estrapade.
Souquet (Léontine), épouse Fort, 35 ans, rue des Teinturiers.
Fort (Léon), 14 ans, rue des Teinturiers.
Fort (Jeanne), 6 ans, rue des Teinturiers.
Gayral (Marie), 38 ans, rue des Teinturiers.
Gayral (Henri), 5 ans, rue des Teinturiers.
Hautpoul (marquis d'), 55 ans, à Blagnac.
Lassudrié (Marie), 10 ans, rue du Pont-Saint-Pierre.
Bertarc (Berthe-Marguerite), 4 ans, rue du Pont-Saint-Pierre.
Bertrac (Auguste), 46 ans, voyageur de commerce, rue du Pont-Saint-Pierre.
Lafont (Jeanne-Marguerite-Pauline), 41 ans, rue du Pont-Saint-Pierre.
Laveran (Rose), épouse Garrigue, 78 ans, rue de Bayonne, 60.
Claria (Antoine-Jean), 1 mois, rue Champêtre.
Gendre (Jean), tombelier, 32 ans, rue des Teinturiers, 38.
Aragon (Joseph), cirier, 52 ans, rue Varsovie, 24.
Cousigné (Françoise), 35 ans, ouvrière aux tabacs, rue des Teinturiers, 30.
Dulac (Marguerite), 71 ans, ménagère, rue des Teinturiers, 30.
Bacqué (Massipon-Elisabeth), sans profession, rue Réclusane, n° 16.
Mouriès (Jean-Baptiste), 2 mois, place du Chairedon, 3.
Dangelgonne, 22 ans, place du Chairedon, 3.
Latrille (Dominiquette), 39 ans, sans profession, place du Chairedon, 3.
Gaston (François), 59 ans, menuisier, rue de la Laque, 15 bis.
Loubies (Jeanne), 6 ans 1|2, avenue de la Patte-d'Oie, 12.

Voici, relevé par chaque journée qui a suivi la nuit du 23 au 24 juin, le nombre des cadavres recueillis au milieu des ruines des maisons écroulées ou sur les points des rives de la Garonne où les flots les ont apportés.

Le 24 juin, à Toulouse.........	96
25 id. id.	44
26 id. id.	23
27 id. id.	10
28 id. id.	7
29 id. id.	5
30 id. id.	4
1er juillet, id.	1
2 id. id.	1
3 id. id.	1
6 id. id.	1
28 juin, à Blagnac............	7
27 juillet, à Merville........	3
	203

On a aussi relevé environ 200 chevaux noyés pendant l'inondation.

VI

LES SAUVETEURS

SOMMAIRE : Le livre d'or de la cité. — L'Armée. — Délibération du conseil municipal. — Dévouements individuels. — La société des sauveteurs. — La gendarmerie. — Les Frères des Ecoles chrétiennes. — La police municipale. — Le sous-brigadier Salles. — L'agent de la sûreté Castel. — Les sapeurs-pompiers. — Les employés de l'Octroi. — L'Ecole de médecine. — Quelques noms propres. — Dévouements inconnus.

Après avoir raconté les milles péripéties du grand drame de l'inondation, après avoir essayé de faire passer sous les yeux de nos lecteurs le tableau animé des ravages du fléau et des victimes, hélas! trop nombreuses, que, nouveau Minotaure, il a dévoré, nous croyons utile et consolant de rappeler la mémoire des hommes dont le dévouement héroïque et l'abnégation chrétienne ont atténué, dans la mesure des forces humaines, les conséquences du terrible événement.

Ce chapitre sera le livre d'or de la cité, le mémorial où les générations qui suivront la nôtre, témoin attristé d'un désastre sans précédent, viendront chercher l'exemple du véritable patriotisme et les témoignages de la seule vraie et sublime fraternité.

Au frontispice de ce livre d'or, nous devons écrire un nom qui, pendant plusieurs jours, a retenti de bouche en bouche, comme celui de la Providence dans le cœur des hommes qui n'ont pu attribuer qu'à l'intervention du Ciel le salut sur lequel ils ne comptaient plus.

Ce nom est celui de l'ARMÉE, non de l'armée personnifiée dans tel ou tel, général ou soldat, portant l'épaulette d'or ou l'épaulette de laine, commandant ou obéissant, mais de l'armée tout entière, du premier au dernier, marchant comme si une seule âme l'animait, au-devant du danger qu'il fallait combattre, au secours des victimes qu'il fallait sauver.

Si nous obéissons à la tradition hiérarchique en nommant quelques-uns des héros des 23-24 juin, si nous donnons quelques noms propres, choisis au hasard des événements qui ont mis en lumière les actes d'héroïsme de l'ARMÉE, nous devons déclarer, et nous le déclarons avec un sentiment de reconnaissance émue, que nous n'avons pas la prétention, pas plus que la possibilité de payer chacun selon ses œuvres et de lui attribuer la part d'éloges qu'il a méritée.

Aussi, avant d'inscrire au livre d'or de la cité le nom des individus que l'on a le plus distingués dans la grande bataille livrée par l'armée à l'inondation, dans la journée fatale du 23 juin et dans la nuit plus fatale encore du 23 au 24, croyons-nous de notre devoir de reproduire la délibération prise, en séance extraordinaire, par le conseil municipal de Toulouse, récompensant, par l'unanimité éloquente des suffrages de nos édiles, l'armée tout entière :

Le maire de Toulouse, commandeur de la Légion d'honneur, a l'honneur de porter à la connaissance de ses administrés que le Conseil municipal, dans la séance du 24 juin courant, a pris successivement les deux délibérations suivantes :

1re DÉLIBÉRATION

La population de Toulouse a été témoin du dévouement plein d'intelligence et d'abnégation montré sur tous les points par la garnison entière. Elle porte le deuil des braves soldats victimes de leur générosité, comme elle porte celui de ses propres enfants.

En conséquence, le Conseil municipal, organe naturel des sentiments de la population, décide :

ARTICLE PREMIER

La GARNISON DE TOULOUSE a bien mérité de la Cité !

ART. 2.

Une plaque de marbre, reproduisant le texte de la présente délibération, conservera le souvenir du dévouement de l'armée et les noms des soldats et des citoyens qui sont morts pour sauver les victimes de l'inondation.

ART. 3.

Les familles des militaires victimes de leur dévouement seront associées, si leur position le réclame, à la distribution des secours votés par le Conseil.

Voici maintenant le nom de quelques-uns des membres de l'armée qui se sont le plus distingués.

L'autorité militaire, représentée par le général en chef, M. le vicomte de Salignac-Fénelon, le général de division M. Lapasset, et le général chef d'état-major M. Beaudouin, a donné en toute circonstance un précieux appui à l'organisation des secours.

Le général DUFAURE DU BESSOL, qui a dirigé le sauvetage des inondés avec un sang-froid, une présence d'esprit, une opiniâtreté dignes d'éloges.

Le capitaine CHARLES DE LAMARCELLE, du 143e de ligne. Après avoir opéré le sauvetage de la crèche à la Patte-d'Oie, cet officier dirigeait une lourde barque lorsqu'il disparut dans une profonde cavité. Il se trouva placé sous la barque et n'échappa à la mort que par miracle.

Le capitaine LASAIGNES, du 23e d'artillerio, qui organisa le sauvetage, dans la matinée du 24, à l'entrée de la rue de Bayonne, et ne cessa de payer de sa personne pendant toute la durée du sinistre.

Le sous-lieutenant PERAGALLO, du 18e d'artillerie, demeura trois heures dans l'eau jusqu'à la ceinture, dirigeant le sauvetage au péril de sa vie. Trois fois son général l'envoya chercher, trois fois il refusa de revenir. Une quatrième fois on lui expédia deux artilleurs. Au lieu de les suivre, il les fit travailler avec lui.

Aussi quand, trempé, couvert de boue, exténué, il revint sur la terre ferme :

— Comment, monsieur, vous permettez-vous de désobéir à vos chefs? lui dit son général.

Puis, lui ouvrant ses bras :

— C'est égal, tu es un brave... Viens m'embrasser!

Et il le serra contre sa poitrine avec des larmes dans les yeux.

M. Peragallo organisa, à l'aide d'une barque, le sauvetage des dames des Feuillants et de leurs élèves, après s'être adjoint quatre soldats de bonne volonté du 29ᵉ chasseurs à pied. Ces braves militaires portaient une à une, dans la barque, religieuses et jeunes filles, poussaient l'embarcation jusqu'au quai Dillon, dès qu'elle était remplie, puis revenaient devant la porte chercher un nouveau convoi.

La supérieure ne sachant comment témoigner sa reconnaissance, offrit aux quatre chasseurs une somme d'argent assez élevée. Ils la refusèrent en faisant observer qu'il valait mieux la destiner aux victimes de l'inondation.

M. Besse-Moulin, lieutenant au 59ᵉ de ligne, qui fut des premiers à organiser des secours, d'abord sur la place du Fer-à-Cheval, où il sauva le vieux domestique de M. Lacoume, dont la maison venait de s'effondrer, et ensuite sur l'avenue de Muret et dans la rue de Bayonne. C'est lui qui envoya au secours des inondés ce fourgon que l'on retrouva le lendemain renversé, sur l'allée de Garonne, et encore attaché aux quatre chevaux qui l'avaient traîné là et qui s'étaient noyés, dans une fondrière creusée par la Garonne débordée.

Ne voyant pas revenir ce fourgon, quand l'eau avait déjà envahi tout le faubourg, le lieutenant Besse-Moulin envoya un exprès, à cheval, pour savoir quel avait été son sort et au besoin lui porter secours. Mais le cavalier ne put pas franchir la place Intérieure-Saint-Cyprien, et il s'en fallut de peu que lui et sa monture périssent emportés par les flots.

Le *caporal sapeur* Moricet, du 59e de ligne, après des difficultés inouïes, parvint à s'emparer du sac du facteur Estrade qui contenait une lettre chargée. Surpris par les eaux, Estrade avait apporté son sac dans sa maison, rue des Teinturiers, où il l'avait laissé accroché, lorsque, croyant se sauver, il abandonna sa maison et alla périr, avec quarante et une autres victimes, quelques pas plus loin.

BORDES, sergent du 143ᵉ de ligne.

POCHER (Léon), artilleur à la 13ᵉ batterie du 23ᵉ d'artillerie. Monté sur une barque, en compagnie de l'agent de la sûreté CASTEL, il contribua, grâce à son courage et à sa force herculéenne, au sauvetage de 250 personnes.

CUNNIG, maréchal-des-logis au 18ᵉ d'artillerie; ARNAULT, brigadier au 18ᵉ d'artillerie, CHANTEDUC, COSTE, TURLING, WUITTERM, BOÉ et JOSSÉ, conducteurs ou servants au même régiment, ont sauvé plus de quatre-vingt personnes et la famille Delmas, propriétaire d'un magasin de poterie à Saint-Cyprien.

L'armée a eu ses martyrs, et la Garonne a fait des victimes de quelques-uns des héros qui lui disputaient sa proie. Il faut inscrire au martyrologe du devoir :

Avit, 2° conducteur à la 5° batterie du 18° régiment d'artillerie.

Weyex, 2° conducteur à la 8° batterie du 23° d'artillerie.

Sur la tombe de ce dernier, le colonel du régiment prononça ces paroles émues, auxquelles tout cœur reconnaissant doit s'associer : « *Puisse-t-il recevoir au ciel la récompense réservée à ceux qui meurent pour le bien de la patrie.* »

On ne saurait passer sous silence l'hommage rendu à l'armée par Mgr Desprez, lors du service funèbre célébré dans l'église du Taur.

« *A mon tour*, disait l'éminent prélat,
» *et tant que mon cœur battra dans ma*
» *poitrine, je ne cesserai de répéter :*
» *Honneur à la garnison de Toulouse !*
» *Reconnaissance à tous nos soldats !* »

La Société des sauveteurs de France, célébrant les hauts faits des sauveteurs du Midi, décernait le PRIX D'HONNEUR au général DUFAURE DU BESSOL, commandant la garnison de Toulouse, en raison du courage et du dévouement exceptionnels déployés par lui pendant les inondations.

Une lettre de félicitations était aussi adressée par la Société à tous les officiers placés sous les ordres du commandant de la place de Toulouse.

Ce n'est pas seulement par son courage que l'armée s'est signalée à Toulouse, c'est par la probité scrupuleuse dont ont fait preuve les soldats. Un artilleur du 18ᵉ régiment ayant découvert dans les décombres une cachette de numéraire qui renfermait environ un millier de francs, s'empressa de recueillir la somme en évitant d'attirer les regards des curieux, alla la remettre à ses chefs, et les conduisit immédiatement sur les lieux de la trouvaille, afin de sauvegarder les droits du légitime propriétaire. Tous les chefs de corps remirent au général en chef des sommes de 20, 30, 50,000 francs, trouvées par les soldats sous les décombres.

L'armée, on le voit, a fait admirablement son devoir et l'on peut dire à bon droit, avec l'un des organes les plus accrédités de la presse parisienne : « Elle » n'est plus l'armée du carnage ; nos sol-

» dats ouvrent leurs bras pour y recevoir
» les victimes qu'ils disputent au fléau. »

A côté de l'armée, il est juste de signaler les braves gendarmes qui se sont particulièrement distingués dans le sauvetage, au faubourg Saint-Cyprien, tels que le brigadier Sistac et le gendarme Veau. — Passant dans la rue Viguerie et apercevant des femmes qui faisaient des signes de détresse, ils montèrent au troisième étage et emportèrent sur leurs épaules trois femmes et un enfant.

A propos du brigadier de gendarmerie Sistac, nous lui devons une mention particulière, à cause du rôle actif et extrêmement périlleux qu'il a joué dans le drame terrible dont le dénouement fut la mort du brave marquis d'Hautpoul.

Lorsque cet événement funeste eut lieu, Sistac et Eugène d'Hautpoul revenaient par la grande rue de Bayonne, vers la rampe qui domine le jardin de l'Hôtel-Dieu. Ils avaient recueilli dans leur barque, que deux bateliers dirigeaient à grand-peine au milieu du courant, une pauvre vieille femme que les deux sauveteurs allaient déposer en lieu sûr.

Arrivée à l'intersection de la rue de Bayonne et de la rue Vignerie, la barque de Sistac et de d'Hautpoul est prise en travers par le courant terrible qui, de la rue Laganne, se dirige vers l'hospice de la Grave. La frêle embarcation chavire avec les cinq personnes qu'elle contenait. La vieille femme, portée quelques secondes par ses jupons, vient échouer contre le bas du parapet de l'Hôtel-Dieu où on la recueille, tandis que les bateliers s'accrochent énergiquement au cordon de briques qui règne au-dessus du rez-de-chaussée de la maison Thiéry et d'où on les enlève jusqu'au premier étage.

Le brigadier de gendarmerie Sistac, soutenu un instant par le courant, est porté contre la muraille de l'Hôtel-Dieu où, par un hasard vraiment miraculeux, il peut saisir un des volets des croisées du premier étage et s'y suspendre. C'est là que M. le comte de Bégouën, trésorier payeur général du département, aidé de quelques autres personnes qui se trouvaient à ce moment là à l'Hotel-Dieu pour aviser aux événements, vient l'arracher à sa périlleuse situation et le sauver d'une mort que tout paraissait rendre inévitable.

Quant au marquis d'Hautpoul, nous l'avons dit ailleurs, il alla périr, roulé par le torrent furieux, au-dessous du batardeau construit entre les deux hospices et se perdre dans le lit du fleuve qui le porta à Blagnac.

Ce chapitre, consacré à conserver la

mémoire des hommes qui se sont dévoués au salut de leurs concitoyens, serait incomplet si nous oubliions de raconter le rôle qu'ont eu à jouer, sur ce lugubre théâtre de l'inondation, les Frères des Écoles chrétiennes du faubourg Saint-Cyprien.

Quant la Garonne déborda sur ce malheureux quartier et l'envahit tout entier, de la Croix-de-Pierre aux Abattoirs, de l'Hôtel-Dieu à la Cépière, la plupart des enfants qui fréquentent l'école des Frères, n'ayant pas été réclamés par leurs parents, durent rester dans le refuge que la Providence leur avait ménagé et à la solidité relative duquel quelques-uns d'entr'eux ont dû certainement la vie.

A cette population si intéressante vint se joindre une foule de voisins de l'école de la rue Saint-Joseph-de-la-Grave et de la petite rue Saint-Nicolas, qui, les uns par les toits, les autres par les cours, ve naient demander l'hospitalité aux Frères.

Ceux-ci, sous la direction du frère Joël, officier d'académie, caractère énergique et résolu, dont le sang-froid est en raison même des périls qui le sollicitent, s'employèrent avec un dévouement et une abnégation vraiment admirables au sauvetage de toutes les personnes dont la détresse leur fut signalée.

Ce furent d'abord la famille Lafont et les ouvriers qu'elle occupe, ensuite la famille Labit, puis Mme Fénault, plus tard Mme Lagrange, retirée par le frère Landus, du milieu des ruines de sa maison détruite, trente autres personnes encore, qui éprouvèrent tour à tour les effets de l'héroïsme modeste de ces soldats de la foi et du devoir.

Dire dans quel état arrivaient chez les Frères les malheureux inondés est inutile. Transis par le froid que leurs vêtements trempés d'eau leur communiquaient, torturés par l'anxiété la plus affreuse, il n'y avait plus chez aucun d'eux ni force morale, ni énergie physique.

Les bons Frères durent suppléer à tout, relever le moral des réfugiés, prévenir ou combattre les défaillances de la terreur, réchauffer les uns, donner des vêtements secs aux autres, sustenter ceux-ci, que l'inondation avait surpris ou chassés de chez eux avant qu'ils eussent pris leur repas du soir, donner des lits à ceux-là, incapables de résister aux terribles émotions auxquelles ils étaient en proie.

Réfugiés au premier étage de leur maison de la rue Saint-Joseph-de-la-Grave, dès que le rez-de-chaussée eut été envahi, le premier soin des Frères, lorsque de tous les côtés leur arriva des hôtes nombreux, fut de les nourrir en attendant les événements. Pour cela, ils durent redescendre au rez-de-chaussée, où déjà il y avait un mètre d'eau, et y prendre les provisions nécessaires.

Ce fut avec leur soutane de gros drap, trempée d'eau et souillée de vase, que ces hommes généreux durent passer la nuit. Et quelle nuit, au milieu de cette population affolée, dont la terreur se traduisait, chez les uns, par des cris de désespoir ou des supplications désespérées, chez les autres, par des défaillances, toutes les fois qu'une maison du quartier s'abattait dans l'eau et ébranlait toutes les constructions voisines !

Vers deux heures du matin, les effondrements étant devenus très nombreux et très rapprochés, et une première crevasse s'étant manifestée sur une des murailles de la maison d'école, l'inquiétude des esprits devint telle que les bons Frères, se sentant impuissants à rassurer plus longtemps leurs hôtes, durent s'occuper à préparer le mouvement de retraite que l'anxiété générale commandait.

Alors, se jetant bravement à l'eau, où ils plongeaient jusqu'aux épaules, le frère Joël, directeur, et ses trois dignes lieutenants — le frère Landus, le frère Létancien et le frère Landoard — prirent sur leurs épaules les enfants, les femmes, les vieillards, et les portèrent ainsi, à travers les cours intérieures de l'école, de la rue Saint-Joseph-de-la-Grave à la petite rue Saint-Nicolas.

Ce fut dans un de ces périlleux voyages que le frère Létancien, portant sur ses épaules Mme Fénault, trouva sur son chemin un ancien puits, fermé depuis longtemps, mais que l'inondation avait rouvert. Heureusement, sa profondeur peu considérable permit au sauveteur de Mme Fénault, grâce à d'énergiques et prompts efforts, d'arracher son précieux fardeau et lui-même au péril ignoré qu'ils avait couru.

Arrivés en face de l'église Saint-Nicolas, qui inspirait à tous une sécurité entière, il s'agissait d'y pénétrer avec les cinquante réfugiés, enfants ou adultes, qui étaient venus la veille demander un asile aux Frères. Dans la petite rue Saint-Nicolas, il s'était formé un courant très rapide entraînant de nombreuses épaves vers l'hospice de la Grave encore sous l'eau; aussi, eût-il été imprudent de s'y aventurer sans précaution.

Le frère Joël dirige le sauvetage avec son sang-froid habituel. Saisissant une longue poutre que lui apporte le courant, il s'en sert d'abord comme d'un bélier pour enfoncer la petite porte de l'église qui se trouve en face de la maison d'école; puis, la plaçant transversalement sur la largeur de la rue, il l'appuie d'un côté à la muraille de l'école, de l'autre au mur de l'église, et en fait ainsi une sorte de rampe qui permet à chacun de franchir le courant et de traverser la rue.

Là, un autre obstacle se présente. L'eau, qui a pénétré dans l'église comme dans toutes les maisons du faubourg, a accumulé derrière la porte maintenant ouverte, et jusqu'au plafond de cette sorte de porche intérieur que forme la saillie des orgues, non-seulement les milliers de chaises qui sont le principal mobilier du saint lieu, mais aussi la gigantesque caisse qui sert d'enveloppe au dais. Il faut que chacun gravisse ou aide à gravir, au milieu de dangers sans cesse renouvelés, le fragile édifice qui s'oppose à son entrée dans l'église; et là, un des frères, descendu du clocher où il a passé la nuit, vient recevoir dans ses bras et préserver d'une chute terrible, de trois mètres et demi à quatre mètres de hauteur, les malheureux hôtes du frère Joël.

Il n'y avait plus péril de mort pour les cinquante réfugiés de l'église Saint-Nicolas, mais il y avait des souffrances physiques à faire cesser au plus tôt pour ces enfants, ces femmes, ces vieillards que l'humidité de l'eau, la faim, l'insomnie, les douleurs morales avaient réduits au plus pitoyable état.

C'est ce que sentirent les bons Frères de Saint-Cyprien et c'est à quoi ils s'employèrent avec un dévouement, et une abnégation qui ne se sont jamais démentis. Dès que le jour commença à poindre, ils voulurent compléter leur tâche si bien remplie jusqu'alors. Se débarrassant de leur lourde robe trempée d'eau, afin d'avoir les mouvements plus libres, ils chargèrent sur leurs épaules les enfants, les femmes, en un mot tous ceux que les forces eussent trahis; et, sortant de l'église par la porte, qu'ils durent forcer, de l'étroite rue Saint-Michel, ils atteignirent, à travers mille obstacles formés des ruines des maisons écroulées, la grande rue de Bayonne et les bâteaux de sauvetage, où ils purent enfin déposer les hôtes qu'ils avaient en quelques heures plusieurs fois préservés de la mort.

Alors seulement, ces hommes de cœur, admirables comme tous ceux qu'inspire le sentiment chrétien, songèrent à aller se reposer de leurs fatigues et à prévenir les conséquences graves d'une nuit passée dans les conditions hygiéniques les plus lamentables.

Trempés jusqu'aux os, vêtus d'un simple caleçon et d'une chemise, ils entrèrent en ville et vinrent, à l'état de spectres plutôt que d'hommes, chercher un asile dans la maison commune du faubourg Saint-Aubin.

Nous laisserions dans ce livre et dans ce chapitre une lacune que beaucoup sans doute des victimes de l'inondation nous reprocheraient comme une injustice, si nous ne faisions pas une place bien en évidence, parmi les sauveteurs, à la police municipale. Non-seulement quelques-uns de ses membres se sont distingués, entre tous ceux qui ont arraché au fléau dévastateur une part de la formidable proie qu'il s'était choisie, mais tous, du chef-supérieur au simple agent, ont bien mérité de la reconnaissance publique et de l'humanité, par les soins qu'ils ont mis à atténuer les conséquences de l'effroyable désastre des 23-24 juin.

On se rappelle avec quelle ardeur, ardeur de curiosité ou de sentiment, la population de Toulouse tout entière se portait vers le faubourg Saint-Cyprien, au lendemain de la catastrophe qui avait fait de ce quartier, si beau la veille, un champ de désolation et de mort. Et cependant, l'agent destructeur, loin d'avoir terminé son œuvre, accumulait encore des ruines, comme l'histoire raconte que le Parthe frappait ses ennemis en fuyant. La Garonne s'était retirée, mais ses eaux, retenues dans le sous-sol des maisons du faubourg, provoquaient à tout instant des effondrements nouveaux.

Combien la police a sauvé de victimes, non-seulement en concourant directement au sauvetage des inondés, mais encore en éloignant du quartier envahi la veille ceux de ses habitants qui voulaient y rentrer pour y chercher des parents ou des amis disparus, ou bien pour en retirer le pécule amassé, le mobilier encore intact, au risque de périr victimes de leur imprudence!

C'est dans ce service, aussi périlleux que difficile, que M. Dumas, commissaire central, qui déjà, il y a vingt ans, obtenait dans l'Isère, pour services rendus pendant une inondation, des félicitations de l'Empereur et des récompenses d'un ministre; c'est là, disons nous, que M. Dumas a déployé l'intelligence et l'énergie qui caractérisent depuis cinq ans à Toulouse les actes de ce fonctionnaire. Grâce à lui, aux mesures prises et exécutées sous sa direction et son contrôle immédiats, on n'eut plus d'autres malheurs à déplorer que ceux dont l'inondation avait été l'inexorable instrument. Debout avant le jour, veillant encore quand Toulouse se reposait de ses émotions et de ses douleurs, M. Dumas surveillait tout: le quartier dévasté la veille par la Garonne et menacé le lendemain par des maraudeurs sacrilèges; le transport des cadavres des victimes à l'Hôtel-Dieu et leur inhumation, à la lueur sinistre des torches, au cimetière de Terre-

Cabade. Partout, le commissaire central, portant vaillamment la lourde responsabilité qui lui incombait, non-seulement suffisait à sa tâche, mais la dominait de toute l'énergie que lui communiqua toujours le sentiment du devoir.

Quant à ses dignes lieutenants, c'est faire, croyons-nous, leur éloge que de dire qu'ils ont entièrement répondu à la confiance de leur chef hiérarchique, et qu'ils sont restés à la hauteur du poste qu'ils occupent dans leur service spécial. Voici, du reste, un témoignage que nos lecteurs ne récuseront pas. Il émane du *Journal de Toulouse*, dont la discrétion, en cette matière, est assez généralement établie :

« Nous devons mentionner d'une manière
» spéciale, M. Gérard Donbernard, secrétaire de
» M. le commissaire central, qui, après avoir
» contribué aux sauvetages dans la soirée de
» mercredi, a passé la journée de jeudi à l'Hôtel-

» Dieu à constater le signalement des cadavres.
» Il a accompli cette terrible mission jusqu'à
» minuit.

» Vendredi, dès six heures du matin, il était
» désigné pour organiser le service au cimetière
» de Terre-Cabade. Il s'est admirablement ac-
» quitté de cette tâche, aidé par les agents Fos
» et Cabos.

» M. Donbernard est le fils d'un ancien magis-
» trat. Il a montré, dans l'accomplissement de
» son pénible mandat, beaucoup d'énergie, de
» courage et d'intelligence. »

Nous pouvons ajouter que M. Donbernard a rempli la tâche pénible qui lui avait été départie avec une telle conscience et un tel scrupule que sa santé en a été gravement affectée. On nous dit même que l'horrible spectacle qu'il a eu si longtemps sous les yeux a fait une si puissante impression sur son esprit que ses sens, troublés, ont éprouvé des hallucinations qui, pendant quelques jours, ont vivement inquiété sa famille et ses amis.

C'est au même organe de publicité que nous empruntons les lignes suivantes, concernant deux agents supérieurs de la police municipale, dont le nom est synonyme de probité et de devoir :

« Les inspecteurs de police Lapeyre et Mas-
» soutié ont montré un grand courage dans l'ac-
» complissement du triste devoir qu'ils avaient
» à remplir. Pendant cinq jours consécutifs,
» M. Lapeyre n'a pas goûté un seul instant de
» repos : organisation de secours, distribution de
» pain, inhumation des victimes, ces multiples
» opérations ont trouvé en M. Lapeyre un agent
» actif, infatigable et constamment sur la brè-
» che. M. Lapeyre n'a fait, du reste, que conti-
» nuer la tradition de courageuse conduite qui
» lui a valu, en diverses circonstances, des dis-
» tinctions honorifiques. »

Si des chefs nous descendons l'échelle de la hiérarchie, nous rencontrons dans les agents secondaires de la police municipale des dévouements tels, des actes si éclatants de courage et d'énergie, qu'ils suffiraient à honorer le corps tout entier et à lui faire une place à part, et l'une des plus belles, dans l'histoire des journées néfastes des 23-24 juin.

Sur le quai de la Daurade, c'est le sous-brigadier de police, Salles, que l'on nous signale comme ayant, par sa présence d'esprit et sa prompte intervention, sauvé la vie de M. Taverne. Voici comment la presse locale racontait cette belle action :

« Le 23 juin, au moment où les eaux furieuses s'élevaient rapidement, une foule nombreuse encombrait le quai de la Daurade. Le bateau-lavoir amarré en cet endroit était sur le point d'être emporté; plusieurs cordes avaient déjà cédé et le propriétaire, M. Taverne, résistant aux supplications des spectateurs anxieux, s'obstinait à ne pas quitter ce bateau, son unique fortune.

« De la foule sortaient bien ces mots : « Il faut aller le chercher! » mais personne ne se dévouait.

« Alors, M. Salles voit l'imminence du danger que courait M. Taverne. Il se débarrasse de son manteau, à l'aide d'une échelle descend dans le bâteau, entre dans la cabine, prend l'obstiné Taverne à bras le corps, remonte et le dépose sain et sauf sur le quai, aux applaudissements des témoins de ce hardi sauvetage.

« Il était temps! une minute après, le dernier cordage s'était rompu et le bateau, entraîné par un courant irrésistible, allait se perdre et se briser aux chutes du moulin du Bazacle. »

Dans la rue Réclusane, ce sont deux agents de police, Troy, sergent de ville, et Milhau, agent de la sûreté, qui, aidés de quelques artilleurs, opèrent le sauvetage d'un vieillard, d'un jeune homme et de deux femmes, surpris par l'écroulement d'une maison servant à une fabrique de couvertures. Grâce à des efforts longs et périlleux, ils parvinrent à arracher ces malheureux à une mort à peu près certaine.

C'est enfin l'agent de la sûreté Castel,

ancien concierge des Jacobins, dont l'esprit d'initiative et le courage assurent le salut d'un très grand nombre de victimes de l'inondation. Les journaux de Toulouse ont ainsi raconté la belle conduite de l'agent Castel :

« A deux heures de l'après-midi, Castel se transporte à Saint-Michel pour secourir les personnes — au nombre de vingt-une, — que le fleuve débordé retenait prisonnières dans la maroquinerie Laffite, au ramier du moulin du château.

« Arrivé, après bien des efforts, sur le terre-plein du pont Saint-Michel, Castel trouve l'allée du ramier complétement inondée; alors, il monte sur un bateau et se dirige vers la maroquinerie, lorsque M. Billon, commissaire de police du 4e arrondissement, qui voit Castel aller sans profit à une mort certaine, use de son autorité pour rappeler l'agent et l'emmener avec lui à Tounis où, de concert, ils aident plusieurs familles à déménager.

« Vers trois heures et demie, MM. Billon et Castel se transportent à Saint-Cyprien; lorsqu'ils arrivèrent au faubourg, il n'y avait guère plus de cinquante centimètres d'eau dans les rues; ils organisèrent aussitôt une chaîne de sauvetage, mais la crue augmentait avec une rapidité telle que force fut de renoncer à ce moyen.

« Castel retourne alors à Toulouse. Il réquisitionne deux bateaux que des prolonges d'artillerie transportent à Saint-Cyprien. Arrivées à l'ancien Château-d'Eau, les prolonges ne peuvent aller plus avant, le fleuve ayant grossi. Les embarcations sont mises à flot. Castel monte dans une des deux barques, mais son exemple ne trouve pas d'imitateurs. Cependant, de toutes les maisons partaient des cris déchirants : « Au secours ! » s'écriaient les habitants affolés.

« Castel fait un pressant appel aux hommes qui sont devant lui; personne ne répond.

« — Aucun de vous n'a donc de sang dans les veines? s'écrie-t-il. Vous entendez ces cris et vous restez immobiles! Eh bien! moi qui ne sais pas nager, j'irai seul. »

« — Je pars avec vous » répond une voix; et, aussitôt, un jeune homme de vingt-trois ans, Léon Pocher, artilleur à la 13ᵉ batterie du 23ᵉ d'artillerie, prend place dans le bateau, qui s'engage résolument dans la rue Viguerie, transformée en torrent rapide. La frêle embarcation disparaît; des minutes s'écoulent; la foule haletante désespère de revoir les téméraires sauveteurs. Hurrah! la barque reparaît portant une cargaison de cinquante personnes. Castel et Pocher les déposent sur la terre ferme et ils vont continuer leur œuvre admirable. Cinq fois ils affrontent les eaux furieuses, cinq fois ils amènent un égal nombre de malheureux.

« Le troisième de ces voyages fut surtout périlleux. Jugez : l'eau, qui n'avait cessé de croître, atteignait à la hauteur d'un entresol; la violence du courant avait enfoncé les portes de plusieurs écuries, dans lesquelles étaient enfermés nombre de chevaux amenés à Toulouse pour la foire de Saint-Jean, et ces nobles animaux, poussés par l'instinct de la conservation, se sauvaient à la nage. La barque passait; tous se ruent sur la barque au risque de la chavirer. Une terreur panique s'empare des passagers; chacun crie et se livre à des mouvements désordonnés qui compromettent le salut de tous. Il ne faut rien moins que l'énergie de Castel pour que ce voyage se termine heureusement. Pendant ce temps, le flot montait toujours.

« Au cinquième voyage, Castel revenait avec

sa cargaison de cinquante personnes. Le courant était très fort; la barque rasait les murs pour ne pas être emportée, lorsque, à l'angle des rues de Bayonne et Viguerie, le flot furieux la prend par le côté et la jette contre le mur de l'hospice si violemment, que plusieurs de ceux qui la montaient tombent dans l'eau. Castel était du nombre, mais il ne perd pas courage; après maints efforts, il atteint le toit d'une maisonnette construite dans l'avant-jardin de l'hospice, et de là il peut encore sauver ses compagnons d'infortune (Mme Gilard et son fils, MM. Teulon, père et fils, etc.), qu'il aide à gagner ce toit protecteur et à s'y maintenir.

« Alors, une voix fait entendre ce cri : — « Sauve qui peut! le pont Saint-Michel vient d'être emporté! » Et chacun s'enfuit, abandonnant sur le toit Castel et ses compagnons.

« Ce ne fut qu'au bout d'un moment, lorsque les lourds madriers qui formaient le tablier du pont suspendu furent passés sous les arches du pont de pierre, qu'on s'occupa des naufragés. Il était temps; car, à peine avaient-ils quitté leur périlleux refuge, que le toit s'abîmait dans les eaux.

« Castel fut alors entouré et félicité; ceux qui

lui devaient la vie le remerciaient et l'embrassaient... M. le préfet, lui-même, s'approcha de l'intrépide sauveteur et lui adressa des félicitations... »

Les sapeurs-pompiers, comme l'armée, comme la police, méritent d'être inscrits au livre d'or de la cité. Leur petit nombre, si disproportionné à l'importance et à l'étendue de la commune de Toulouse, s'est multiplié, pour ainsi dire, pendant l'inondation, afin d'apporter sur tous les points menacés ou atteints par le fléau son précieux concours.

La presse toulousaine appréciait dans ces termes le rôle du capitaine Fléchet.

« Parmi tous les hommes de cœur qui
» ont bravement exposé leur vie en ces
» jours de désolation, pour secourir nos
» malheureux compatriotes de Saint-
» Cyprien, il convient de citer en pre-
» mière ligne l'intrépide commandant
» des sapeurs-pompiers.

» Pendant trois jours et trois nuits,
» c'est-à-dire tant qu'il y a eu un dan-
» ger à courir, un homme à sauver,
» M. le capitaine Fléchet n'a pas quitté
» le théâtre de l'inondation, se multipliant,
» pour ainsi dire, afin de se trouver à la
» fois sur tous les points menacés.

» Mille témoins oculaires peuvent té-
» moigner de ce que nous avançons. »

D'autre part, par un ordre du jour adressé à la compagnie des sapeurs-pompiers, M. le Maire félicitait les membres de ce corps d'élite, en son nom et au nom du conseil municipal de la cité, pour son dévouement pendant ces tristes journées.

Enfin, le sergent Viala était porté à l'ordre du jour de sa compagnie pour la belle conduite qu'il avait tenue et le zèle avec lequel il avait arraché à la mort un grand nombre de victimes de l'inondation.

On doit aussi une mention très particulière et très honorable au corps des employés de l'octroi, dont quelques membres, comme les préposés Bec et Lapenne, ont opéré le sauvetage de plusieurs personnes dans la rue des Saules et dans tout le quartier du Port-Garaud.

Le sous-brigadier Cazeaux, aidé des préposés Lacroix et Maylen, a fait de véritables prouesses en sauvant quarante personnes au moins, surprises par l'inondation. Voici comment s'exprimait la presse locale à propos de ces trois intrépides sauveteurs :

« Partis de la barrière de Muret, ils ont parcouru tour à tour l'avenue de Muret, le quartier de Rapas, le quartier de la Néboudo, pour venir aboutir sur l'avenue de Bayonne, à la maison de la Femme-sans-Tête, où ils n'ont pu se maintenir. Au moment de leur arrivée sur ce point, les dames Peyrache, femme d'un préposé d'octroi, et Billou, femme du pescur de l'Abattoir, se tenaient accrochées aux barreaux des fenêtres quand un coup de flot enleva ces deux infortunées et jeta bas la maison. Le sous-brigadier Cazeaux et ses deux aides durent fuir devant le courant et passèrent la nuit amarrés à la bascule, une partie de leurs engins perdus.

« Dans les divers sauvetages, à deux reprises, les maisons d'où sortaient ces courageux agents se sont abattues, à l'instant où le premier coup d'aviron les en éloignait ; le sieur Cazeaux a été légèrement blessé par la chute de quelques matériaux. »

On nous a signalé aussi M. BERNON, contrôleur de l'octroi, comme s'étant distingué par ses services pendant l'inondation du quartier des Sept-Deniers, si cruellement frappé par le fléau.

L'École de médecine, elle aussi, a fourni son contingent de sauveteurs à la pléiade d'hommes courageux dont la reconnaissance publique doit garder la mémoire et perpétuer les noms. Nous n'en voulons d'autre témoignage que ces lignes, extraites du compte-rendu de la séance de l'Académie des sciences, inscriptions et belles-lettres du 1er juillet :

L'Académie, ayant appris la belle conduite de MM. les docteurs Bonnemaison et Basset qui, pendant la journée du 24 juin, se sont exposés aux plus grands dangers, en allant dans les maisons écroulées ou menaçant ruine porter secours à de malheureux inondés, adresse à nos deux confrères les plus chaleureuses félicitations, et décide à l'unanimité que ces félicitations seront consignées au procès-verbal.

Il ne nous reste plus, pour terminer la tâche que la reconnaissance publique nous imposait comme un devoir, d'ailleurs fort doux à remplir, que de citer les noms des sauveteurs que nous pourrions appeler les volontaires du sacrifice et du dévouement, et qui, n'obéissant à aucune discipline, à aucun mot d'ordre parti de plus haut qu'eux, ne se sont inspirés que de leur humanité et de leur conscience pour disputer à l'inondation quelques-unes de ses nombreuses victimes.

Voici ces noms, pris au hasard des renseignements qui nous ont été donnés verbalement ou que nous avons puisés dans les colonnes des journaux de Toulouse :

Bousquet (Jean), scieur de long, chez M. Rozès, marchand de bois à la Patte-d'Oie, ancien artilleur au 18ᵉ régiment. Ce brave ouvrier, après avoir sauvé la vie à la famille de la Rhoëllerie, composée de six femmes et deux enfants, a continué son œuvre, allant de maison en maison, sur la route de Bayonne et l'avenue de Lombez, dont il transportait les habitants à la maison Lurs. Les eaux ayant fini par gagner cet asile, Bousquet se jette dans un bateau avec les nommés Maçon (Casimir), du 23ᵉ d'artillerie; Titoux (Louis), artilleur du même régiment; IMBERT du 18ᵉ et le cantonnier CAZAUBON, et enlève successivement les quarante personnes qu'il transporte sur *terre ferme*, après toutes les péripéties d'une périlleuse navigation, où il vit plusieurs fois son embarcation remplie d'eau et à moitié submergée, par suite du nombre des malheureux qui y avaient cherché un refuge. Trois fois il fit ce voyage, jusqu'au moment où la barque, faisant eau de toutes parts, finit par sombrer.

M. DUPUY DU TOUR, ancien marin, et JOSEPH VITAL, ouvrier menuisier, soldat de marine en congé, rue des Teinturiers, 32, opérèrent, avec un grand sang-froid, le transbordement, dans la maison de Mᵐᵉ Gamelin, plus de *soixante* personnes retenues dans une maison voisine, qui s'écroula quelques instants après le sauvetage.

Brusse, commissionnaire; Antoine Viadieu, couvreur; Jean Viadieu; Cruzel, dit *Robinson*; Barthe père et fils, pêcheurs de sable, ont opéré le sauvetage de soixante inondés, rue des Menuisiers, et de dix-sept autres au ramier du Moulin-du-Château.

Melix, demeurant Mur de Ronde, près de la barrière de Muret, a sauvé : la famille Armagnac; Muratet, minotier, et sa famille; Pourquier, épicier et sa famille; Lagrange, chapelier, et sa famille; Vidal, vannier, et sa famille; la Finotte, marchande de volaille, et sa famille, et beaucoup d'autres personnes.

Monté sur une jardinière attelée d'un vigoureux cheval, il s'approchait des maisons croulantes, transportant autant de personnes que la voiture pouvait en contenir. Il a fait ainsi des voyages, jusqu'au moment où l'eau, dépassant le poitrail du cheval, ne lui a plus permis de vaincre la force du courant.

Eugène BLUS, batelier, s'est distingué par son courage, pendant l'inondation du 23 juin, et a sauvé, au péril de sa vie, soixante-dix-sept personnes.

LAFAUGÈRE, dit *Chourre*, et MIRET, pêcheurs de sable, ont opéré plusieurs sauvetages, entr'autres celui de la famille Fieux, composée de cinq personnes, qu'on a dû faire passer par les croisées du premier étage. Il y avait d'autant plus de difficulté que M. Fieux fils était alors malade.

JEAN Saturnin, garçon chevrotier, ancien pêcheur de sable, dans la nuit du 23 et dans la matinée du 24, a sauvé successivement : le fils de M. Durand, âgé de 25 ans, dont le père et la mère ont péri ; la famille Laporte; Ferme (Nicolas), gendre Laporte, M*^me^* Ormières, la fille de service de M. Lanes, tripier, et d'autres personnes dont le nom n'est pas connu.

Marty, directeur du gymnase Léotard, sauveteur déjà médaillé pour des actes de dévouement, a sauvé, dans un grand bateau monté par des artilleurs, un grand nombre de personnes.

Marqués, batelier, a contribué avec Bousquet, scieur de long, au sauvetage de la famille de la Rhoëllerie et de la famille Lurs.

Laforgue, serrurier, s'est occupé, depuis le commencement de l'inondation et avec un dévouement absolu, du sauvetage des personnes, en les faisant passer d'une maison dans une autre, rue de Bayonne, en face de la maison des PP. Carmes, qui ont été témoins du courage de ce généreux citoyen.

Guillaume Laurent, contre-maitre à l'Abattoir de Toulouse, a sauvé à l'aide d'une échelle, la dame Ordine Wocher; puis il a arraché à la mort, avec une jardinière attelée d'un cheval, dix personnes dont la vie était en grand danger et dont les noms suivent : Bigou, receveur à l'Abattoir de Toulouse et sa femme; Abadie (François), employé d'octroi, à l'Abattoir, sa femme et son fils; Abadie (Pierre), employé d'octroi, sa femme, sa mère, et enfin sa propre femme et son enfant. Entrainé par les flots, ce courageux citoyen resta d'abord accroché, pendant une heure, à une branche d'arbre qui se cassa, puis il monta sur une brouette, entrainée par les flots, enfin il disparut dans un gouffre à cent mètres de l'Abattoir. On le retrouva le lendemain, à côté de la guérite des employés de l'octroi, ayant la tête fracassée, tenant encore dans ses mains la branche d'arbre qui s'était rompue sous le poids de son corps.

M. Dardenne, pharmacien, rue de Bayonne, a organisé plusieurs sauvetages dans la nuit du 23 au 24 et la matinée de ce dernier jour.

M. le chevalier de la Rhoellerie, a aidé d'abord au sauvetage des PP. Carmes et sauvé ensuite, malgré les terribles contusions qu'il avait reçues dans une chute de plusieurs mètres, tous les membres de la famille Wohlfart, excepté M. Wohlfart, tué à côté de lui.

Madame Bougnol, place du Ravelin, a sauvé un homme et deux enfants, qu'elle est allée chercher en franchissant, de toiture en toiture, cinq maisons.

Parallèlement à ces manifestations saisissantes d'un héroïsme glorieux, que d'actes inconnus ont été accomplis, dont les héros ont payé de leur vie leur généreux dévouement ou se sont dérobés à la reconnaissance publique ! Qui dira comment se nommait le prêtre qui aida le brigadier Sistac et le gendarme Veau dans le périlleux sauvetage de la rue Viguerie ? Combien sont morts victimes de leur dévouement en portant secours aux inondés !

Souvenons-nous de ce qu'a fait le marquis d'Hautpoul. Il courut au péril sans se préoccuper des dangers qu'il allait courir, et il aima mieux s'exposer à la mort que ne point tenter d'arracher sa proie au fléau. Honneur à la mémoire de ce noble volontaire du patriotisme civique ! Honneur aussi à ces sauveteurs intrépides qui ont eu pour linceul les flots meurtriers de la Garonne ! Leurs noms seront toujours aimés et le cœur des générations battra au récit du noble sacrifice qu'ils ont accompli !

VII

RÉCOMPENSES NATIONALES

SOMMAIRE : La moralité des récompenses. — Le livre d'or de la France. — Un nom oublié. — La loi du 3 août 1875. — Les commandeurs, officiers et chevaliers de la Légion d'honneur. — Les médaillés militaires. — Les médailles civiques d'or et d'argent. — Mentions honorables. — Lettre du ministre de l'instruction publique. — Les employés du chemin de fer du Midi.

Nous ne voulions faire, de l'énumération des récompenses accordées aux généreux concitoyens qui se sont dévoués au salut des victimes de l'inondation, qu'une annexe du chapitre que nous venons de consacrer aux sauveteurs.

Mais il nous a paru que, dans ce récit historique de la grande catastrophe des

23-24 juin, nous devions une place à part, bien en évidence, à ceux qui ont mérité un témoignage éclatant de la reconnaissance publique.

Après avoir raconté les services rendus par l'armée, par l'administration, par la police, par d'autres services publics, enfin par des hommes de tout rang et de toute condition, aux infortunés que la Garonne en furie a atteint dans leur fortune ou menacé dans leur existence, n'est-il pas juste de dire que ces nobles actions ont trouvé leur rémunération et leur récompense? N'est-il pas utile d'apprendre aux générations qui suivront la nôtre, pour leur donner les vertus qui ennoblissent l'humanité et qui font les sociétés grandes et heureuses; — n'est-il pas utile de leur dire que tous ceux dont le cœur s'est ému au spectacle du désastre de 1875, et dont la main secourable s'est tendue vers les victimes de cette grande calamité, ont, non-seulement, trouvé la justification de leur noble conduite dans la satisfaction de leur conscience, mais, encore, ont recueilli le fruit précieux de leur dévouement, dans des distinctions honorifiques qui seront l'orgueil de leur nom et l'honneur de leur postérité?

Aussi, que l'on ne nous parle pas des entraînements de la faveur, des prodigalités faciles d'une administration qui voulait payer tous les services et qui, peut-être, a exagéré sa générosité dans la crainte d'être taxée de parcimonie. Si nous pouvions lui adresser un blâme, si ce livre était autre chose qu'un récit historique absolument étranger aux intrigues des individus et des partis, nous lui reprocherions d'avoir ému l'opinion publique en négligeant, comme de parti-pris, quelques personnalités éclatantes, telles que le F. Joël, directeur de l'Ecole de St-Nicolas, M. Deyres, vice-président de l'administration des hospices, et d'autres que nous pourrions nommer, dont les services, s'ils n'ont pas été méconnus, paraissent, tout au moins, avoir été mal récompensés.

Comment se fait-il, encore, que dans ce livre d'or, non plus de Toulouse mais de la France, que l'on appelle le *Journal officiel*, il ne se trouve pas, au premier rang, et comme en vedette, parmi les nouveaux chevaliers de la Légion-d'honneur, le nom d'un homme, d'un chef de service, dont le personnel tout entier, mu par sa pensée, et soutenu dans l'accomplissement de sa difficile mission sociale par un amour du devoir qu'aucun obstacle ne décourage, s'est montré si dévoué pendant les journées néfastes de l'inondation ? Par quel inexplicable oubli ou par quelle disgrâce, plus inexplicable encore, M. le commissaire central de Toulouse, l'énergique et intelligent M. Dumas, que l'opinion publique avait désigné des premiers au choix des dispensateurs des récompenses nationales, est-il, pour ainsi dire, rayé comme indigne d'une compagnie qu'il eût si évidemment honorée ?

Nous n'avons pas à répondre à cette question, que s'est posée l'opinion publique et dont nous n'avons pas voulu être autre chose que l'écho désintéressé. Aussi, rentrons-nous bien vite dans notre modeste rôle de narrateur, en transcrivant du *Journal officiel* les noms et les titres de tous ceux qui ont obtenu du chef de l'État, au nom du pays tout entier, des récompenses honorifiques.

Voici le rapport par lequel M. Buffet, vice-président du conseil des ministres et ministre de l'intérieur, explique au maréchal président de la République, la nécessité et le but des récompenses accordées à l'occasion de l'inondation des 23-24 juin.

RAPPORT

AU PRÉSIDENT DE LA RÉPUBLIQUE FRANÇAISE

Monsieur le Président,

Lors du voyage que vous avez entrepris, au mois de juin, pour visiter les départements du Sud-Ouest, votre attention s'est portée maintes fois sur les hardis sauveteurs dont les actes de courage ont atténué, dans bien des cas, les désastreuses conséquences des inondations. Ces généreux citoyens, appartenant aux différentes classes de la société, ont rivalisé de zèle et d'abnégation pour secourir de tous côtés les victimes du fléau. Plusieurs d'entre eux ont malheureusement succombé aux dangers qui les environnaient, et les populations reconnaissantes conserveront le souvenir de leur héroïque dévouement.

Aujourd'hui, le gouvernement a le devoir de

récompenser ceux qui se sont signalés entre tous dans ces tristes circonstances. Une loi récente de l'Assemblée nationale lui a déjà permis de s'acquitter d'une partie de sa tâche en reconnaissant par des nominations dans l'ordre de la Légion d'honneur les services et les actes exceptionnels qui se rattachent aux dernières inondations. Pour compléter ce travail de récompenses, il y aurait lieu d'accorder également des distinctions honorifiques aux personnes dont les noms figurent dans l'état ci-annexé, et qui ont accompli des sauvetages au péril de leur vie, ou fait preuve d'un grand dévouement.

J'ai, en conséquence, l'honneur, Monsieur le Président, de vous demander de vouloir bien m'autoriser à leur décerner, soit des médailles d'or ou d'argent, soit des mentions honorables.

Veuillez agréer, Monsieur le Président, l'hommage de mon respectueux dévouement.

Le Vice-président du Conseil,
ministre de l'intérieur,
L. BUFFET.

Approuvé :
Le Président de la république française,
Maréchal de MAC-MAHON,
duc de MAGENTA.

Déjà, lors de son voyage à Toulouse, M. le président de la République, assisté de M. Buffet, ministre de l'intérieur, et de M. de Cissey, ministre de la guerre, avait fait plusieurs nominations et promotions dans la Légion d'honneur. Mais ces actes, qui portent la date de la fin du mois de juin 1875, ayant été accomplis en dehors des traditions réglementaires, ont dû être régularisés. D'autre part, les récompenses accordées au lendemain de la grande catastrophe des 23-24 juin étant, par leur nombre, tout à fait en disproportion avec les services rendus pendant l'inondation, dans l'étendue de plusieurs départements, le gouvernement dût demander une loi de circonstance à l'Assemblée nationale. On sait, en effet, que, par une loi en date du 25 juillet 1873, le gouvernement ne pouvait faire de nomination ou de promotion dans la légion d'honneur que par voie d'extinction et même dans des limites plus restreintes encore que les décès des titulaires.

C'est ainsi que l'Assemblée nationale fit la loi du 3 août 1875, qui autorisait le gouvernement « à décerner des récompenses honorifiques à l'occasion des dernières inondations, en dehors des conditions prescrites par les articles 4 et 5 de la loi du 25 juillet 1873. »

Par application de cette loi du 3 août, le gouvernement a rendu des décrets successifs, datés des 3, 7 et 11 août, nommant :

COMMANDEURS DE LA LÉGION D'HONNEUR

M. Dufaure du Bessol, général de brigade, commandant la 67e brigade d'infanterie, officier du 1er février 1867 ; 28 ans de services, 14 campagnes, 4 blessures, 2 citations.

M. le baron de Cardon de Sandrans, préfet de la Haute-Garonne ; ancien inspecteur général des établissements de bienfaisance, ancien maître des requêtes au conseil d'État, successivement, depuis 1871, préfet du Doubs, de la Loire et de la Haute-Garonne : 26 ans de services. Officier depuis 1870.

OFFICIERS DE LA LÉGION D'HONNEUR

M. Massol, chef d'escadron commandant la compagnie de gendarmerie de Lot-et-Garonne (28e légion), chevalier du 7 février 1871; 27 ans de services, 4 campagnes.

M. Pastre du Bousquet, chef de bataillon au 113e régiment d'infanterie, chevalier du 10 août 1863; 31 ans de services, 5 campagnes.

M. Jolly, capitaine au 29e bataillon de chasseurs à pied, chevalier du 28 décembre 1867; 27 ans de services, 6 campagnes.

M. Baune, capitaine en 1er au 23e régiment d'artillerie, chevalier du 19 février 1861; 21 ans de services, 4 campagnes.

M. Peffau, capitaine en 1er (même régiment), chevalier du 20 août 1871; 17 ans de services, 10 campagnes.

Fléchet (Jean-Marie), dit *Pintière*, capitaine commandant la compagnie de sapeurs-pompiers de Toulouse; s'est particulièrement distingué pendant l'inondation, n'a pas quitté un seul instant le faubourg Saint-Cyprien, donnant à sa compagnie l'exemple du courage et la dirigeant avec une rare énergie. Ancien capitaine d'infanterie; 45 ans de services, dont 33 dans l'armée et 12 comme capitaine des sapeurs-pompiers de Toulouse. Agé de 72 ans. Chevalier depuis 1844.

M. de Rességuier (Louis-Gabriel-Joseph) sous-préfet de l'arrondissement de Moissac (Tarn-et-Garonne); services exceptionnels rendus pendant l'inondation. A dirigé personnellement le sauvetage et préservé la ville d'un désastre considérable en faisant détourner dans le Tarn les eaux du canal latéral à la Garonne; 20 ans de services administratifs. Chevalier depuis 1868.

M. Lancelin (François-Louis), ingénieur en chef de 1re classe au corps des ponts et chaussées, chargé du service du département des Basses-Pyrénées, chevalier du 13 août 1864. A fait preuve d'un dévouement et d'une activité remarquables pendant les inondations.

M. Huyot (Ernest-Jean-Etienne), ingénieur ordinaire de 2e classe au corps des mines, directeur de la compagnie des chemins de fer du Midi.

CHEVALIERS DE LA LÉGION D'HONNEUR

M. Marchand, capitaine trésorier de la compagnie de gendarmerie de la Haute-Garonne (27e légion); 28 ans de services, 1 campagne.

M. Crampette, brigadier de gendarmerie (même compagnie); 23 ans de services, 3 campagnes.

M. Sistac, brigadier de gendarmerie (même compagnie); 14 ans de services, cinq campagnes.

M. Darroles, capitaine à la compagnie de gendarmerie de Lot-et-Garonne (28e légion); 25 ans de services.

M. Dangla, brigadier à la compagnie de gendarmerie de Tarn-et-Garonne; 22 ans de services, 1 campagne.

M. Pradines, gendarme à la compagnie de Tarn-et-Garonne; 26 ans de services, 11 campagnes. Médaillé le 28 décembre 1868.

M. Masson, lieutenant à la compagnie de gendarmerie de la Gironde (29e légion); 24 ans de services, 3 campagnes, 1 blessure.

M. Perez, brigadier de gendarmerie (même compagnie); 20 ans de services, six campagnes. Médaillé le 5 mai 1871.

M. Lapeyre, capitaine à la compagnie de gendarmerie des Basses-Pyrénées (30e légion); 30 ans de services, 1 campagne.

M. Sainte-Marie, brigadier de gendarmerie (même compagnie); 19 ans de services, 2 campagnes. Médaillé le 24 juin 1871.

M. Peyrolle, lieutenant au 20e régiment d'infanterie; 5 ans de services, 1 campagne.

M. Besse-Moulin, lieutenant au 59e régiment d'infanterie; 13 ans de services, 4 campagnes.

M. Adam, lieutenant au 29e bataillon de chasseurs à pied; 11 ans de services, 4 campagnes.

M. Stemmelé, lieutenant en 1er au 18e régiment d'artillerie; 9 ans de services, 1 campagne.

M. Peragallo, sous-lieutenant au 18e régiment d'artillerie; 5 ans de services.

M. Verseille, sous-chef artificier au 18e régiment d'artillerie; 6 ans de services, 1 campagne.

M. Rousset, sergent à la 17e section d'ouvriers militaires, décoré de la médaille militaire du 22 mai 1872; 19 ans de services, 3 campagnes.

M. Mercier, capitaine au 18e régiment de dragons, officier acheteur au dépôt de remonte d'Agen; 19 ans de services, cinq campagnes.

M. Simon, procureur de la République à Toulouse. Magistrat depuis 15 ans; actes nombreux de dévouement pendant l'inondation.

M. Dieulafoy (Auguste-Marcel), ingénieur ordinaire de 2e classe au corps des ponts et chaussées. A fait preuve d'un dévouement et d'une activité remarquables. 10 ans de services. Services exceptionnels.

M. Batailler (Émile-Auguste), ingénieur ordinaire de 1re classe au corps des ponts et chaussées. A déployé une énergie et un zèle infatigables lors des inondations de la Garonne; s'est exposé de la façon la plus louable pour prévenir les accidents pouvant résulter de la chute des ponts de Miramont et de Valentines et a failli périr lors de la chute de ce dernier pont. 19 ans de services. Services exceptionnels.

M. Prozinski (Ignace-Boleslas), ingénieur ordinaire de 1re classe au corps des ponts et chaussées. A passé la journée du 24 juin jusqu'à une heure avancée de la nuit au pont d'Assat (Basses-Pyrénées), menacé d'écroulement, encourageant les travailleurs par son exemple, et a réussi à fermer une brèche profonde dans laquelle la culée de la rive droite a été sur le point de se renverser. 17 ans de services. Services exceptionnels.

M. Aubé (Émile), ingénieur ordinaire de 1re classe au corps des ponts et chaussées. A exécuté à Dax (Landes) des travaux importants pour garantir cette ville des inondations et y a réussi. A veillé avec une activité et un zèle infatigables à ce que toutes les mesures nécessitées par les circonstances fussent prises et exécutées. 15 ans de services. Services exceptionnels.

M. Parlier (Élie-Anne-Antoine-Alfred), ingénieur ordinaire de 1re classe au corps des ponts et chaussées. A fait preuve du plus grand dévouement et du plus grand courage pour sauver des inondés. 15 ans de services. Services exceptionnels.

M. Deloume, adjoint au maire de Toulouse. Belle conduite pendant l'inondation. S'est occupé, avec une activité sans égale, du service qui lui était confié.

M. Vieu, adjoint au maire de Toulouse. S'est consacré avec la plus grande ardeur au sauvetage. A organisé les ambulances et les comités de secours : dévouement exceptionnel. Premier suppléant du juge de paix du canton ouest de Toulouse, ancien juge suppléant au tribunal civil. Près de 17 ans de services publics.

Sœur Pénin, supérieure de l'hôpital de la Grave, à Toulouse. A fait preuve du plus rare dévouement pendant l'inondation. C'est grâce, en grande partie, à son intelligente direction, à son calme et à sa fermeté que la nombreuse population de l'hôpital de la Grave a pu être soustraite aux dangers qui la menaçaient.

M. le docteur Bonnemaison, médecin en chef de l'Hôtel-Dieu, à Toulouse ; s'est signalé pendant l'inondation de Toulouse, en contribuant à plusieurs sauvetages et en prodiguant ses soins aux victimes recueillies à l'Hôtel-Dieu ; 18 ans de services professionnels. Praticien très distingué.

M. le docteur Nelson Batut, chirurgien en chef des hôpitaux de Toulouse ; services signalés rendus pendant les désastreuses journées des 23 et 24 juin. A prodigué ses soins aux nombreux blessés retirés des décombres et transportés à l'Hôtel-Dieu. Chirurgien en chef des hôpitaux de Toulouse depuis 22 ans, professeur à l'Ecole de médecine, médecin de l'Ecole vétérinaire, membre du conseil d'hygiène et de salubrité, lauréat de l'Institut.

M. Sabatié-Garat (Robert-Jean-Baptiste-Paul), sous-préfet de Muret (Haute-Garonne) ; s'est dévoué, pendant l'inondation, pour aller prévenir du danger qui les menaçait les habitants d'un faubourg situé de l'autre côté du fleuve. Le pont qu'il avait traversé s'est écroulé quelques instants après son retour ; six ans de services administratifs.

M. Barcouda, maire de Grenade (Haute-Garonne) ; s'est dévoué d'une manière exceptionnelle ; a traversé deux fois la Garonne en bravant tous les dangers, et a sauvé plus de soixante personnes.

M. de Batz de Trenquelléon (Léopold), maire de Feugarolles, ancien membre du conseil général de Lot-et-Garonne; s'est signalé par des actes d'intrépidité auxquels un très grand nombre de personnes doivent la vie; avait déjà fait preuve d'un remarquable dévouement lors de l'inondation de 1855.

M. le docteur Deselaux (Théodore), maire de Tonneins (Lot-et-Garonne); a pris, malgré son âge avancé, la direction du sauvetage et s'est exposé aux plus grands périls pour aller porter secours, dans Tonneins et les environs, à un très grand nombre de personnes; n'a cessé, en sa double qualité de maire et de médecin, de rendre depuis de longues années d'importants services à sa commune.

M. Limairac (Adolphe), membre du conseil général de l'Ariége, maire de Château-Verdun; s'est rendu à Verdun le jour même où cette commune, voisine de la sienne, et dont un si grand nombre de maisons se sont écroulées, a été envahie par les eaux. A dirigé personnellement la recherche des victimes ensevelies sous les décombres, a offert chez lui un asile aux blessés et s'est occupé, sans relâche, de toutes les mesures nécessaires pour atténuer les désastreuses conséquences de l'inondation.

M. Marrou (Jean), maire de Castelsarrazin (Tarn-et-Garonne). Belle conduite pendant l'inondation; s'est multiplié pour organiser le sauvetage, et assurer aux victimes tous les secours nécessaires. Membre du conseil général de Tarn-et-Garonne, ancien adjoint au maire de Castelsarrazin; neuf ans de services.

M. Rolland, membre du conseil général de Tarn-et-Garonne, maire de Verdun. Est monté dans une barque pour donner à tous l'exemple du courage et du dévouement, et a pris personnellement part au sauvetage de plus de 35 personnes. S'était déjà distingué lors des inondations de 1872.

M. Bessières (Emile), maire de Saint-Nicolas-de-la-Grave (Tarn-et-Garonne); n'a pas craint, pour raffermir tous les courages, de parcourir en bateau les endroits les plus dangereux. Son admirable dévouement et ses sages mesures ont assuré le sauvetage d'environ 1,200 personnes. A failli périr en portant secours à une jeune fille atteinte de folie.

M. Bourgeat, maire de Lamagistère (Tarn-et-Garonne); a bravé tous les dangers pour assurer le sauvetage des habitants de sa commune, l'une de celles qui ont le plus souffert.

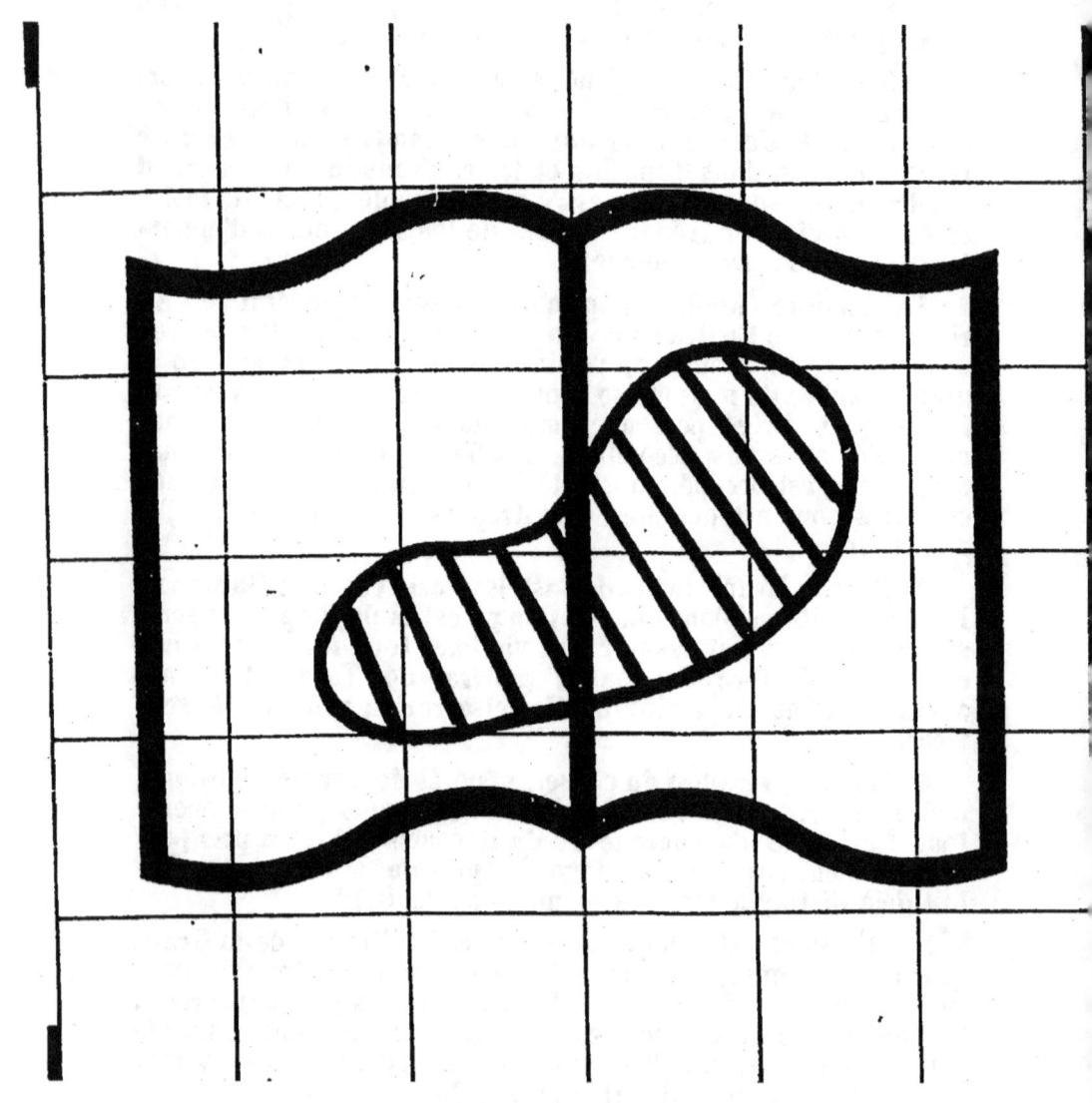

M. Miramont (Armand-Géraud), maire de Cordes (Tarn-et-Garonne); a participé au sauvetage pendant la nuit du 23 juin et toute la journée suivante. Monté dans une frêle embarcation, il s'est vaillamment exposé pour porter secours à des vieillards et à des enfants entraînés par les eaux. Agé de 62 ans.

M. Viala, sergent à la compagnie des sapeurs-pompiers de Toulouse, s'est dévoué pour opérer des sauvetages et rechercher les victimes de l'inondation du faubourg Saint-Cyprien.

M. Cazeaux, sous-brigadier d'octroi à Toulouse; s'est signalé par son courage et son dévouement, en participant au sauvetage des habitants du faubourg Saint-Cyprien et à la recherche des victimes enfouies sous les décombres.

M. Massot (Jean-Bertrand), garde-pêche. S'est conduit d'une manière héroïque pendant les inondations. 21 ans de services militaires et civils. Services exceptionnels.

M. Bissière, pêcheur à Agen; a fait preuve d'un dévouement exceptionnel en accomplissant des sauvetages au milieu des circonstances les plus périlleuses. Déjà titulaire de plusieurs médailles d'honneur.

Par décret du 3 août 1875, le Président de la République, vu l'avis du conseil de l'ordre de la Légion d'honneur, sur le rapport du ministre de la guerre, a conféré la médaille militaire aux militaires et autres dont les noms suivent, qui se sont particulièrement distingués par leur courage et leur dévouement lors des inondations du Midi, savoir :

MÉDAILLE MILITAIRE

Bouche, gendarme à la compagnie de la Haute-Garonne (27e légion); 11 ans de services, 2 campagnes.

Lacaze, maréchal-des-logis à la compagnie de gendarmerie du Gers; 28 ans de services, 1 campagne.

Soler, brigadier à la compagnie de gendarmerie de l'Ariége; 16 ans de services, 1 campagne.

Miquel, gendarme à la même compagnie; 19 ans de services, 3 campagnes.

Rodière, brigadier à la compagnie de gendarmerie de l'Ariége; 17 ans de services, 5 campagnes, 2 blessures.

Frèche, gendarme à la compagnie de l'Ariége; 21 ans de services.

Cassagnabère, gendarme à la compagnie de la Haute-Garonne; 26 ans de services, 5 campagnes.

Soulé, gendarme à la compagnie de la Haute-Garonne; 7 ans de services, 2 campagnes.

Puyrousère, maréchal-des-logis à la compagnie de gendarmerie du Gers; 22 ans de services, 3 campagnes.

Dancla, brigadier à la compagnie de gendarmerie de la Haute-Garonne; 15 ans de services, 1 campagne.

Roques, gendarme à la compagnie de l'Ariége; 26 ans de services.

Gèze, maréchal-des-logis à la compagnie de gendarmerie de Lot-et-Garonne (28e légion); 23 ans de services.

Délugin, maréchal-des-logis à la même compagnie; 23 ans de services.

Mouraret, brigadier à la même compagnie; 25 ans de services.

Loubières, gendarme à la même compagnie; 25 ans de services.

Durengues, gendarme à la même compagnie; 25 ans de services, 1 campagne.

Tastet, brigadier à la même compagnie; 13 ans de services, 2 compagnie.

Petit, brigadier à la même compagnie; 21 ans de services, 1 campagne.

Rivière, brigadier à la compagnie de gendarmerie de Tarn-et-Garonne; 7 ans de services, 1 campagne.

Ducasse, gendarme à la même compagnie; 11 ans de services, 2 campagnes.

Bayne, brigadier à la même compagnie; 25 ans de services, 2 campagnes.

Bazerque, gendarme à la même compagnie; 25 ans de services.

Prat, maréchal-des-logis à la compagnie de gendarmerie de la Gironde (29e légion); 20 ans de services, 1 campagne.

Gardrat, brigadier à la même compagnie; 21 ans de services, 3 campagnes.

Cholet, gendarme à la même compagnie; 25 ans de services, 5 campagnes.

Lentz, gendarme à la même compagnie; 26 ans de services, 3 campagnes.

Foltzenogel, gendarme à la même compagnie; 15 ans de services, 1 campagne.

Bédat, gendarme à la compagnie des Basses-Pyrénées (30e légion); 16 ans de services, 3 campagnes.

Galey, sergent au 9e régiment d'infanterie de ligne; 9 ans de services, 1 campagne.

Paris, sergent au 59e régiment d'infanterie de ligne; 13 ans de services, 6 campagnes.

Laporte, caporal au même régiment; 1 an de service.

Veuillet, soldat au même régiment; 3 ans de services.

Bournet, soldat au 65e régiment d'infanterie de ligne; 2 ans de services, 1 campagne.

Laroche, sergent au 113e régiment d'infanterie de ligne; 3 ans de services.

Meneau, sergent au même régiment; 12 ans de services, 1 campagne.

Escarfail, sergent au même régiment; 5 ans de services, 2 campagnes.

Pénot, soldat au même régiment; 7 ans de services.

Dabue, soldat au même régiment; 1 an de services.

Athon, sergent au 2e bataillon de chasseurs à pied; 15 ans de services, 1 campagne.

Teillac, maréchal-des-logis au 11e régiment de dragons; 3 ans de services.

Baizet, trompette à la 3e compagnie de cavaliers de remonte; 13 ans de services, 1 campagne.

Prangé, adjudant sous-officier au 18e régiment d'artillerie; 7 ans de services, 1 campagne.

Chousserie, maréchal-des-logis au même régiment; 15 ans de services, 1 campagne.

Clarcsy, maréchal-des-logis au même régiment; 2 ans de services.

Charpentier, maréchal-des-logis au 23e régiment d'artillerie; 13 ans de services, 1 campagne.

Couquel, canonnier au même régiment; 1 an de services.

Lafitte, maréchal-des-logis au 31e régiment d'artillerie; 3 ans de services.

Auriat, ouvrier mécanicien au port de Toulon, en congé à Agen.

Marly, ex-matelot de 2e classe, domicilié aux Cabanes.

Soulé, sous-brigadier des douanes aux Cabanes. Services exceptionnels.

Après ces promotions ou nominations dans la Légion d'honneur et la proclamation des médaillés militaires, le *Jour-*

nal *officiel* nous apporte les noms des sauveteurs qui ont obtenu dans les divers départements visités par le fléau de l'inondation des médailles d'or et d'argent et des mentions honorables. Nous copions textuellement l'organe officiel du 15 aoû 1875.

HAUTE-GARONNE

MÉDAILLE D'OR DE PREMIÈRE CLASSE

Chrestien de Lihus, secrétaire général de la préfecture : a fait preuve d'un grand dévouement pendant les inondations de Toulouse.

Le comte Bégouën, trésorier-payeur général du département : a pris une part active au sauvetage des malades de l'hôpital et s'est exposé pendant plusieurs heures avec un dévouement au-dessus de tout éloge.

De Vise, membre du conseil général de la Haute-Garonne, maire de Couladère : s'est particulièrement distingué pendant les inondations; avait précédemment sauvé un homme sur le point de se noyer dans la Garonne.

Comte de Roquette-Buisson, membre de la commission administrative des hospices de Toulouse : malgré l'état de sa vue, très altérée, il s'est rendu au milieu des ruines de l'hospice de la Grave, encourageant par sa présence les efforts auxquels devait donner lieu la reconstitution des services.

Borel, membre de la commission administrative des hospices de Toulouse : s'est tenu à son poste pendant toute la durée de l'inondation. — Gravement atteint dans ses intérêts par les désastres du faubourg Saint-Cyprien, il a fait passer avant tout l'accomplissement de ses devoirs d'administrateur.

Cabanes (Jean), chef surveillant des lignes télégraphiques à Toulouse : s'est gravement exposé pour rétablir les communications télégraphiques coupées autour de Toulouse.

Lapeyre, inspecteur de la police municipale à Toulouse : a passé plusieurs jours et plusieurs nuits pour sauver un grand nombre de victimes ; déjà titulaire de la médaille en or de 2e classe.

Castel, agent de la sûreté à Toulouse : a sauvé environ 50 personnes ; a failli être victime de son dévouement.

MÉDAILLE D'OR DE DEUXIÈME CLASSE

Le baron de Romeuf, chef du cabinet du préfet de la Haute-Garonne : a coopéré au sauvetage des enfants recueillis à la grille de Saint-Cyprien.

Les docteurs Basset, Labeda et Ripoll, professeurs à l'École de médecine de Toulouse ;

Le docteur André, chirurgien adjoint de l'Hôtel-Dieu.

Ont prodigué leurs soins aux victimes de l'inondation.

Fage, marchand de bois, à Ondes : a passé plusieurs heures sur une barque au plus fort de la crue et a sauvé plusieurs personnes.

Villary (Antoine-Claire), cantonnier de 1re classe de la navigation : s'est particulièrement distingué ; a sauvé plus de 80 personnes à Fenouillet.

MÉDAILLE D'ARGENT DE PREMIÈRE CLASSE

Sabady, interne à l'hôpital de la Grave : a fait preuve de beaucoup de zèle et de dévouement.

Marty (Antoine), négociant à Toulouse : a opéré plusieurs sauvetages ; déjà titulaire d'une médaille de 2e classe en argent.

Delor (Frédéric), architecte des hospices à Toulouse : n'a pas quitté l'hospice de la Grave pendant tout le temps du daner ; s'est fait remarquer par son calme et son énergie en dirigeant le sauvetage des malades.

Texereau, inspecteur des enfants assistés et des établissements hospitaliers de Toulouse : s'est distingué dans les mêmes circonstances.

Bonneau, chef interne à l'Hôtel-Dieu de Toulouse : conduite courageuse lors de l'évacuation de l'Hôtel-Dieu.

Labat, Alibert et Albert, internes à l'Hôtel-Dieu de Toulouse.

Ont veillé à l'évacuation des salles menacées et à la mise en sûreté des malades.

Berdoulat (Noël), au Vernet : s'est signalé par son dévouement ; une tranchée qu'il a fait pratiquer à la route n° 6, a permis de sauver douze maisons et leurs habitants. Déjà titulaire d'une médaille en argent de 2e classe.

Rouède (Joseph), à Cassagne : a, pendant la nuit, sauvé son père et sa mère alités et infirmes, et a coopéré au sauvetage de plusieurs familles.

MÉDAILLE D'ARGENT DE DEUXIÈME CLASSE

Lamade (Jean-François), propriétaire à Fenouillet : s'est bravement exposé ; nombreux sauvetages.

Hettefen, Massia et Monnié (fils), à Fenouillet.

Ont sauvé plusieurs familles d'une mort certaine.

Soulignan (Guillaume), Fourtannier (Antoine), Dumons (Antoine), Coulom (Joseph), à Bauzelles.

Se sont exposés à des dangers sérieux pour porter secours à des inondés.

Costes (Jean), à Fenouillet : a montré, dans les mêmes circonstances, un zèle et un dévouement sans bornes.

Gendre (Jean), fermier du bac, Labadie (Jean), garçon pêcheur à Gagnac.

Montés chacun dans une barque, ils ont bravé tous les dangers pour porter secours à des personnes qui se trouvaient dans des maisons cernées par les eaux.

Robert, commissaire de police à Grenade : a contribué personnellement aux sauvetages.

Gendre (Jean), fermier du bac; Gendre (Pierre) fermier de pêche; Laconde (André), cantonnier de la navigation; Laffitte (Guillaume), brassier; Sanée aîné, pêcheur de sable; Soulhié (François); Delmas (Jean), pêcheur de sable; Nauzes, brassier; Mouynet, cultivateur; Cazelles (Jean); Cazelles (François), et Robertil (Pierre), marinier à Grenade.

Montés sur des bateaux, ils ont, malgré la violence du courant, sauvé un nombre considérable de personnes.

Lavigne père (Jean); Lavigne fils (Jean); Lannes (Jean); Lannes (Laurent); Lapenne (Jean); Lapenne (Jean) neveu; Crouzi (Jean); Marty (Antoine); et Darolles (Jean), à Portet :

Se sont exposés aux plus grands dangers en opérant le sauvetage d'une famille de six personnes.

Salères (François); et Fourtanier (Etienne) à Bauzelles;

Fourtanier (Bernard); et Bayssous (Guillaume), à Blagnac;

Ont opéré, en bateau, le sauvetage de sept personnes réfugiées sur un arbre après l'effondrement de leur maison.

Bayssade (Dominique), cantonnier de la navigation à Toulouse, et Arbus (Guillaume) :

Ont fait preuve de dévouement en sauvant un grand nombre de personnes.

Massoutier, sous-inspecteur de police à Toulouse : concours dévoué pendant les inondations.

Azam (Guillaume), brigadier de sergents de ville à Toulouse : conduite courageuse et désintéressée dans les mêmes circonstances.

Milhaud, agent de la sûreté à Toulouse : a opéré plusieurs sauvetages.

Millet (Joseph), sergent de ville à Toulouse : a sauvé une femme entraînée par le courant.

Biry (Jean-Georges), sergent de ville à Toulouse : s'est trouvé sur tous les points menacés et a retiré des décombres un grand nombre de cadavres.

Balard, sous-brigadier de sergents de ville à Toulouse : a contribué au sauvetage d'un quartier envahi par les eaux.

Ponsolle (François), sergent de ville à Toulouse; a sauvé deux personnes sur le point de périr.

Cassé (Jean), dit Cassou, à Toulouse; a sauvé 4 personnes au milieu des plus grands dangers.

Lacombe (Jean), homme de peine à Toulouse; a sauvé environ 50 personnes, dont un malade, qu'il a dû faire sortir par un toit.

Espert (Jean-François), coiffeur à Toulouse; a opéré plusieurs sauvetages et aidé à l'évacuation des malades de l'hôpital de la Grave.

Laborie (Géraud-Jean), ancien militaire à Toulouse;

Marty (Ernest-Eugène), ancien militaire à Toulouse;

Fonquerni, chiffonnier à Toulouse:

Ont participé à de nombreux sauvetages.

De la Rhoëllerie, ancien sous-préfet domicilié à Toulouse; a sauvé plusieurs personnes et reçu trois blessures.

Bermond (Jacques), infirmier à l'hospice de Toulouse; a plusieurs fois exposé sa vie et a travaillé nuit et jour au transport des paralytiques.

Hostache (Cyprien), employé de commerce à Toulouse; a sauvé la vie à plusieurs personnes au milieu des plus grands dangers.

Baucard (Jean), garçon boucher à Toulouse; sauvetage de plusieurs personnes. S'était déjà distingué lors de l'inondation de 1872.

Toucon (Jacques), a participé à de nombreux sauvetages.

Courrech, garde champêtre à Ondes; belle conduite pendant l'inondation. A contribué au sauvetage des habitants de la commune d'Ondes.

Périès, cultivateur; Senac (Antoine); Gaillaguet (Michel) et Cazeaux dit *Bellut*, terrassiers à Ondes:

Ont couru les plus grands dangers pour porter secours aux habitants de cette localité.

De Lacroix (Frédéric), propriétaire à Clermont; a dirigé avec un dévouement remarquable le sauvetage des habitants de Clermont.

Marly, directeur du gymnase Léotard, à Toulouse; très belle conduite pendant l'inondation. A pris part à la recherche des victimes enfouies sous les décombres.

Serris, sergent-major aux sapeurs-pompiers de Toulouse;

Cornus, lieutenant de sapeurs-pompiers à Toulouse:

Ont fait preuve de courage et ont rendu de grands services.

Dupouilh, sergent de sapeurs-pompiers à Toulouse;

Bombail, caporal de sapeurs-pompiers à Toulouse;

Cazablou (Jean); Loo (Antoine) et Save (Guillaume), fermiers de pêche à Toulouse;

Bec, préposé d'octroi à Toulouse;

Pons et Salabert, sergents de sapeurs-pompiers; Audereau et Olivier, caporaux des sapeurs-pompiers à Toulouse:

Ont fait preuve de courage et ont rendu de grands services.

Lebrun et Kessier, sapeurs-pompiers à Toulouse;

Lacroix, Maylin et Gès, préposés d'octroi à Toulouse:

Ont fait preuve de courage et ont rendu de grands services.

Lapenne père, Lapenne fils et Sau (Guillaume), mariniers à Auterive;

Troy (Antoine), charpentier à Auterive:

Ont rendu des services signalés en opérant le sauvetage d'un nombre considérable d'habitants.

Bessières (Jean-Marie), garde champêtre à Pinsaguel;

Berdalou et Scribes (François), à Roques;

Clergue (Xavier), au Vernet:

Se sont dévoués pour sauver plusieurs personnes.

Dellac (Bertrand), Dellac (Paul) et Lapène (François), mariniers:

Ont sauvé au péril de leur vie la famille qui habitait le moulin du Vernet et 3 personnes au moulin de Clermont.

Raynaud, pêcheur de sable à Montesquieu-Volvestre: sauvetage de 6 personnes.

Boudet (Pierre) et Dedieu fils, à Rieux : ont sauvé une famille réfugiée dans une maison qui s'écroulait presque au même instant.

Sau (Pierre), à Auterive ; Mandement, gendarme à Auterive : grâce à leur courage et à leur énergie, cette localité a été préservée de tout accident.

Pons, garde champêtre à Calmont : belle conduite pendant les inondations.

Gaysot (Pierre), ouvrier maçon à Nailloux : s'est signalé en sauvant une femme.

Baron (Guillaume), ancien marin ;

Baron (Guillaume), sapeur-pompier ;

Bonnemaison (Jean), batelier ;

Pradère (François), charpentier : sauvetage de 18 personnes, au milieu des plus grands périls.

Darthial, commissaire de police à Montréjeau : s'est exposé dans une barque et a opéré le sauvetage de plusieurs personnes.

Lacomme (Albert), homme d'équipe au chemin de fer ;

Bladet dit *Laverdure*, batelier.

Luent (Adolphe), à Montréjeau :

Ont sauvé cinq personnes et coopéré au sauvetage de dix autres.

Denaillaux, surveillant de la navigation de la Garonne ;

Fages, à Montréjeau :

Ont pris part au sauvetage de dix personnes.

Soutiran (Jean-Marie), forgeron : belle conduite pendant l'inondation.

Lafont (Pierre), à Fos : a sauvé deux hommes sur le point de se noyer.

Bourgeac (Raymond) ; Lafosse (Jacques) ; Lafont (Philippe) ; Verdalle (Simon) et Bourgeois (Jean), domiciliés à Gaud : dirigés par le maire, ils ont opéré un grand nombre de sauvetages.

Lagarde, garde-barrière à Salies : a sauvé plusieurs personnes qui se trouvaient dans des maisons isolées et cernées par les eaux.

Roques fils, ancien militaire : a retiré un homme et une jeune fille d'une maison envahie par les eaux et sur le point de s'écrouler.

Siadous (Jean-Guillaume) : a coopéré au sauvetage de quatre personnes.

Abadie (Jean), maçon à Ore : a sauvé deux petits enfants voués à une mort certaine.

Garros (Jean-Marie), à Villeneuve de Rivière : a failli être victime de son dévouement en coopérant au sauvetage de cinq personnes.

Pacquier (Sylvain), garde-champêtre; Capdeville (Bertrand), et Gaillard (Jean), à Villeneuve-de-Rivière : Sauvetage de cinq personnes.

Foch (Hippolyte), à Roquefort : a sauvé deux femmes malades et alitées, enfermées dans un moulin entouré de six mètres d'eau et sur le point de s'effondrer.

Aubegès, employé des hospices : a fait preuve d'un grand dévouement.

Serre, employé des hospices : belle conduite pendant l'inondation.

Censier (Edouard), étudiant à l'école de médecine : a pris une part active à l'organisation des secours.

Lajous (Léon), à Terrebasse : a accompli plusieurs sauvetages.

Maylin (Laurent) et Maylin (Joseph), chefs cantonniers de la navigation de la Garonne; Sau Dominique, passeur du bac de Mauren : ont opéré de nombreux sauvetages au milieu des plus grands dangers.

Delignon, capitaine de génie à Toulouse : a aidé puissamment les ingénieurs et a contribué au sauvetage d'un officier d'artillerie qui allait périr victime de son dévouement.

Jacquet, maréchal-des-logis au 23e régiment d'artillerie : a été entraîné par les eaux en portant secours à une barque en péril, et a passé la nuit sur un toit.

Arnaud, brigadier au 18e régiment d'artillerie : a failli périr en coopérant au sauvetage de dix-neuf personnes.

Ferrand, sapeur au 23e bataillon de chasseurs : a sauvé la vie à un officier en retraite.

Joanny, canonnier au 23e régiment d'artillerie : s'est porté au secours de plusieurs personnes. La barque dans laquelle il était monté a chaviré, et il a dû se réfugier sur un arbre où il est resté toute la nuit.

Asfaux, gendarme à la compagnie de la Haute-Garonne, n'a pas quitté les endroits les plus périlleux, et a sauvé plusieurs personnes en les transportant sur son cheval.

Goeller, sapeur au 29e bataillon de chasseurs : a traversé trois fois un torrent en ayant de l'eau jusqu'aux épaules et a sauvé trois personnes.

Duranéa, brigadier, au 18 régiment d'artillerie : s'est jeté à la nage au milieu du courant et a aidé à sauver 15 personnes.

Schweitzer; Pouylleau; Prat; Cunin, et Charrière, maréchaux-des-logis au 18e régiment d'artillerie : se sont jetés plusieurs fois à la nage et ont effectué le sauvetage du couvent des Feuillants.

Delescluze, sergent au 29e bataillon de chasseurs : a pris le commandement d'une barque et a sauvé 32 personnes.

Denizot, sergent au 113e de ligne, et Monin, caporal au même corps : Sauvetage de plusieurs personnes dans une maison qui s'effondrait.

Dumas-Montagne, gendarme à la 17e légion : a couru de grands dangers en contribuant à sauver huit personnes.

Ganier et Malacamp, maréchaux-des-logis au 23e d'artillerie; Olive, brigadier; Quillerand et Fayet, canonniers au même corps : ont couru de grands dangers en organisant une chaîne de barques à l'aide de laquelle on a sauvé une centaine de personnes.

Barthélemy, caporal à la 17e section de secrétaires : a sauvé plusieurs personnes.

Tessier, caporal au 53e de ligne : est resté toute l'après-midi dans l'eau et a effectué plusieurs sauvetages.

Saint-Pé, et Montoussé soldats; Philip et Baylet, caporaux au 113e régiment de ligne : se sont fait remarquer par leur dévouement.

Sous, gendarme à la 17e légion : s'est exposé à de grands dangers en coopérant au sauvetage d'un contre-maître de fabrique.

Giraud, Ragoust, Barrut et Rosset cavaliers au 11e dragons : ont sauvé plusieurs personnes en les prenant en croupe au milieu de l'eau et des décombres.

Turland, canonnier au 18e régiment d'artillerie : a aidé cinq personnes à sortir d'une maison qui venait de s'écrouler.

Roche, brigadier au 18e régiment d'artillerie : a opéré plusieurs sauvetages dans des maisons menaçant ruine.

Changéa, canonnier au 18e régiment d'artillerie : belle conduite pendant les inondations.

Mouthien; gendarme à la 17e légion : a failli périr en contribuant au sauvetage de plusieurs personnes.

Germès, gendarme au même corps : a contribué à éviter de grands malheurs en faisant évacuer des maisons sur le point de s'écrouler.

Mayer, Bresson, Lasalle, et Deck, canonniers au 18e régiment d'artillerie.

Se sont dévoués pour opérer des sauvetages.

Nuque et Giraud, canonniers au 18e regiment d'artillerie :

Ont sauvé deux personnes enfermées dans une maison.

Labusquière (Paul), Delom, Bouche, Bricaut, Labusquière (Jean), Lamagne, et Peyri, soldats au 29e bataillon de chasseurs :

Ont déployé une énergie exceptionnelle en opérant plusieurs sauvetages, et ont couru des dangers sérieux.

Duvernet, brigadier au 23e régiment d'artillerie : a coopéré au sauvetage d'un grand nombre de personnes.

Bouchaire, canonnier au 23e régiment d'artillerie;

Thioust et Masson, cavaliers à la 3e compagnie du train d'artillerie :

Ont opéré de nombreux sauvetages.

Escartefigues, soldat au 59e régiment de ligne : a sauvé une quinzaine de personnes.

Riguet (Paul), cavalier au 17e escadron du train des équipages : a exposé sa vie pour sauver deux personnes.

Provins, sergent de recrutement à la 17e section des secrétaires : a coopéré au sauvetage de neuf personnes.

Boyrié (Dominique) et Oussel, gendarmes à Montréjeau :

Ont couru de grands dangers en opérant le sauvetage de quatre personnes.

Bouhaben (Pierre) et Raoul (Laurent), gendarmes à Auterive :

Ont puissamment concouru au sauvetage de plus de cinquante personnes.

Neyrond (Jean-Marie), gendarme à Saint-Sulpice : a donné le meilleur exemple en se jetant à la nage pour sauver un individu qui allait périr.

Isch, sergent au 113e de ligne : s'est également jeté à la nage pour sauver plusieurs personnes.

Douliéry, canonnier au 31e régiment d'artillerie : belle conduite pendant les inondations.

Gouet, soldat au 118e de ligne : sauvetage de plusieurs personnes dans une maison envahie par les eaux.

Trubert, brigadier à la 2e compagnie d'ouvriers d'artillerie ;

Agostini, canonnier à la 2e compagnie d'ouvriers d'artillerie :

Ont contribué au sauvetage de plusieurs personnes et ont failli être écrasés par la chute d'une maison au moment où ils cherchaient à sauver un aveugle.

Solamet, et Saccarère, brigadiers ; Chantar, cavalier au 11e régiment de dragons :

Ont porté secours à des personnes ramassées dans des fourgons.

Brunder, sergent-major au 59e régiment de ligne : est resté dans l'eau, par dévouement, quoique sortant de l'hôpital.

Schreiber, soldat au même régiment : sauvetage d'un homme sur le point de se noyer.

Clermid, canonnier au 18e régiment d'artillerie : a sauvé plusieurs personnes.

Baron, adjudant au 18e régiment d'artillerie: a coopéré au sauvetage de 15 personnes.

Heim, caporal au 2)e bataillon de chasseurs;

Lavocat, caporal au même corps:

Ont opéré le sauvetage de 32 personnes.

Ponelli, brigadier de gendarmerie: a contribué au sauvetage de 5 personnes; a ensuite sauvé une femme âgée sur le point de périr.

Pinaud, gendarme à la 27e légion: a coopéré au sauvetage de douze femmes et de l'aumônier du couvent des Béguines.

Modan, canonnier au 18e régiment d'artillerie;

Salmon, canonnier au 31e régiment d'artillerie:

Ont fait preuve de dévouement et ont couru des dangers.

Dochez et Saillou, maréchaux-des-logis chefs au 18e d'artillerie:

Ont sauvé plusieurs personnes en allant les chercher à cheval dans l'eau.

Hæbig, brigadier au 18e régiment d'artillerie: a aidé à sauver 19 personnes.

Mentions honorables.

Le corps médical de Toulouse;

De Junqua (Louis), propriétaire à Lévignac;

Bezy, étudiant à l'école de médecine de Toulouse;

Roques d'Orbcastel, Bret et Chevalier, étudiants à l'école de médecine de Toulouse:

Ont pris une part active à l'organisation des secours;

Meilhou, curé de Saint-Jory;

Abeille (Jean-Marie), chef des bureaux du commissaire central;

Gazane, régisseur à Seilh;

Négel, valet de pied à Toulouse:

Ont fait preuve de courage et de dévouement pendant l'inondation.

Gilis (Jean) et Gilis (Pierre, à Calmont ;

Saint-Paul-Siffrey, Travès (Jean), Lacomme (Jean) et Cistac (Victor), à Montréjeau ;

Encausse (Jean), sabotier ; Maylin (Jean), tambour des pompiers ; Bellan (Jean-Simon), cordonnier ; Delor (Joseph) ; Puységur et Lafon (Jean), domiciliés à Fos :

Ont fait preuve de courage et de dévouement pendant l'inondation.

Porte, maire de Gand : a présidé d'une façon digne d'éloges au sauvetage de ses administrés.

Barthe (Jean), Coustille (Thomas) et Jacques (André) à Huos ;

Tapié (Hippolyte), percepteur surnuméraire à Ore ;

Castéran (Pierre), à Barbazeau (Hautes-Pyrénées) ;

Dulac (Jean), à Lourdes (Hautes-Pyrénées) ;

Du Pac Fronsac, maire de Fronsac :

Ont fait preuve de courage et de dévouement pendant l'inondation.

ARIÉGE

MÉDAILLE D'OR DE PREMIÈRE CLASSE

Cadiergues (Jean-Baptiste-Louis), sous-préfet de Pamiers : s'est remarquablement bien conduit pendant l'inondation dont son arrondissement a souffert.

Tustet, maire de la Bastide-de-Besplas : n'a pas cessé de s'occuper avec un admirable dévouement de toutes les mesures à prendre pour assurer l'existence des habitants de sa commune.

MÉDAILLE D'OR DE DEUXIÈME CLASSE

Combes, percepteur aux Cabanes : a participé à l'exhumation des cadavres et a ranimé, par son exemple, le courage des habitants.

Mauran (Jacques), pharmacien à Montesquiou (Haute-Garonne);

Vergé (Pierre), ancien militaire, à la Bastide-de-Besplas :

Ont couru les plus grands dangers en organisant le sauvetage pendant la nuit.

MÉDAILLE D'ARGENT DE DEUXIÈME CLASSE

Bergasse, juge de paix du canton des Cabannes;

Sans (Auguste), à Verdun;

Subra (Jean-Baptiste), maréchal-ferrant;

Burnet (Xavier), à Verdun :

Belle conduite pendant les inondations.

Reynaud (Pierre), pêcheur de sable à Montesquiou;

Faure, domicilié à Fornex;

Miramon, domicilié à la Bastide-de-Besplas :

Ont fait preuve de dévouement pour sauver plusieurs personnes.

Régnier (Barthélemy), maire de Verdun : a présidé à la recherche des cadavres en prenant les mesures nécessaires pour assurer leur identité.

Baillaba (Joseph), limonadier; Lavigne (Paul), jardinier et Guillomat (Pierre), meunier, à Pamiers :

Ont couru de grands dangers en sauvant, au moyen d'une barque, 4 personnes enfermées dans une maison envahie par les eaux.

Icard (Pierre), sous-officier en retraite aux Cabannes : a fait preuve de dévouement en portant secours aux habitants du village et en retirant des décombres les victimes qui y avaient été ensevelies.

TARN-ET-GARONNE

MÉDAILLE D'OR DE PREMIÈRE CLASSE

Després, préfet de Tarn-et-Garonne. Services signalés rendus pendant l'inondation : a parcouru toutes les localités envahies par les eaux et a remarquablement organisé le service des secours.

Mme Després : a montré un rare dévouement pour secourir les inondés qu'elle a visités dans toutes les communes.

Coudere (Pierre-Raymond-François), ancien maire d'Auvillars : est allé à une distance de 2 kilomètres à travers les îlots de Merles pour sauver la comtesse O. Kelly, sa famille et ses domestiques, qui étaient cernés par les eaux.

Laladie (Vincent), secrétaire de la mairie de Verdun : a coopéré au sauvetage de 60 personnes.

Delbert (Jean), receveur d'octroi à Valence : s'est embarqué au milieu des courants les plus rapides et est parvenu à sauver environ 80 personnes.

MÉDAILLE D'OR DE DEUXIÈME CLASSE

Catusse (Jean), marchand de bois à Valence : sauvetage très périlleux dans la plaine de Valence.

Lalougne (Jean), fermier du pont d'Auvillars et Lagenès (Jean) :

Ont traversé plusieurs fois la Garonne, malgré la rapidité des courants, et sauvé 60 personnes dans la plaine de Valence.

Bru (Paul), pêcheur, et Latreille (aîné), marinier, à Lamagistère :

Ont lutté contre les courants et sauvé un grand nombre d'habitants de Lamagistère.

Olivier (Simon), pêcheur et Montel (Jacques), pontonnier à Moissac :

Nombreux sauvetages dans la plaine de Saint-Benoît ; tous deux titulaires de la médaille d'argent de 2e classe.

Gendre (François), Mascarat (Pierre) et Gendre (Jean) :

Ont sauvé plus de 100 personnes en bravant tous les dangers.

Terni, entrepreneur de fourrages à Montauban : a opéré plusieurs sauvetages très périlleux.

Thial (Jean), à Cordes : a sauvé 43 personnes en s'exposant aux plus grands dangers.

Candelon (Jean), à Saint-Nicolas : quoique amputé du bras gauche s'est exposé aux plus grands dangers pour sauver sa mère et plusieurs enfants.

Lapare (Jean) : a opéré de nombreux sauvetages; déjà titulaire de la médaille d'argent de 2e classe.

Lagarde (Jean), éclusier en retraite à Montauban : sauvetage de 65 personnes.

Andrieu (Jean), pêcheur à Montauban : sauvetage de 50 personnes. Déjà titulaire de la médaille d'argent de 2e classe.

Trinquecoste (Charles), à Bourret : sauvetage de 16 personnes.

Rivière (Pierre), à Saint-Porquier : sauvetage de 50 personnes.

Carbonnier (Matthieu), à Masgrenier ; a sauvé 40 personnes. Sa barque ayant chaviré, il est resté toute la nuit sur un arbre.

MÉDAILLE D'ARGENT DE PREMIÈRE CLASSE

Lacroix (Jean) et Cambon (Jacques), à Moissac :
Sauvetage de 80 personnes dans la plaine de Saint-Benoit.

Roumégoux (Armand) et Roumégoux (Guillaume), à Valence :
Ont traversé les courants les plus rapides et ont sauvé environ cent personnes.

Pompille (Louis) et Testas (Bernard), employé au chemin de fer du Midi, à Valence :
N'ont cessé de se porter sur tous les points les plus menacés pour opérer des sauvetages.

Alazard (Lucien), Labro (Jean), St-Martin (Aimé) et Gignoux (Mignon), mariniers à Lamagistère :
Ont sauvé environ deux cents personnes au milieu des plus grands dangers.

Guibal (Bernard), à Merles : nombreux sauvetages dans la section des Arènes de Merles.

Ferrié (Pierre), à Auvillars : a sauvé, aidé de son fils, plus de 40 personnes dans la plaine de Valence.

Julien (Antoine), à Escatalens : a opéré plusieurs sauvetages dans des circonstances très dangereuses.

Cuchaut (Guillaume), Castan (Julien) et Sébastien (Fabien), à Cordes :

Ont bravé tous les périls pour sauver 50 personnes.

Delrieu (Pierre), Crabifosse, Roupeyroux et Delpy, à Montauban :

Envoyés de Montauban par ordre de l'administration, ils ont rendu les plus grands services en dirigeant le sauvetage dans la plaine de la Garonne.

Loubat (Jean) et Poutineau (Jean), à Verdun :

Sauvetage d'environ 60 personnes.

Gendre (Baptiste), à Verdun : est resté deux jours sur la Garonne, où il a pris part au sauvetage de plus de 100 personnes.

Petit (Raymond), Esparbé (Pierre) et Esparbé (Mathieu), à Verdun :

Ont traversé quatre fois la Garonne et ont sauvé 50 personnes.

Cabanes (Jean) et Bila (Jean), dit Loret, à Saint-Nicolas :

Ont couru les plus grands dangers en opérant, pendant la nuit, de nombreux sauvetages.

Fonlaure (Bertrand), Sissac (Antoine), Sissac (Pierre), Durande (Raymond), Méric (Jean) et Dumons (Jean), à Castelsarrazin :

Se sont particulièrement fait remarquer par leur énergie et ont couru les plus grands dangers en contribuant aux sauvetages.

Demages (Jean-François), à Masgrenier : a sauvé, au péril de sa vie, 14 personnes.

Rieux (Jean), Rieux (Antoine) et Cabignol (Barthélemy), à Montauban :

Ont bravé de grands dangers en portant secours aux inondés d'Escatalens.

Depieu (Michel), de Finhan : a sauvé environ 30 personnes.

Redon (Jean), ancien militaire, à Montauban-Dieupentale : a sauvé 40 personnes.

MÉDAILLE D'ARGENT DE DEUXIÈME CLASSE

Calmetes (Adrien), Ferrié (Jean-Baptiste), Rande (Antoine) et Delbert (Justin), domiciliés à Golfech :

N'ont pas cessé pendant 24 heures de se porter sur les points les plus menacés et ont sauvé 60 personnes.

Pagés (Antoine), à Golfech : a sauvé 7 personnes sur le point d'être englouties sous les décombres de leur maison.

Lespinasse (Mathieu), Salles (Hippolyte), Taillard (Jean), Sazy (Jean), Duhard (Alcide), Bayssac (Arnaud) et Dufaut (Pierre), à Lamagistère :

Ont montré une rare énergie et donné l'exemple du plus grand courage dans le sauvetage des victimes de l'inondation, à Lamagistère — Ont sauvé plus de cent personnes.

Ramond (Jacques), Delprat (Géraud), Barbe (Pierre), Salles (Justin) et Tourret (Pierre), à Valence :

Nombreux sauvetages dans la plaine de Valence : n'ont quitté leurs bateaux que lorsque le retrait des eaux a rendu leur service inutile.

Derrieux (Antoine) et Mourinot (Joseph) à Espalais.

Gleyze (Jean) :

Ont été les premiers à commencer le sauvetage à Espalais; 75 personnes au moins leur doivent la vie.

Druilhet (Henri), Bruyères (Jacques), Fréjavisse (Antoine) et Gleyze (Géraud), à Moissac :

Ont effectué le sauvetage de 80 personnes dans la plaine de Moissac.

Saumier (Jean-Michel) et Dagenez (Henri), à Saint-Loup :

Ont sauvé, avec leur bateau et au milieu de grands périls, 36 personnes environ de la commune de Saint-Loup.

Vigié (Guillaume), à Boudon : a traversé deux fois la Garonne à un endroit des plus dangereux pour sauver les inondés de Saint-Nicolas.

Labouté (Pierre), à Montauban : envoyé par l'administration à Monbéqui, il a déployé la plus grande énergie et dirigé de nombreux sauvetages.

Mascarat (Jean), Pasquet (Antoine) et Vignoles (Pierre) :

Ont surmonté de grandes difficultés pour sauver plus de 60 personnes dans la plaine de Dieupentale.

Mascarat (Pierre), âgé de 16 ans : a participé au sauvetage de trente-cinq personnes. Son grand-père et son père qui se trouvaient également avec lui ont été noyés et il aurait également péri s'il n'avait pu se retenir à un arbre, où il a passé la nuit.

Ginestet, Berrié (Bernard) et Roy (Georges), à Cordes :

Nombreux sauvetages dans la plaine de Castelsarrazin.

Dumons (Denis), à Montech : a servi de guide aux mariniers de Montauban et coopéré au sauvetage de Montech.

Bru (Baptiste), Verdier (Raymond) et Barbarou (Jacques), à Saint-Nicolas :

Sauvetage d'un grand nombre de personnes dans des circonstances difficiles.

Lalanne (Marcelin), à Agen ;

Cazeneuve (Jean), à Lamagistère :

Ont sauvé plus de 100 personnes dans la plaine de Dieupentale.

Durand (François) et Tournier (Jacques), à Saint-Aignan :

Ont arraché 40 personnes à la mort en s'exposant aux plus grands dangers.

Cambon (Jean), Fontanié (Raymond), Algayrès (Guillaume), Conté (François), Algayrès (Antoine), Bédel (Jean-Pierre) et Barbaroux (Pierre), à Castelsarrazin ;

Téduc (Pierre) et Teulières (Pierre), à Montauban :

Se sont distingués par leur énergie et leur courage dans les sauvetages accomplis à Castelsarrazin.

Sissac (Eugène), employé au chemin de fer du Midi à Castelsarrazin ;

Vinès Piel et Charpentier, tonnelier, à Lamagistère :
Belle conduite pendant les inondations.

Guercy (Pierre) et Rivière (Robert), à Saint-Porquier :
Quoique montés sur une embarcation en mauvais état, ils ont sauvé 50 personnes.

Lasserre (Marc) et Boulet (Jean), à Masgrenier :
Nombreux sauvetages dans la plaine de Masgrenier.

Lalanne (Hyacinthe) et Serres (Jean), à Finhan :
Ont fait preuve de dévouement dans les mêmes circonstances.

Bondifflard (Pierre-Marie), à Escatalens : a participé au sauvetage de 20 personnes.

Julien (Bernard), Durande (Jean) et Gibert (François) à Escatalens :
Se sont fait remarquer par leur courage en accomplissant des sauvetages très dangereux.

Selze (Auguste), maréchal-des-logis à cheval à la gendarmerie de Tarn-et-Garonne : a bravé tous les dangers pour porter secours aux personnes exposées à la mort dans la plaine de Castelsarrazin.

Baux (Adolphe), gendarme à pied : belle conduite dans les inondations.

Lavit (Bernard), dit Plon-Dessus, a coopéré au sauvetage de 49 personnes.

Canouet (Pierre) et Médard (Jean), gendarmes à cheval à la compagnie de Tarn-et-Garonne :
Ont fait preuve de dévouement en participant au sauvetage d'un grand nombre de personnes surprises par les inondations dans la plaine.

MENTIONS HONORABLES

L'abbé d'Arassus, curé de Merles ;
L'abbé Morette, vicaire de Moissac ;
Taupiac, conseiller d'arrondissement, à Castelsarrazin ;

Fontanié, conseiller municipal à Castelsarrazin;

Cabanes, adjoint au maire de Saint-Nicolas;

Michel, commissaire de police à Castelsarrazin;

Lefranc, instituteur à Merles;

Bénech, secrétaire de la mairie de Valence;

Sasy, adjoint au maire de Donzac;

Coutures, chef gare de Lamagistère :

Se sont fait remarquer par leur dévouement et leur zèle dans l'organisation des secours.

Charles (Arnaud); Ferrié (Etienne); Fouillade (Antoine); Roudié (Jean) et Nombrail (Louis), à Golfech;

Junqua (Andrieux); Dame Bru; Fauré (Jean); Descamps (Jean) et Fauché (Jean), à Lamagistère;

Lasserre (Marc), Lasserre (Bernard), Brunet (Antoine), Delsol (Guillaume), Cancel (Pierre) et Raffin (Thomas), à Valence;

Canouet (Pierre), à Lamagistère;

Mauroux (Pierre) et Saint-Martin (Sébastien), à Espalais;

Lasserre (Marc), Delbert (Pierre) et Lasserre (Bernard), à Pommevic;

Dossun (François), Claverie (Jean-Pierre), Barberou (Antoine), Harrigues (Raymond) et Touzel (Guillaume), à Moissac;

Vigié (Anselme) et Borderies (Pierre), à Boudou;

Abart (Pierre) et Dupuy (Bernard) à Auvillars;

Salobert, dit *Bouteillé*, Méric dit *Duret* et Lavagnes (Mathieu), à Merles;

Ortalon (Pierre), père, Ortalon (Jean), fils et Ducasse (Bertrand), à Saint-Loup;

Lagrange (Blaise), à Donzac;

Vizie (François), père, à Moissac:

Ont fait preuve de dévouement en participant au sauvetage des inondés.

Lubon (Philippe), Fillol (François), Paulet (Jean), et Duffau (Jean), à Moissac;

Chantot (Noël), Salles (Pierre) et Delsert (Guillaume), à Donzac;

Bordes (Jacques), Cambon (Jacques), Barbarou (Antoine), Fabart (François), Cambon (Jean), Maury (Baptiste), Durand (François), Cournau (Jacques), Vergnes (Jean), Delsert (Antoine), Gasque (Pierre), Besse (Raymond), Bonnat (Jean), Verdier (Pierre) et Conte (Alpinien), à Castelsarrasin;

Bila (Jean), dit *Macé*, L'arbot (Jean), Méric (Jean-Baptiste), Méric (Bernard), Boussières (Jean), Cantegril (Jean), Cabanes (Pierre), cadet, Maubert (Pierre), Salesses (Pierre), Parise (Jean), Salobert (Jean), Maurin (Antoine), Lavergne (Pierre), Hébrard (Pierre), Villette (Pierre), Nègre (Guillaume) et Cabanes (Antoine), à Saint-Nicolas-de-la-Grave;

Gendre (Firmin), Malbreil (Pierre), Camp (Antoine) et Dupuntis, à Verdun.

Gautié, Marliac et Mieulet fils, à Cordes;

Périère (Jean), à Monteich;

Andrieu (Pierre), à Montbéqui;

Trinquecoste (Pierre), à Bourreh;

Delmas et Rous, à Bessens;

Daux (Jean), Lafon (Jean), Gadet (Jean) et Mespoulet, à Dieupeutale;

Laporte (François), à Saint-Aignan;

Lasserre (Marc) et Boulé (Antoine), à Masgrenier;

Lalane (Louis) et Lalane (Nicolas), à Castelferrus;

Lalane (Jean), Roger (Bernard) et Payssot, à Finhan;

Durande (Alpinien) et Pomiès, à Escatalens:

Ont fait preuve de dévouement en participant au sauvetage des inondés.

GERS

MÉDAILLE D'OR DE PREMIÈRE CLASSE

Bécanne, maire de Lombez; a fait preuve d'un grand dévouement et sauvé plusieurs dont les maisons étaient cernées par les eaux.

MÉDAILLE D'OR DE DEUXIÈME CLASSE

Laborde (François), brigadier de gendarmerie à Plaisance : a sauvé deux vieillards sur le point de périr.

Barrieu (Jean), gendarme à Bisele : a couru de grands dangers dans une circonstance semblable.

LOT-ET-GARONNE

MÉDAILLE D'OR DE PREMIÈRE CLASSE

Guizot (Georges), à Agen : nombreux sauvetages accomplis au milieu des plus grands périls.

Chaigne, sous-préfet de Marmande ;

Delpit, sous-préfet de Nérac :

Se sont également distingués par leur courage et leur dévouement.

Trenty, maire, de Marmande ;

Valler, procureur de la République, à Marmande :

Nombreux sauvetages accomplis dans les circonstances les plus périlleuses.

Dubarry (Joseph), ancien militaire, infirmier civil à l'hospice d'Agen ; l'embarcation qu'il montait a chaviré au moment où il opérait un sauvetage, et il est resté pendant vingt heures sur un arbre.

Durens (Jean), marinier à Agen : nombreux sauvetages accomplis au péril de sa vie.

MÉDAILLE D'OR DE DEUXIÈME CLASSE

Picot, agent secondaire des ponts et chaussées, attaché au service de la Garonne ;

Allemand, garde de navigation au même service.

Ont fait preuve d'un dévouement et d'un zèle exceptionnel pour secourir les inondés.

MÉDAILLE D'ARGENT DE PREMIÈRE CLASSE

Tessidre, cantonnier au service de la navigation de la Garonne : a fait preuve d'un dévouement et d'un zèle exceptionnels pour secourir les inondés.

Jacquey, chef de bataillon au 9e régiment d'infanterie : a coopéré au sauvetage de 7 personnes.

MÉDAILLE D'ARGENT DE DEUXIÈME CLASSE

Courbet (Frédéric), charron, Gabriel (Jacques) et Gibert (Jean), à Sauveterre;

Dupin, cantonnier chef au service de la navigation de la Garonne :

Belle conduite pendant les inondations.

Charpentier (François), homme d'équipe à la gare d'Aiguillon : a exposé sa vie pour sauver plusieurs personnes qui, sans son secours, eussent été victimes de l'inondation.

Sinac, employé à la compagnie des chemins de fer du Midi : s'est également distingué par son dévouement.

Latané (Joseph), gendarme à cheval : a couru de grands dangers en aidant au sauvetage de plusieurs personnes.

Lapart (Raymond) et Rivals (Joseph-Auguste), gendarmes à cheval :

Ont failli être entraînés par les eaux en cherchant à sauver deux personnes qui se noyaient.

Roy (Alfred-Joseph-René), adjudant-sous-officier à Agen : est resté sur l'eau pendant trois heures pour aider au sauvetage.

Simon (Sicaire), Rayon (Jacques) et Roux (Denis-Auguste), gendarmes à cheval à la compagnie de Lot-et-Garonne :

Ont, à l'aide d'une barque, sauvé plusieurs personnes en danger de périr.

Leroy (Alphonse-Marie), sergent-fourrier au 9e régiment d'infanterie : sauvetage de plusieurs personnes.

Broulé (Pierre-Marie-Achille), soldat au 9e régiment d'infanterie : a pris part au sauvetage de 5 personnes.

Blanchard (Louis), soldat au 9e régiment d'infanterie : a sauvé un homme que le courant entraînait;

Caubet (Pierre), Laffontan (Pierre), Barrés (Etienne) et Corteggiani, soldats au 9e régiment d'infanterie;

Fourcade, adjoint du génie, employé à Agen :

Sauvetage de plusieurs personnes sur le point de périr.

Nous ne saurions mieux fermer ce chapitre, consacré aux récompenses obtenues par les courageux sauveteurs dont l'inondation a révélé le grand cœur et le dévouement, qu'en faisant suivre les nominations individuelles des éloges adressés publiquement à des compagnies tout entières.

C'est, d'abord, le ministre de l'instruction publique, écrivant à M. le recteur de l'Académie de Toulouse pour féliciter l'Ecole de médecine du zèle et de l'humanité dont elle a témoigné pendant les tristes journées qui ont suivi le 23 juin.

« J'ai appris avec la plus vive satisfaction,
» dit M. le ministre, que MM. les professeurs et
» étudiants de l'Ecole de médecine de Toulouse
» s'étaient signalés par leur dévouement pendant
» la catastrophe des 23 et 24 juin. Je vous prie
» de transmettre mes félicitations aux maîtres
» et aux élèves. »

M. le recteur a donné communication de cette lettre à M. Filhol, directeur de l'Ecole de médecine, qui a avisé chacun des intéressés des félicitations qu'il a méritées. Dans un rapport qu'avait adressé M. Filhol à M. le ministre, il citait comme s'étant spécialement distingués, parmi les élèves: MM. Bonneau, Labat, Sabadie, Alibert, Bézy, Roques-d'Orbcastel, internes ; M. Sicre, externe ; M. Bret, chargé de la direction d'une ambulance.

C'est aussi le Conseil général de la Haute-Garonne, qui, dans sa séance extraordinaire du 27 juin, « vote à l'unanimité des remerciments à l'armée, dont la conduite a été si courageuse et si dévouée dans ces douloureuses circonstances, » remerciments auxquels M. le Préfet est heureux de joindre les siens comme il a été heureux de voir M. le Maréchal décerner des récompenses aux militaires qui se sont le plus dévoués.

C'est encore ce même Conseil, adressant des remerciments et des félicitations à toutes les personnes, à ce moment inconnues, mais qu'il prie M. le Préfet de lui faire connaître à la prochaine session, et « qui ont accompli des actes de courage et d'abnégation. »

C'est, enfin, le ministre des travaux publics, écrivant au directeur de la compagnie des chemins de fer du Midi, à la suite de sa visite à la région inondée, pour lui exprimer sa satisfaction du zèle et du dévouement apportés par le personnel de la compagnie au milieu des désastres causés par l'inondation.

Cette lettre, qui porte la date du 10 août, est trop honorable pour que nous ne la reproduisions pas textuellement :

« Monsieur le Directeur,

En rentrant à Paris, après la visite que je viens de faire dans le Midi pour me rendre compte des ravages causés par les inondations, j'ai l'honneur de vous adresser mes remercîments pour les dispositions spéciales que votre Compagnie a prises en cette circonstance.

Je vous suis très obligé du concours que vous m'avez apporté personnellement, et je vous prie de remercier en mon nom les ingénieurs et agents de votre Compagnie qui ont mis tant d'empressement à me faciliter le prompt accomplissement de mon voyage.

Je tiens à ajouter que j'ai recueilli les meilleurs témoignages de la conduite qu'ont tenue les agents de votre Compagnie au milieu des désastres qui ont atteint la région qu'ils desservent. Le zèle qu'ils ont déployé pour réparer les dommages causés par les inondations, sur plusieurs points de votre réseau, a permis de rétablir la circulation des trains dans un délai très court. Le dévouement dont ils ont fait preuve sur plusieurs points pour secourir les habitants surpris par le fléau, n'est pas moins digne d'être remarqué. Les agents de la Compagnie du Midi ont donc rempli leur devoir dans ces circonstances douloureuses; je l'ai constaté et je vous prie de les en féliciter de ma part.

Agréez, Monsieur le directeur, l'expression de mes sentiments les plus distingués.

Le ministre des travaux publics,
Signé: E. CAILLAUX.

N'avions nous pas raison de dire, que la reconnaissance publique a été à la hauteur des nobles sentiments qui l'ont provoquée?

Ce sera là l'honneur de notre époque et le témoignage le plus éclatant de sa civilisation et de ses mœurs.

VIII

VOYAGE DU MARÉCHAL

SOMMAIRE : Arrivée à Toulouse du maréchal de Mac-Mahon ; de M. Buffet, ministre de l'intérieur ; du général de Cissey, ministre de la guerre. — *Journée du 26* : La visite au faubourg Saint-Cyprien ; les impressions du maréchal, ses paroles, ses promesses ; — visite à l'Hôtel-Dieu ; une bonne sœur et un souvenir de 1855. — Le maréchal se rend à la manufacture des Tabacs, à l'ambulance du Cirque et à l'hôpital militaire. — *Journée du 27* : Pérégrination aux villages de Fenouillet et d'Ondes ; — retour par l'Embouchure, les Amidonniers, le Bazacle, — vœux et pétitions, — visite au quartier de Port-Garaud. — Arrivée de M. Caillaux, ministre des travaux publics.

Toutes les fois que de grandes calami-calamités se sont abattues sur un point quelconque de la France, les chefs de l'État sont allés porter des consolations et des secours.

L'empereur Napoléon III se rendit à Lyon en 1856, lors des inondations qui désolèrent la seconde ville de France.

L'impératrice alla visiter les cholériques, à Amiens, en 1865.

Nous ne saurions donc nous étonner du voyage du maréchal de Mac-Mahon, à Toulouse, dans les douloureuses circonstances qui venaient de se produire.

Le Maréchal, les ministres de l'intérieur et de la guerre, et leurs secrétaires et aides de camp quittèrent Paris le 25 au soir, par le train express réglementaire de 7 h. 45.

Ils arrivèrent à Périgueux le lendemain matin, et comme la ligne directe de Périgueux à Toulouse par Agen était impraticable, par suite des ravages de l'inondation, ils partirent par un train spécial qui les conduisit, par Capdenac, à Toulouse.

La nouvelle de l'arrivée du Maréchal, s'était rapidement propagée. Les journaux en ayant annoncé l'heure exacte, une foule compacte se pressait aux abords de la gare et dans l'intérieur de la grille. — Un escadron de dragons et un piquet de gendarmerie, le sabre au poing, stationnaient en face de l'embarcadère. M. le général de Salignac-Fénelon, commandant le 17ᵐᵉ corps d'armée, M. le général de division Lapasset et les autres généraux faisant partie du corps d'armée; M. le baron de Sandrans, préfet de la Haute-Garonne; MM. le premier Président et le Procureur général, M. le Maire de Toulouse et plusieurs membres de la municipalité, auxquels s'étaient joints les principaux fonctionnaires de la ville et de l'Etat, tous en tenue officielle, étaient rangés sur le quai de la gare, attendant l'arrivée du maréchal.

A deux heures vingt-sept, le train présidentiel entrait en gare, salué par vingt et un coups de canon et par le son des cloches.

C'est dans la salle d'attente des *premières* que le maréchal fut reçu officiellement par M. Toussaint, maire de Toulouse, qui lui adressa l'allocution suivante :

« Monsieur le Maréchal,

» Toulouse aurait voulu vous recevoir
» dans un jour de fête. Dieu en a décidé
» autrement! Nous remercions le Prési-
» dent de la République d'avoir bien
» voulu constater lui-même l'étendue de
» nos désastres, et nous vous prions,
» Monsieur le Maréchal, d'être l'interprète
» de nos sentiments de reconnaissance
» pour Madame la duchesse de Magenta
» dont la charité inépuisable a organisé
» une souscription en faveur de nos
» malheureux inondés. »

Après avoir répondu en quelques mots au sympathique accueil qu'il recevait, le maréchal prit place dans une voiture découverte, avec M. Buffet, M. le général de Salignac-Fénelon et M. de Sandrans.

Dans une seconde voiture étaient : M. le général de Cissey, M. le général Lapasset, M. le général Baudouin et M Toussaint, maire de Toulouse.

D'autres voitures contenaient les principales autorités de la ville.

Le cortége, escorté par les dragons, suivit les allées Lafayette, la place du Capitole, la rue de la Pomme et la rue Boulbonne. A l'intersection des rues de la Pomme et Cantegril, une dame s'avança et présenta au maréchal de Mac-Mahon une couronne de chêne, en s'écriant : Vive la France ! Le maréchal répondit au don et à l'acclamation en se levant dans sa voiture et en mettant son képi à la main. — Arrivé devant la cathédrale, place Saint-Étienne, le maréchal de Mac-Mahon entra dans l'église, où il fut reçu solennellement par l'archiprêtre et le clergé. Il y resta dix minutes environ et se rendit ensuite à la préfecture.

Après avoir pris une collation, le chef de l'État voulut commencer la douloureuse visite d'exploration aux quartiers inondés. Il monta en voiture et se dirigea vers le faubourg Saint-Cyprien.

A quatre heures, le cortége arrivait à Saint-Cyprien et traversait la rue de Bayonne. Le Maréchal était très ému; M. Buffet semblait en proie à de pénibles réflexions. La foule, avide de contempler les traits du chef de l'État, se précipitait sur ses pas, et les gendarmes, qui d'abord voulaient la contenir, laissaient libre la circulation par ordre du Maréchal.

Le chef de l'État marchait à travers les décombres, au milieu de la boue et du gravier, voulant tout voir par ses yeux.

Sur son parcours, il était salué par les soldats, qui continuaient avec une ardeur admirable leurs fouilles dans les ruines.

Avant d'arriver sur la place du Chairedon, le maréchal aperçoit le capitaine des pompiers. Il s'approche et reconnait dans M. Fléchet un de ses bons soldats d'Afrique et de Crimée, alors que le duc de Magenta n'était, d'abord, que colonel et, ensuite, général de division. Il félicite le brave capitaine, qui est ému jusqu'aux larmes, et lui serre cordialement la main.

Le maréchal de Mac-Mahon visita successivement la place du Chairedon entièrement ruinée, la rue Réclusane, étroite et longue, d'où s'échappaient de fortes exhalaisons de cadavres, la rue Piquemil, la place de Lestrapade ; puis il franchit la grille placée à côté du Dépôt de mendicité et parvint à l'avenue de Bayonne.

Le Maréchal, suivi de son cortége, s'engagea résolument sur une chaussée étroite ne permettant que le passage d'un seul piéton. — Deux ravines pleines d'eau et de boue s'étendaient des deux côtés de la chaussée. A cent cinquante pas environ la voie était coupée par une autre ravine.

Un sergent de ville jeta une poutre en travers et tendit la main au Maréchal qui passa sur ce pont improvisé. Aussitôt il fut entouré et acclamé par un groupe d'inondés; le Maréchal fit signe aux gendarmes et aux agents de police de laisser approcher.

« Messieurs, dit le Maréchal; vous
« avez subi des désastres au-dessus de
« toute expression. L'Assemblée a déjà
« voté une allocation; mais, lorsqu'elle
« connaîtra toute l'étendue de vos mal-
« heurs, nul doute qu'elle ne vote le né-
« cessaire; nous ferons tout notre possi-
« ble afin d'adoucir votre sort. »

Alors un malheureux inondé, couvert

de boue, s'avança vers le Maréchal et lui adressa ces paroles :

« Monsieur le Président, vous avez vu
« nos malheurs, la population de Saint-
« Cyprien a tout perdu et elle a été déci-
« mée. Père de famille, je parle au nom
« de tous les pères de famille, nous som-
« mes sûrs que vous vous souviendrez
« de votre promesse. »

« — Oui, comptez-y, » répondit le Maréchal. Un autre sinistré demanda au Maréchal s'il ne conviendrait pas de créer au faubourg une immense usine afin de pourvoir aux besoins des ouvriers.

M. le Maire intervenant, dit au chef de l'État qu'il le renseignerait sur les intentions de l'administration et sur les mesures prises par elle, afin de parer à toutes les nécessités.

Acclamé par la population, le Maréchal remonta en voiture et se dirigea vers l'allée de Garonne en donnant des ordres pour que le lendemain on employât la dynamite, afin de dégager de leurs ruines les principales rues du faubourg.

A son retour de la barrière de Muret, par le cours Dillon, le Maréchal entra à l'Hôtel-Dieu, où se trouvaient plusieurs blessés, victimes de l'inondation. Il y fut reçu par M. le Maire et ses adjoints.

En entrant dans la chapelle, où un prie-Dieu avait été disposé pour lui, le chef de l'État se recueillit quelques instants, ayant à sa droite M. le Vice-Président du Conseil, à sa gauche, M. le Ministre de la guerre.

Puis, parcourant les diverses salles, le Maréchal se trouva en face de la sœur Pénin, entourée de tout le personnel de de l'Hôtel-Dieu. La bonne sœur s'avança modestement vers le Maréchal-Président qui la reconnut immédiatement : « Mais » ma sœur, lui dit-il, je vous reconnais.

» C'est vous qui avez soigné mes braves
» soldats à l'hôpital militaire du Gros-
» Caillou, lors de l'épidémie de 1855. »
La Sœur Pénin s'inclina en rougissant.

C'était elle en effet qui, à cette époque, se dévouait au Gros-Caillou comme elle venait de se dévouer à Toulouse.

Le Maréchal félicita aussi M. Bonneau, chef interne, et M. Labat, qui lui furent présentés par M. Deyres, président de l'administration des hospices, pour leur belle conduite et leur courage à toute épreuve au milieu des dangers de l'inondation.

En quittant l'Hôtel-Dieu, M. le Maréchal se rendit à la manufacture des Tabacs, sur le quai de la Daurade.

Le directeur de la manufacture et les ingénieurs attendaient le Président devant la porte de l'établissement.

Les ouvrières victimes de l'inondation, avaient été réunies dans la seconde cour de la manufacture. Elles accueilliront le Maréchal par des vivats.

Dans la première cour, une centaine d'ouvrières sans ressources, prenaient en ce moment le repas du soir ; le Maréchal s'enquit auprès des dames qui s'étaient chargées de répartir et de distribuer les premiers secours, du nombre des portions servies chaque jour, des ressources dont on disposait et de l'organisation adoptée.

Le Président sortit de la Manufacture et prit le chemin du Capitole, où l'attendait, pour la distribution de ces ressources, le conseil municipal, convoqué dans le cabinet du Maire. Le Maréchal exprima l'impression douloureuse que lui avait causé le spectacle des ravages de l'inondation et il donna, aux représentants de la cité, l'assurance que rien ne serait négligé pour venir en aide aux malheureux inondés.

M. le Maire et ses adjoints conduisirent M. le Maréchal au Cirque, où neuf cents personnes avaient trouvé un asile, des aliments et les soins de M. le docteur Batut et des Dames patronesses.

De là, M. de Mac-Mahon, alla à l'hospice militaire, dans lequel avaient été transférés les malades de l'Hôtel-Dieu.

Là aussi, il prodigua des paroles de consolation.

Après une journée si pénible et une course si longue, pendant laquelle il avait été accueilli en tous lieux avec les marques d'une respectueuse sympathie et d'une vive reconnaissance, M. le maréchal de Mac-Mahon rentra à la Préfecture, où un dîner l'attendait.

Les chefs des administrations civiles et militaires étaient invités à sa table.

Dans la soirée, le monde officiel et les personnages notables de la ville vinrent offrir leurs hommages au Maréchal-Président.

Le Dimanche 27, le maréchal de Mac-Mahon fut sur pied à cinq heures du matin. — Il entendit la messe à la cathédrale et, à sept heures, il partit pour aller visiter les villages de Fenouillet et d'Ondes, en aval de Toulouse. Il était accompagné de M. Buffet, du général de Salignac-Fénelon et de M. le Préfet.

La plaine avait été entièrement ravagée. Les habitants reçurent le chef de l'État avec émotion et reconnaissance et le Maréchal laissa aux maires des localités visitées, des secours pour les besoins les plus urgents.

Il rentra en ville par la route de Lalande et l'Embouchure et se dirigea vers les quartiers des Amidonniers et du Bazacle.

Il pénétra dans plusieurs usines, notamment dans celles de MM. Cardailhac et Manuel, s'entretint avec les principaux usiniers, qui s'appliquèrent à lui démontrer la nécessité de réparer la chaussée et de construire une digue propre à préserver des inondations de la Garonne ce quartier industriel et populeux.

Dans le trajet, M. Roux, ingénieur du Bazacle, remit au Maréchal une pétition, signée de plus de 50 industriels, formulant les besoins les plus urgents, que le chef de l'Etat promit de soumettre à l'attention du ministre compétent.

Le lendemain, le Président de la République partait pour Montauban, et commençait ce voyage de huit jours hors de Toulouse, qui lui a permis de constater le caractère général du désastre causé par l'inondation de la Garonne et de ses affluents.

M. Caillaux, ministre des travaux publics, est venu à son tour, à Toulouse, le 18 juillet, et, dès le lendemain, il est allé visiter les quartiers inondés, portant particulièrement son attention sur les dégâts causés aux usines les plus importantes.

Pendant son séjour, différents projets lui ont été soumis pour défendre la ville contre les inondations. Avant de partir, M. Caillaux a laissé entrevoir les mesures qu'il se proposait de prendre pour remédier aux inondations et les prévenir le plus possible, notamment la création d'un service spécial dont les fonctions consisteraient à prévenir les riverains des crues qui viendraient à se manifester.

Le 20, M. le ministre des travaux publics assista au banquet donné par le préfet aux délégués du lord-maire de Londres, venus pour se rendre compte des désastres et pour distribuer des secours. M. le Ministre, après avoir remercié M. le Préfet, dit qu'il était heureux de constater, à Toulouse, la reprise du travail et l'activité déployée pour relever les ruines accumulées par le fléau.

———

IX

MESURES DE L'AUTORITÉ

SOMMAIRE : L'inhumation des victimes. — Leur état civil. — Le premier crédit. — Appel aux municipalités du midi. — Le Prêt gratuit. — Distribution d'aliments. — Mesures de salubrité. — Les dépôts de chiffons. — Les travaux de l'armée. — Appel aux ouvriers civils. — Arrêté adressé aux propriétaires. — Les secours alimentaires doivent avoir un terme. — Appel aux fournisseurs. — Avis d'enquête sur les pertes subies. — Précautions contre les voleurs. — Reconstruction des maisons détruites. — Les actes de l'administration départementale. — Discours du préfet.

Pendant les terribles évènements qui se passaient à Toulouse, l'autorité, les fonctionnaires des différentes administrations, déployaient la plus grande activité et montraient un grand empressement à organiser les secours.

On vit, durant ces jours de deuil, la magistrature, ayant à sa tête M. le premier Président, M. le Procureur général, M. le Procureur de la république, encourager les efforts de tous par sa présence; Mgr l'archevêque se mettre à la tête des comités organisés pour venir en aide aux malheureux inondés, et son clergé consoler ceux que le terrible fléau avait frappés dans leur fortune ou leurs affections et donner les dernières prières aux victimes infortunées du fléau.

On vit aussi, M. le Préfet de la Haute-Garonne, M. le Maire et ses adjoints, se prodiguer partout où il y avait une infortune à secourir, un danger à conjurer.

Le corps médical, le conseil général, le conseil municipal, la presse toulousaine, les dames de Toulouse, intervinrent avec le zèle le plus louable.

Le rôle prépondérant, et partant la

responsabilité la plus grande incombaient naturellement à l'administration municipale. Aussi agit-elle promptement et vigoureusement afin de pourvoir utilement aux nécessités de l'heure présente.

Les premières mesures eurent pour objet l'inhumation des victimes tuées par le double fléau de l'inondation et de l'écroulement des maisons qu'elle avait détruites.

On porta d'abord les cadavres à l'Hôtel-Dieu, où un commissaire de police dût procéder aux constatations légales et prendre le signalement des traits et des vêtements de ceux qui n'avaient pas été reconnus, aidé dans cette funèbre besogne, par MM. Delon et Provost qui photographiaient les victimes.

Puis, quand le nombre des premiers cadavres découverts se fut élevé à cent, les voitures d'ambulance de l'armée les transportèrent au cimetière de Terre-Cabade, où des fossés de trente mètres de longueur environ, sur trois de profondeur, avaient été creusés.

Pendant que l'on continuait à creuser des fosses, à la lueur des torches, de courageux artilleurs chargeaient les cadavres sur leurs épaules et les couchaient deux à deux dans les tranchées. En accomplissant leur pénible devoir, ces braves militaires ne pouvaient retenir leurs larmes. On ne connaîtra jamais assez l'héroïque dévouement de ces obscurs soldats qui, pendant trois jours et trois nuits, ne goûtèrent pas un instant de repos.

Par mesure de salubrité, M. le docteur Cuson fit transporter quatre tombereaux de chaux, que l'on répandit dans les fosses.

Pendant toute la journée, les habitants du chemin de la Gloire et de la Colonne apportaient des vivres aux fossoyeurs et aux militaires occupés à ensevelir les victimes.

Lorsque, par mesure de salubrité, on dut transporter les cadavres des inondés tués, directement au cimetière, sans les faire entrer à l'Hôtel-Dieu, vu leur état avancé de décomposition, MM. Delon et Provost, transportèrent leurs appareils photographiques à Terre-Cabade et allèrent compléter là leur œuvre pénible.

En même temps qu'elle prenait ces premières mesures, commandées par l'intérêt des familles et du public, l'administration municipale convoquait le corps médical afin d'aviser avec lui aux précautions hygiéniques à prendre, pendant les travaux de déblaiement auxquels on allait procéder dans un quartier infecté par l'odeur de la vase croupissante.

Parallèlement à cette mesure, le conseil municipal, voulant pourvoir aux besoins les plus pressants, prenait l'arrêté suivant :

« Considérant qu'après les malheurs irréparables qui viennent de fondre sur divers quartiers de la ville et de la banlieue, il convient d'affirmer la solidarité qui existe entre tous les habitants de la commune ;

« Qu'il y a lieu, en conséquence, de distribuer dans la mesure la plus large possible des indemnités ou secours aux familles victimes de l'inondation ;

« Par ces motifs, délibère :

« Article premier. — Un crédit, fixé provisoirement à la somme de cent mille francs, et qui sera plus tard augmenté en cas de nécessité, est ouvert à M. le Maire pour être employé en distribution de secours ou d'endemnités aux victimes de l'inondation dans toute l'étendue de la commune de Toulouse.

« Art. 2. — Ce crédit sera pris sur les fonds libres de l'exercice courant.

Pour copie conforme :
Le secrétaire du Conseil,
Signé : THÉOPHILE HUC.

Pour copie conforme :
Le Maire,
Vte TOUSSAINT.

« Au Capitole, à Toulouse, le 25 juin 1875. »

L'administration adressait aussi à toutes les municipalités du Midi une dépêche où la ville de Toulouse, en détresse, demandait qu'on lui fit parvenir sans retard des bestiaux et des grains.

Les villes de Montpellier, de Béziers et de Cette s'empressèrent de répondre à cet appel et M. le maire de Toulouse ayant fait demander par une dépêche télégraphique des secours alimentaires à M. le maire de Carcassonne, celui-ci mit immédiatement 445 balles de farine à la disposition de nos inondés.

Enfin, l'administration du Prêt Gratuit, qui, on le sait, est une institution municipale, faisait publier l'avis suivant :

« *Les Inondés* qui ont engagé des objets quelconques en nantissement des sommes prêtées par la Société du Prêt Gratuit :

« Objets de literie, vestiaires, ustensiles de ménage, bijoux, argenterie, etc., sont prévenus qu'ils pourront retirer leurs gages *gratuitement* en prouvant qu'ils ont été victimes de l'inondation et en fournissant, entre autres preuves des pertes qu'ils auraient éprouvées, une attestation de leur dizenier, visée par le commissaire de police du quartier. »

Ces premières mesures portèrent rapidement leur fruit et les misères les plus profondes furent immédiatement soulagées. Seulement, l'abus se glissant vite à côté de l'usage, comme il arrive très souvent, et les secours réservés aux inondés étant disputés à ceux-ci par des malheureux moins intéressants, M. le maire de Toulouse dût publier l'avis suivant :

DISTRIBUTION DE SECOURS AUX INONDÉS

« Le maire de Toulouse, commandeur de la Légion d'honneur, a l'honneur de rappeler à ses administrés que les secours de toute nature qui sont distribués, soit à la mairie, soit dans les ambulances, sont exclusivement destinés aux personnes qui ont été réellement victimes de l'inondation.

« Les personnes habitant des quartiers autres que ceux qui ont été envahis par les eaux, quelque intéressante que soit leur position, doivent donc s'abstenir de se présenter à ces distributions.

« Tout individu qui, au mépris des observations qui précèdent, chercherait à tromper l'administration en se faisant passer pour inondé, serait l'objet de mesures rigoureuses.

« Fait à Toulouse, au Capitole, le 28 juin 1875.

Simultanément aux soins que l'administration de la cité donnait à la subsistance des inondés, elle veillait à la sécurité des personnes, menacée par l'imprudence ou la curiosité du public.

Dès le lendemain de l'inondation, l'avis suivant était publié :

« Le Maire de Toulouse, commandeur de la Légion d'honneur, a l'honneur d'informer ses administrés qu'il y a de graves dangers à circuler dans le faubourg Saint-Cyprien, de même que dans tous les autres quartiers inondés.

« En conséquence, pour ne pas accroître les malheurs que nous avons déjà à déplorer, le Maire invite ses concitoyens à ne se transporter sur les points qui ont été envahis par les eaux que *dans le cas d'une nécessité absolue*, motivée par des intérêts à sauvegarder ou par la recherche de quelque membre de leur famille.

« Fait à Toulouse, au Capitole, le 25 juin 1875. »

Le Maire, Vte TOUSSAINT.

Se préoccupant aussi des dangers que faisait courir à la santé publique l'état d'insalubrité dans lequel l'inondation avait mis les quartiers inondés, et le faubourg Saint-Cyprien en particulier, M. le maire de Toulouse faisait placarder cette première invitation :

FAUBOURG SAINT-CYPRIEN
SALUBRITÉ

Dans l'intérêt de la santé publique, l'administration a organisé un service spécial pour opérer le nottoyage du faubourg Saint-Cyprien, en enlevant la vase et autres matières nuisibles à la salubrité.

Les habitants sont invités à seconder l'action de l'autorité et à lui prêter leur concours pour rendre cette mesure aussi efficace que possible.

Fait à Toulouse, au Capitole, le 26 juin 1875.

Quelques jours après, le danger devenant plus pressant, et les intéressés ne paraissant pas suffisamment comprendre l'urgence des mesures à prendre pour conjurer un péril que tout retard pouvait aggraver, l'administration municipale prenait l'arrêté suivant :

ARRÊTÉ
CONCERNANT LES DÉPOTS DE CHIFFONS DES QUARTIERS INONDÉS.

Nous, maire de Toulouse, commandeur de la Légion d'honneur,

Vu les lois des 11-22 décembre 1789, 16-24 août 1790 et 18 juillet 1837;

Vu l'art. 471, n° 15, du Code pénal;

Considérant que, par suite de leur submersion, les chiffons, plumes, duvets, peaux de lapins et autres matières entassées dans les quartiers inondés sont devenus une cause grave d'insalubrité, qui a déjà motivé des mesures d'urgence; que les premiers dangers étant passés, il y a lieu, néanmoins, de prendre les mesures nécessaires pour faire disparaître les dangers qui résultent encore de cet état de choses, tout en se préoccupant, autant que possible, de l'intérêt des propriétaires.

Arrêtons :

Art. 1er. — Il est enjoint aux propriétaires des dépôts dont il s'agit, qui existent dans les quartiers inondés, d'avoir à enlever immédiatement les matières qui constituent ces dépôts. Ils devront les transporter au Polygone, sur le point qui sera désigné par l'autorité militaire.

Art. 2. — Chaque intéressé devra prendre les mesures nécessaires pour la désinfection des marchandises lui appartenant.

Art. 3. — M. le commissaire central de police est chargé d'assurer l'exécution du présent arrêté.

Fait à Toulouse, au Capitole, le 3 juillet 1875.

Mais là ne s'était pas bornée la sollicitude de l'administration. En même temps qu'elle s'inquiétait de la santé des inondés, elle s'occupait de faire déblayer leurs quartiers, couverts de ruines.

Admirablement secondée par les chefs de la garnison de Toulouse, elle avait pu, grâce à l'armée, rechercher et retirer, de dessous les décombres des maisons bouleversées, les victimes que l'écroulement et l'inondation avaient faites. Elle avait demandé et obtenu du ministre de la guerre, une compagnie de soldats du génie, en garnison à Montpellier, et un détachement de pontonniers venus d'Avignon.

Plus de douze cents militaires s'appliquèrent ainsi, pendant huit jours, à rétablir partout la circulation, en débarassant la voie publique des ruines qui la couvraient. Tantôt avec la pioche, tantôt à l'aide de la dynamite, ils renversaient les murailles encore chancelantes, au risque, cent fois renaissant, d'être écrasés sous les effondrements qu'ils provoquaient ou qui étaient la conséquence naturelle de la retraite des eaux.

On comprend que cet état de choses ne pouvait pas durer bien longtemps, et que l'administration militaire, naturellement soucieuse de la santé des soldats, devait mettre enfin un terme à une abnégation et à un dévouement qui avaient fait déjà plusieurs victimes.

C'est ainsi que, tandis que l'armée continuait son œuvre admirable, transportant hors des quartiers inondés, pour les détruire, les épaves et détritus de toute nature dont la décomposition était une cause grave d'insalubrité, un avis officiel de la mairie de Toulouse disait au public :

« L'administration municipale, désirant faciliter le plus possible aux inondés le déblaiement de leurs maisons, a provoqué aujourd'hui, à la mairie, une réunion des entrepreneurs, qui ont décidé de se mettre sous la direction du président de la Chambre Syndicale. »

Et un avis officieux, complétant celui-ci, ajoutait que les soldats qui, jusqu'alors avaient prêté à la population inondée le concours le plus héroïque, comme le plus utile et le plus actif, allaient être remplacés par des ouvriers civils. Cette mesure, d'ailleurs, aurait l'avantage de donner du travail aux malheureux que le fléau avait laissés sans ressources.

Mais l'initiative individuelle paraissait avoir disparu dans la grande catastrophe des 23-24 juin. Tandis que l'armée faisait des efforts qui l'eussent bientôt épuisée, la population civile, immobile, et comme inerte, regardait indifférente et n'agissait pas.

C'est alors que l'administration municipale dut prendre l'arrêté comminatoire qui porte la date du 1ᵉʳ juillet, et qui devait avoir pour effet de réveiller les énergies éteintes.

« Attendu que la voie publique dans les quartiers envahis

par les eaux, se trouve obstruée par des décombres de toute nature ;

« Que cet état de choses ne saurait être toléré plus longtemps sans de graves inconvénients pour la circulation et pour la salubrité publique ;

Arrêtons :

« Art. 1er. — Dans les quarante-huit heures qui suivront la publication du présent arrêté, les propriétaires et autres intéressés devront se mettre à l'œuvre pour l'enlèvement de tous les matériaux et autres objets qui occupent la voie publique.

« Ils pourront placer ces matériaux en tas réguliers chacun au droit de son immeuble, sur le trottoir ou le revers pavé, de manière à laisser toujours en dehors le ruisseau, les fontaines et les bouches d'arrosage.

« Art. 2. — Les propriétaires qui n'auraient pas un espace suffisant au devant de leurs immeubles pourront, jusqu'à nouvel ordre, déposer leurs matériaux sur les emplacements qui leur seront assignés par M. l'ingénieur de la ville, sur les allées de Garonne, sur la place extérieure Saint-Cyprien et sur tous autres points qui pourront être désignés ultérieurement par ce chef de service.

« Art. 3. — Les dispositions qui précèdent devront avoir reçu leur entière exécution, au plus tard le 15 juillet courant ; faute de quoi, il sera procédé d'office, et aux frais des intéressés, à l'enlèvement des matériaux par les soins de l'administration, et ce, sans préjudice des peines prévues par la loi.

Art. 4. — M. le commissaire central de police et M. l'ingénieur de la ville sont chargés, chacun en ce qui le concerne, d'assurer l'exécution du présent arrêté.

« Fait à Toulouse, au Capitole, le 1er juillet 1875.

Comme corollaire de cette mesure administrative, et dans le but aussi évident de substituer l'initiative individuelle à l'action de l'autorité, l'administration municipale publia l'avis suivant :

Concernant les ambulances et secours alimentaires.

Dans les premiers moments qui ont suivi l'inondation, un grand nombre de personnes s'étant trouvées sans asile et sans ressources, l'administration a dû pourvoir, dans la mesure du possible, à leur logement et à leur nourriture.

A cet effet, il a été organisé des ambulances dans lesquelles de nombreuses familles ont trouvé et trouvent encore un abri et la subsistance. En outre, il est procédé journellement à des distributions de soupe dans la rue des Lois, et de pain à l'Hôtel de ville.

Mais l'intervention de l'autorité doit avoir un terme.

Si elle a eu le devoir de faire face à d'impérieuses nécessités créées par la position malheureuse faite inopinément aux victimes de l'inondation, il appartient aussi à ceux qui sont secourus de commencer à compter sur eux-mêmes et de demander, comme avant nos désastres, leur subsistance journalière au travail, au lieu de recourir plus longtemps à la charité publique.

En conséquence, l'administration a adopté les résolutions suivantes :

1° La distribution de soupe, dans la rue des Lois, aura lieu, pour la dernière fois, le mardi 6 juillet au soir ;

2° Toute distribution, *autre que celle de pain*, cessera, dans les diverses ambulances alimentées par la ville, à partir de jeudi matin, 8 du courant, la dernière distribution de soupe, viande, légumes, vin, etc., devant être faite le 7 au soir ;

3° Toutes les ambulances publiques seront supprimées à partir de dimanche matin 11 de ce mois.

Les familles recueillies dans les ambulances doivent donc se mettre en mesure, dès à présent, de se procurer un logement et des moyens d'existence par le travail.

Toutefois, si par exception quelques personnes ne trouvaient pas à se loger immédiatement, elles seraient admises *provisoirement*, et après un examen sérieux de leur situation, dans les baraques établies par les soins de la ville sur l'emplacement des anciennes prisons, rue Matabiau.

A cet effet, elles devront se présenter dans les bureaux du commissariat central, au Capitole.

Les personnes qui éprouveraient des difficultés pour se procurer des ouvriers terrassiers, parce que ceux-ci auraient perdu leurs outils dans l'inondation, sont prévenues qu'elles recevront, à titre de prêt, au bureau de l'ingénieur de la ville, à la mairie, des pelles et des pioches dont elles seront responsables et qu'elles pourront mettre à la disposition de leurs ouvriers.

Fait à Toulouse, au Capitole, le 4 juillet 1875.

On le voit, l'administration municipale, usant de son autorité en père de famille plutôt qu'en maître qui veut se faire redouter, s'efforçait d'atténuer ce que les mesures qu'elle devait prendre pouvaient avoir de trop rigoureux.

Elle continuait d'ailleurs de se préoccuper de tout ce qui pouvait atténuer les misères réelles ; et sa sollicitude, éveillée par la situation des pauvres inondés dont la catastrophe des 23-24 juin avait détruit leurs outils ou leur mobilier, lui dictait l'avis suivant, à la date du 4 juillet :

AVIS
Concernant diverses fournitures de mobilier.

Le comité central de distribution des secours à accorder aux inondés de la ville de Toulouse, ayant décidé que les objets mobiliers et les outils enlevés par les eaux seraient remplacés en nature, les négociants et fabricants de la commune sont priés de faire connaître par écrit, au secrétariat de la mairie, les prix auxquels ils pourraient fournir les objets ci-après désignés :

Bois de lit, lits en fer de trois dimensions, paillasses, matelas, traversins, tables de cuisine de deux dimensions, chaises en bois blanc et en bois dur, divers ustensiles de cuisine, fers à repasser, enfin tous autres objets à l'usage des modestes mobiliers qu'il s'agit de reconstituer.

Ces documents seront communiqués aux dames de charité, qui veulent bien prêter leur concours à l'administration et procéder à l'achat des meubles que le comité aura alloués à chaque famille, sur l'avis des comités de quartier.

L'administration compte sur le dévouement et la générosité de messieurs les négociants pour réduire le prix de chaque fourniture à la dernière limite possible.

Fait à Toulouse, au Capitole, le 4 juillet 1875.

En même temps, poursuivant l'œuvre plus complète des indemnités à accorder aux victimes de l'inondation, et des éléments à préparer pour une équitable répartition des magnifiques ressources créées par la solidarité universelle, — des vingt millions recueillis pour les inondés du Midi, — le maire de Toulouse publiait l'avis suivant :

AVIS AUX INONDÉS DU FAUBOURG SAINT-CYPRIEN

« Le maire de Toulouse, commandeur de la Légion d'honneur, a l'honneur d'inviter les personnes qui habitaient les rues plus bas désignées et qui ont éprouvé des pertes par suite de l'inondation survenue le 23 juin dernier, à en faire la déclaration à la mairie.

« Ces déclarations seront reçues simultanément : pour le compte de l'État, par M. Nanen, contrôleur principal des contributions directes, assisté de MM. Faure et Boutan, commissaires-experts, nommés par le préfet, et, pour le compte de la Ville, par des employés de l'administration municipale.

« Elles devront être faites de 11 heures du matin à 4 heures du soir, dans l'ordre ci-après désigné :

Lundi 12 juillet 1875.

Rue Viguerie. — Port Saint-Cyprien. — Rue du Crucifix. — Rue Cujette. — Rue Ferrière. — Rue Saint-Michel. — Rue des Novars. — Place de l'Hospice-de-la-Grave. — Rue Quilméry. — Petite rue Saint-Nicolas. — Rue Saint-Joseph-de-la-Grave.

Mardi 13.

Rue Piquemil. — Impasse des dames-de-Laporte. — Grande rue Saint-Nicolas. — Rue Courte. — Rue du Chapeau-Rouge.

Mercredi 14.

Rue Réclusane. — Rue du Dépôt-de-Mendicité. — Passage Pélissier. — Rue Pélissier. — Rue du Pont-Saint-Pierre.

Jeudi 15.

Rue de Bayonne.

Vendredi 16.

Place du Chairedon. — Place Intérieure-Saint-Cyprien. —

Rue Villenouvelle. — Place du Château-d'Eau. — Rue de la Laque. — Rue du Pont-Vieux. — Rue du Chairedon.

Samedi 17.

Rue des Teinturiers. — Rue Coupe-Fer. — Rue Peyrolade. — Rue des Feuillantines. — Rue des Feuillants. — Rue Lagane. — Place du Fer-à-Cheval.

Lundi 19.

Allée de Garonne (de la place du Fer-à-Cheval à la place Roguet). — Avenue de Muret (du n° 74 au n° 104, et du n° 71 au n° 105).

Mardi 20.

Rue Lavigne. — Rue Cany. — Rue des Cimetières (côté de la ville). — Rue Traversière Delpy. — Rue Lamarque. Rue Sainte-Lucie. — Rue des Arcs-Saint-Cyprien (depuis la rue du Cimetière jusqu'à l'allée de Garonne). — Rue de Cugnaux (côté gauche jusqu'au n° 37). — Rue de Cugnaux (côté droit jusqu'à la rue de la Gravette).

Mercredi 21.

Rue Varsovie. — Place Roguet. — Rue des Trois-Canettes. — Rue Villeneuve. — Rue du Ravelin. — Rue Champêtre.

Jeudi 22.

Avenue de la Patte-d'Oie. — Place de la Patte-d'Oie (à l'exception des parties comprises entre la rue de la Gravette et l'avenue de Bayonne côté ouest). — Avenue de Bayonne (côté droit jusqu'à la rue Tournefeuille). — Rue de la Gravette (côté de la ville). — Rue du Jardin Romiguière.

Vendredi 23.

Place du Ravelin. — Rue Tournefeuille. — Rue Antipoul (côté de la ville). — Rue des Fontaines (jusqu'à la rue Antipoul). — Rue Boisgiraud ou Gamesly. — Chemin de Barutel (jusqu'à la Tuilerie). — Allée de Garonne (de la place Roguet à la Garonne, côté des Abattoirs). — Rue du Martinet.

Des avis semblables, invitant successivement les victimes de l'inondation, dans les quartiers du Port-Garaud, des Amidonniers et des Sept-Deniers, à donner les mêmes indications à l'administration municipale, chargée de dresser l'état exact des sinistrés atteints par le fléau, déterminaient le premier but de cette mesure :

« Le Maire ne saurait trop recommander aux inondés de donner les renseignements avec la plus scrupuleuse exactitude, afin que des remises d'impôts et des secours puissent être accordés aussi équitablement que possible.

« Des avis ultérieurs informeront les habitants des autres

quartiers qui ont été inondés des jours où ils devront faire leurs déclarations.

« Fait à Toulouse, au Capitole, le 7 juillet 1875

« *Le Maire,*

« Vte Toussaint. »

Après avoir protégé les victimes les plus intéressantes de l'inondation contre les tourments de la faim, et leur avoir procuré, en même temps que le pain, le vêtement et l'abri, l'administration municipale dut aviser à protéger les propriétés encore debout, mais momentanément abandonnées, dans les quartiers inondés, contre les maraudeurs sacriléges qui, profitant de l'isolement et de la nuit, allaient dérober les épaves respectées par le fléau. C'est la préoccupation dont témoigne l'avis suivant :

INTERDICTION

De travailler, après 9 heures du soir, dans les quartiers inondés.

Avis. — Afin de faciliter aux agents de la force publique

la surveillance qu'ils sont appelés à exercer dans les quartiers inondés pour empêcher toute soustraction frauduleuse, le maire de Toulouse, conformément aux instructions de l'autorité supérieure, a l'honneur de faire connaître à ses administrés que, jusqu'à nouvel ordre, tout travail est interdit, *à partir de 0 heures du soir*, dans les bâtiments et dans les ruines des quartiers inondés.

Tout individu qui, après l'heure sus-indiquée, sera surpris à travailler ou à fouiller dans les maisons ou dans les décombres de ces quartiers sera immédiatement arrêté.

Fait à Toulouse, au Capitole, le 0 juillet 1875.

Pour compléter la série des actes de l'autorité provoqués par la grande catastrophe des 23-24 juin 1875, il nous reste à publier l'arrêté suivant, dont l'utilité est suffisamment démontrée à tous ceux qui connaissent la principale cause de la destruction du faubourg Saint-Cyprien par le débordement de la Garonne :

ARRÊTÉ
CONCERNANT LES CONSTRUCTIONS ET LES GROSSES RÉPARATIONS DES BATIMENTS

Le Maire de Toulouse, commandeur de la Légion-d'honneur,

Vu l'arrêté de police du 18 février 1842 concernant les réparations et les constructions des bâtiments;

Vu le décret du 26 mars 1852 relatif aux rues de Paris, rendu applicable à la ville de Toulouse par un autre décret du 30 juin 1853;

Considérant que le désastre causé par l'inondation du 23 juin dernier, dans le faubourg Saint-Cyprien et dans les autres quartiers submergés, n'a atteint de graves proportions que par suite des mauvaises conditions dans lesquelles étaient construites la plupart des maisons effondrées;

Considérant qu'il importe de prendre des mesures pour empêcher la reproduction des causes d'aggravation de semblables malheurs;

Considérant que les règlements susvisés et notamment l'art. 4 du décret du 26 mars 1852, donnent à l'autorité municipale le pouvoir de prescrire, en ce qui concerne les constructions, tout ce que peut exiger l'intérêt de la sûreté publique et de la salubrité.

ARRÊTONS :

Article premier. — Les autorisations de constructions ou de reconstructions, ainsi que les grosses réparations, ne seront délivrées désormais que sous les réserves suivantes :

Les fondations seront descendues jusqu'au terrain suffisamment ferme et faites en maçonnerie avec mortier de chaux. Tous les murs, y compris les murs mitoyens, de refend ou divisoires seront construits en matériaux solides et mortier de chaux, à l'exclusion des briques vertes et du mortier de terre, jusqu'à une hauteur de 3 m. 50 au-dessus du niveau du sol, et, dans tous les cas, de 2 mètres au-dessus du plan d'eau de la crue du 23 juin 1875.

Art. 2. — Conformément aux dispositions de l'art. 4 du décret précité du 26 mars 1852, tout constructeur de maisons, avant de se mettre à l'œuvre, devra adresser à l'administration, en même temps que sa demande tendant à obtenir l'alignement et le nivellement de la voie publique, un plan et des coupes cotés des constructions projetées, et se soumettre à toutes les mesures prescrites dans l'intérêt de la sûreté publique et de la salubrité.

Art. 3. — Les contraventions au présent arrêté, qui rapporte celui du 21 juillet dernier, seront l'objet de poursuites devant les tribunaux compétents.

Art. 4. — M. le commissaire central de police et M. l'ingénieur de la ville sont chargés chacun en ce qui le concerne, de veiller à l'exécution des dispositions qui précèdent.

Fait à Toulouse, au Capitole, le 11 août 1875.

Tels sont les actes de l'administration municipale. Ils ont eu l'approbation de tous et ils sont un de ses titres les plus précieux à la reconnaissance publique.

Quant aux mesures prises par l'administration préfectorale, elles sont consignées dans le procès-verbal de la séance du 4 juin, du Conseil général, convoqué extraordinairement pour parer aux premières nécessités nées des conséquences de l'inondation. Nous n'avons donc qu'à appeler l'attention de nos lecteurs sur ce document officiel :

CONSEIL GÉNÉRAL DE LA HAUTE-GARONNE

Procès-verbal analytique officiel.

Le Conseil général s'est réuni le dimanche 27 juin courant, à deux heures de l'après-midi, à l'hôtel de la préfecture, sur la convocation qui lui a été adressée par M. le Préfet.

Sont présents : MM. de Persegol et Molinier, vice-présidents; MM. de Sère, Cazaux, Mengué, de Planet, Faure, Pujos, Montané, Molinier, Boué, marquis d'Ayguesvives, Lannes, Get, Mulé (de Rieumes), Mulé (de Toulouse), Duportal, Monnié, Leygue, Féral, Manent, Courthiade; Lartet et Niel, secrétaires.

M. de Persegol occupe le fauteuil de la présidence.

M. le baron de Sandrans, préfet de la Haute-Garonne, qui assiste à la séance, donne lecture du décret qui a autorisé la convocation du Conseil général.

M. le président expose, en quelques termes émus, l'objet de cette réunion extraordinaire. Il dit qu'en présence des malheurs auxquels il s'agit de porter remède, il faut passer promptement des paroles aux actes.

M. le Préfet demande la parole. — L'honorable magistrat dit que, dans les graves circonstances où se trouve notre contrée, il a cru devoir, conformément au désir qui lui a été exprimé par les membres de la commission départementale, provoquer une réunion extraordinaire du Conseil général à l'effet de voter une subvention destinée à venir en aide aux victimes de l'inondation. Il rappelle l'état de prospérité dont jouissait le département et qu'il avait pu constater naguère. Quelques heures ont suffi pour convertir en ruines tout ce qui était richesse, activité, prospérité.

Il éprouve une bien douloureuse émotion en se trouvant pour la première fois au milieu des membres du Conseil général pour les entretenir de malheurs incalculables dans leurs conséquences.

M. le Préfet ajoute que M. le Maréchal-Président de la république a bien voulu, accompagné de MM. les ministres de l'intérieur et de la guerre, venir constater lui-même l'étendue du désastre et apporter des secours et des consolations aux victimes. Il a visité la ville de Toulouse et quelques communes voisines.

Il s'est rendu compte des pertes immenses qui ont été subies et auxquelles on ne peut vraiment croire que lorsque l'on se trouve sur les lieux. Il a bien voulu promettre de faire, en faveur de notre département, tout ce qui sera compatible avec l'état actuel du Trésor public, et il n'est pas douteux que, mieux éclairée sur la gravité du désastre, l'Assemblée nationale ne vote une subvention plus considérable que celle qui a déjà été votée, car ce désastre s'élève à la hauteur d'un malheur national.

Arrivant à la question d'affaire qui a motivé la réunion du Conseil, M. le Préfet expose qu'après avoir étudié la question avec les membres de la Commission départementale, il croit devoir proposer au Conseil général d'ouvrir un crédit de 400,000 fr.; la disponibilité de ce crédit pourra être obtenue immédiatement, sans recourir à l'emprunt ni à de nouveaux centimes extraordinaires.

Les propositions de M. le Préfet consistent à apporter diverses modifications aux crédits du budget de 1875 et à ceux inscrits au budget de report. Sans doute, si ces propositions sont adoptées, quelques-uns des services départementaux auxquels des ressources seront empruntées peuvent se ressentir pendant quelques mois des prélèvements effectués ; mais est-ce là un inconvénient bien redoutable en présence des affreux malheurs qui exigent des secours immédiats ? Il s'agit, non de remédier au mal, mais de mettre à l'abri de la faim et de la nudité de malheureuses familles dénuées de tout.

A la suite de cet exposé, le Conseil vote à l'unanimité et par acclamation des remerciements à M. le Maréchal-Président de la république et à MM. les ministres de l'intérieur et de la guerre.

M. Faure, président de la commission départementale, fait connaître que cette commission a donné son entière approbation à la combinaison proposée par M. le Préfet et qui lui a paru, à tous les points de vue, préférable à un emprunt ou à une nouvelle imposition ; l'un et l'autre de ces deux moyens entraîneraient des formalités et des délais qu'il faut éviter à tout prix.

M. Faure fait connaître le zèle et le dévouement au-dessus de tout éloge dont M. le Préfet a fait preuve et l'empressement avec lequel il a convoqué le Conseil général, après s'être entendu avec la commission départementale.

M. Lannes exprime la crainte qu'en affectant à la subvention qu'il s'agit de voter des fonds destinés à l'entretien des routes et chemins, on ne fasse de ces fonds un emploi moins utile que si on les consacrait à la réparation des chemins et ponts détruits par l'inondation.

M. le Préfet répond qu'il s'agit de pourvoir en ce moment

au plus pressé, en venant en aide à des malheureux privés de toutes ressources.

Plus tard, à la session d'août, des propositions seront faites pour donner satisfaction à d'autres besoins moins urgents, bien que très sérieux, ceux de la petite voirie, par exemple.

En ce qui touche la grande voirie, M. le préfet donne l'assurance que toutes les mesures seront prises pour réparer les désastres dans la mesure du possible.

M. le ministre des travaux publics se rendra très prochainement dans le département pour étudier et activer les travaux.

M. le ministre de la guerre a promis le concours des pontonniers.

Sur la proposition de M. le président, le conseil vote immédiatement et à l'unanimité le crédit de 400,000 francs proposé par M. le préfet.

Sur la demande de M. Cazaux, M. le préfet promet de demander à M. le ministre de la guerre de vouloir bien faire renvoyer dès le 1er juillet, dans leurs foyers, tous les jeunes gens de la classe prochainement libérables qui appartiennent à des communes atteintes par l'inondation.

Sur le désir exprimé par M. Lannes que le conseil d'hygiène se réunisse le plus tôt possible, dans l'intérêt de la salubrité publique, au faubourg Saint-Cyprien, M. le préfet répond qu'il se réunira dès demain.

M. Monié dit que ce conseil s'est déjà transporté sur les lieux.

Sur l'observation présentée par M. d'Ayguesvives, M. le préfet dit qu'il demandera à M. le ministre de la guerre de faire venir à Toulouse des soldats du génie pour aider à déblayer les maisons.

M. Niel expose que la chute de tous les ponts sur la Garonne a rendu toutes les communications impossibles entre les rives droite et gauche du fleuve.

Toulouse est complétement séparée des cantons d'Auterive, de Cintegabelle, de Muret en partie, enfin du département de l'Ariége.

Il serait possible de rétablir immédiatement ces communications si la compagnie du Midi autorisait la circulation des charrettes et voitures sur le pont du chemin de fer de Pinsaguel, le seul qui soit resté debout.

M. Niel invite M. le Préfet d'engager le plus tôt possible une négociation dans ce but avec la compagnie. Le Conseil appuie cette proposition et prie M. le Préfet de faire toutes les démarches qui lui paraîtront utiles pour amener ainsi le prompt rétablissement des communications entre les rives droite et gauche du fleuve.

M. Molinier prie M. le Préfet de vouloir bien faire connaître dans quelles conditions seront réparties les subventions qui viennent d'être votées, et les secours qui pourront être ultérieurement recueillis.

M. le Préfet répond qu'il va instituer un comité central dont il aura la présidence, et qui sera composé des présidents, et vice-présidents du Conseil général et de tous les conseillers généraux des cantons atteints par l'inondation. Le comité sera chargé de distribuer les secours. M le Préfet entend d'ailleurs laisser toute latitude à l'exercice de la charité privée et ne gêner en rien son initiative. Il compte sur l'élan et la générosité bien connus de nos populations. Ceux qui n'ont pas souffert doivent venir largement au secours des autres, la solidarité chrétienne leur en fait un impérieux devoir. Nul ne saurait rester indifférent en présence d'une situation aussi lamentable.

Le conseil vote des remerciements à M. le Préfet pour les bonnes et chaleureuses paroles qu'il vient de faire entendre.

Sur la proposition de M. d'Ayguesvives, le conseil décide qu'il sera représenté par une députation aux obsèques d'un de ses anciens membres, M. le marquis d'Hautpoul, qui est mort victime de son courage et de son dévouement.

Nous fermerions là ce chapitre, consacré aux actes de l'autorité, s'il ne nous paraissait pas utile de mettre en regard des mesures arrêtées au mois de juin par le Conseil général, les résultats acquis au mois d'août, et que nous a fait connaître, tout récemment, le discours suivant, prononcé dans la session ordinaire du Conseil général. Nos lecteurs, croyons-nous, le liront à ce titre avec intérêt.

Séance du 16 août 1875.

DISCOURS DE M. LE PRÉFET.

Messieurs,

Depuis le 27 juin, jour où vous vous êtes réunis extraordinairement pour aviser aux nécessités d'une situation sans précédents, au lendemain des plus grands désastres qui puissent frapper une contrée, les choses ont bien changé et je suis heureux de pouvoir, au début de cette session ordinaire, constater avec vous que si les malheurs dont nous avons été les témoins sont encore immenses, si les douleurs sont encore cruelles à supporter, si les ruines de toute sorte nous entourent encore, du moins le courage a succédé à l'abattement, l'espérance a pris la place du désespoir du premier jour, l'élan magnifique de charité privée que nos désastres ont provoqué dans le monde entier a ranimé la vie et permis à tant d'infortunes, non-seulement de recevoir les premiers secours, les plus urgents, mais encore d'entrevoir le jour prochain où ils pourront recevoir un aide puissant pour sortir de l'abîme dans lequel la plupart semblaient avoir été plongés sans retour.

Sans doute, tous les besoins n'ont pas été satisfaits ; beaucoup de malheurs sont demeurés sans consolation. Un grand nombre de secours sont arrivés tardivement ; mais il est fatalement impossible, dans des circonstances semblables, d'éviter ces erreurs ou ces retards.

Ce qui est vrai, c'est que la charité privée de la population de ce département s'est manifestée avec éclat à l'égard de concitoyens victimes de l'inondation ; ce qui est vrai, c'est que les administrations ont fait le possible dans des circonstances aussi exceptionnelles et que tout le monde a fait son devoir.

Mais ce qui reste à faire est immense : aider à la reconstruction des maisons et des usines, au rétablissement de ces petites industries, si particulièrement dignes d'intérêt, au déblaiement de tant de voies encombrées, à la réparation des ponts enlevés, à la reconstruction du sol agricole enfoui, sur un grand nombre de points, sous des amas de pierre ou de sable. C'est à tous ces besoins qu'il faut pourvoir, et pourvoir sans retard.

Il y a lieu d'espérer que nous y réussirons, grâce aux efforts de chacun, grâce surtout à ceux qui nous donneront ces ressources financières sans lesquelles notre bonne volonté à tous demeurerait nécessairement stérile.

Mme la maréchale de Mac-Mahon, dont la sollicitude a été si admirable, dès le lendemain de nos désastres, a vu le monde entier répondre à son appel avec une générosité incomparable, et 19 millions entrés dans la caisse du Comité central de secours (sans compter d'autres sommes envoyées directement aux départements), prouvent éloquemment ce que peut toujours la charité et ce qu'est encore la sympathie pour la France.

Notre département aura une part importante dans les sommes recueillies par le Comité central, et l'allocation d'un premier secours de reconstruction a été arrêté, il y a peu de jours, par les délégués que Mme la maréchale de Mac-Mahon a envoyés dans les départements inondés.

Cette allocation se monte à 1,610,000 fr. pour Toulouse seule, dès à présent disponible. Il y aura à y ajouter 5 0/0 en sus de chaque allocation, (soit 80,000 fr. au total), offerts généreusement par Mgr l'archevêque de Toulouse. Les lettres d'avis individuelles partent aujourd'hui même. — Il n'est plus besoin de dire, Messieurs, que les secours sont réservés aux plus malheureux, et que cette délicate classification a été faite avec tout le soin possible. Cependant, des erreurs sont inévitables dans un travail de cette importance; celles qui seront régulièrement constatées seront réparées.

Aujourd'hui même, les délégués du Comité central, qui

nous avaient quitté jeudi pour l'Ariége, rentrent dans la Haute-Garonne et vont reprendre leurs opérations pour les communes rurales; un million au moins sera à répartir entre elles.

Je suis heureux d'avoir à constater devant vous, Messieurs, que les opérations particulières auxquelles se sont livrés les délégués du Comité central pour fixer les pertes et déterminer le montant du secours ont abouti à des résultats identiques à ceux que nous avions fournis de notre côté, et qui comprennent, en outre, à titre de renseignements, les pertes agricoles dont l'importance est si grande.

Les propriétaires auront donc un premier secours pour reconstruire, et il y a lieu de compter sur une seconde allocation. Il sera pourvu également autant que possible au rachat d'objets mobiliers; le Comité central a alloué 100,000 fr. pour cette destination et 2 millions pour achat de bétail.

Enfin, le vestiaire du Comité départemental, dirigé par les dames, adjoint au Comité, a livré directement pour environ 150,000 fr. d'effets, habillements ou linge, provenant d'envois faits à la préfecture, et, en plus, 45,000 fr. aux communes rurales provenant d'acquisitions. 13,000 personnes environ ont pris part à ces dons.

La municipalité de Toulouse a, de son côté, distribué des secours en nature, en argent, en vêtements, en literie, pour près de 300,000 *francs*.

D'autres secours, que l'on peut évaluer à 500,000 fr., provenant du clergé, de la presse de Paris et des départements, ont été distribués également.

Tel est le résumé de ce qui a été fait à ce jour. C'est beaucoup sans doute quand on se reporte au lendemain de nos désastres.

Mais c'est peu, comparativement aux besoins immenses qui restent, aux souffrances qui luttent, aux misères qui se cachent, à l'impuissance douloureuse dans laquelle se dérobent tant de natures énergiques qui ont vu s'abîmer en quelques heures l'instrument du travail, qui était pour eux le produit de bien des années de labeur, qui leur rapportait, avec la satisfaction du présent, les espérances de l'avenir.

Après les malheurs privés, nous avons à nous occuper des dommages publics.

En dehors des dommages causés aux routes nationales, dont la réparation appartient à l'Etat, nous avons à constater, sur nos routes départementales, huit ponts détruits en tout ou en partie, et des dommages divers qui entraînent une dépense de. . . . . 980,000 fr.

Si on y ajoute les pertes des autres branches des travaux publics, savoir :

Routes nationales. .	308,000
Chemins de fer. . .	791,000
Navigation. . . .	74,880
Ensemble. . . .	1,176,880 fr.

on trouve, pour total des pertes, du chef des travaux publics 2,156,880.

Il n'y a pas d'intérêt plus urgent à satisfaire que celui du rétablissement des voies de communications ; aussi, ai-je donné tous mes soins au prompt rétablissement des passages par des moyens provisoires.

Ainsi, j'ai obtenu de la Compagnie des chemins de fer du Midi, qui l'a accordé avec l'empressement le plus louable, le passage public sur l'emplacement encore inoccupé de la 2e voie de son pont ; et, grâce à l'emploi des militaires que M. le général commandant en chef a mis à notre disposition, le passage a pu être rétabli en dix jours.

Des ponts de bateaux ont été placés à Toulouse, à Valentine, à Cazères et je suis disposé à faciliter, par tous les moyens possibles, la satisfaction la plus prochaine des besoins si importants qu'a fait naître la destruction de nos passages

Reste maintenant à examiner votre situation financière : Vous avez, dans votre session extraordinaire, voté une somme de 100,000 fr. à titre de secours pour les inondés. Vous vous rappelez que tout en profitant d'un reliquat important sur 1874, dont j'obtins la disponibilité, je fus forcé, pour atteindre les 100,000 fr., de faire des emprises sur la dotation pour 1875, de différents services publics, notamment de celui des routes ; c'était un expédient nécessaire dans l'état. Nous régulariserions plus tard. Aujourd'hui, messieurs, je vous propose cette régularisation sans emprunt et sans même recourir momentanément à des centimes extraordinaires.

Il m'a semblé que, dans une situation semblable à celle où se trouve ce pays, après tant de pertes éprouvées, avec des espérances de récolte médiocre, avec des appréhensions pour l'hiver, il m'a semblé que l'administration avait le devoir de ne recourir à de nouvelles charges pour les contribuables qu'en cas d'impossibilité absolue de découvrir tout autre moyen de dresser son budget. Cette impossibilité n'existe pas. En effet, en renonçant pour cette année à toutes les dépenses qui ne sont pas rigoureusement indispensables, en supprimant tous les travaux neufs des bâtiments et bien des allocations utiles, qu'il eût été sans doute agréable de maintenir, je suis arrivé à vous présenter un budget qui est doté suffisamment sans avoir recours à aucune charge extraordinaire.

Sans doute, je compte, pour relever les insuffisances du

service des routes, pour l'année actuelle, sur des secours de l'Etat ; mais je n'ai pas lieu de craindre que mes espérances soient trompées sous ce rapport.

L'année prochaine, s'il plait à Dieu, nous serons dans une meilleure situation, nous aurons pansé nos plaies, commencé à réparer nos malheurs, et nous pourrons reprendre notre vie normale, chercher alors à améliorer un service, à développer et à perfectionner l'instruction primaire si importante pour nos jeunes générations ; en un mot, en réunissant nos efforts à procurer à ce grand et riche département la meilleure administration possible.

On voit que notre tâche a été facile quand nous avons voulu raconter le rôle de l'administration. Il nous a suffi de consigner, dans le chapitre relatif aux *mesures de l'autorité*, ce que toute la population de Toulouse a lu sur les murailles ou dans les journaux de cette grande cité.

Les paroles et les actes des administrateurs ont, pour témoignage éclatant de leur patriotisme, l'unanime sanction des administrés, émus et reconnaissants.

Pouvons-nous leur adresser un plus bel éloge que la constatation de cette universelle approbation ?

X

LES SECOURS AUX INONDÉS.

SOMMAIRE : Un cœur qui bat toujours. — Douze millions de pertes. — La charité à Toulouse. — Les comités de souscription. — Mesures charitables. — Intervention de l'Etat. — L'appui de Paris. — Les provinces qui n'oublient pas. — L'offrande de l'étranger. — Les enfants de Toulouse. — L'obole de l'art. — Traits touchants de générosité. — Il faut des actes et non point des faits. — Les envoyés du comité central. — Les poëtes de l'inondation.

Les immenses malheurs de Toulouse ont absorbé l'émotion publique et en tous lieux, de nuit et de jour, ont retenti ces paroles émouvantes :

« *Pensez aux inondés!* »

Petits et grands se sont empressés de combler le gouffre creusé par le fléau et la France a tenu à montrer à l'univers que le cœur bat toujours en elle quand il s'agit de soulager des infortunes.

Les pertes occasionnées par l'inondation, dans la commune de Toulouse, ont été évaluées, dans les bureaux de la Préfecture, à 12,500,000 francs; mais de tous côtés des souscriptions ont été organisées, des sommes considérables envoyées et l'espérance est entrée petit à petit dans l'âme de ceux qui se croyaient ruinés pour toujours.

Dès la première heure, l'élan de la population toulousaine fut admirable, et l'on peut dire que la charité s'exerça à Toulouse avec un entrain prodigieux ; les dons affluaient à la mairie.

Des omnibus circulaient dans les rues, afin de réunir les dons en nature pour les inondés. Sur ces omnibus se trouvaient un tambour et un trompette qui donnaient le signal du passage. A côté, des employés de la mairie recueillaient les dons, qui étaient fort nombreux.

Avant la fin du premier jour, plus de

30,000 francs avaient été apportés spontanément au Capitole.

Le soir, le conseil municipal, convoqué d'urgence votait un premier secours de cent mille francs.

Après le conseil municipal, le conseil général vota à l'unanimité un crédit de quatre cent mille francs, proposé par M. le Préfet.

Les journaux ouvrirent des listes de souscription. Des comités furent formés et la charité privée s'exerça largement.

A la suite de la création du comité central, sous le patronage de la duchesse de Magenta, une délégation fut organisée à Toulouse pour répartir les secours dans la ville et le département.

Voici la composition de ce comité :

Président d'honneur, Mgr. l'Archevêque de Toulouse.

Présidente, Mme la Vicomtesse de Salignac Fénelon.

Membres du comité :

M. Edmond Serville, conseiller de préfecture ;
M. Vieu, adjoint ;
M. le comte Bégouën, trésorier payeur général ;
MM. Albert Tournamille, et l'abbé Delpech, aumônier militaire, secrétaires ;
M. Emile Coste, trésorier.

Plus tard, Mme la maréchale de Mac-Mahon et le comité central confièrent à Mgr l'archevêque de Toulouse la présidence du Comité de répartition.

Durant son séjour à Toulouse, le maréchal de Mac-Mahon fit appeler en toute hâte M. le conseiller d'État Durangel, directeur de l'administration départementale et communale, au ministère de l'intérieur, et le chargea spécialement de l'organisation des secours et de la répartition.

D'autres comités furent institués à Toulouse ; nous indiquons les principaux :

COMITÉ DÉPARTEMENTAL DE SECOURS

M. le Préfet de la Haute-Garonne adresse à ses administrés la circulaire suivante :

« Habitants de la Haute-Garonne :

« De grands malheurs viennent de fondre sur cette contrée : nos rivières ont débordé et, en atteignant un niveau inconnu depuis plus d'un siècle, ont couvert de ruines une région immense qui offrait, il y a peu de jours encore, le spectacle de la richesse, de l'activité et donnait les espérances d'une récolte exceptionnellement abondante.

« La ville de Toulouse a été cruellement frappée ; une grande partie du populeux quartier Saint-Cyprien n'existe plus ; des centaines de maisons écroulées, plus de cinq mille habitants demeurés sans ressources, plus de deux cents personnes noyées ou écrasées sont les témoins de l'effroyable cataclysme qui vient de frapper cette cité.

« Dans la campagne, aux environs de Toulouse, dans les arrondissements de Muret et de Saint-Gaudens, plusieurs centres de population ont été détruits ; de quelques-uns, il ne reste plus rien, et des familles sans nombre sont aujourd'hui dans le dénûment le plus affreux, sans abri, sans vêtements et sans ressources pour s'en procurer.

« Le fléau a atteint également les départements voisins. Les secours de l'État sont impuissants à réparer de tels malheurs, surtout dans les circonstances où se trouvent les finances. Aussi, et de tous côtés, des souscriptions publiques s'organisent en faveur des départements inondés.

« A Paris, Mme la maréchale de Mac-Mahon a daigné se mettre à la tête d'un comité général auquel déjà les dons arrivent en abondance. Mais il y a aussi de grands devoirs à remplir pour ceux qui, dans notre département, ont été épargnés. C'est à eux que je m'adresse avec la confiance la plus absolue. Je fais appel à leur charité si connue et je sais que je ne l'invoquerai pas en vain.

« Un Comité central départemental est formé à Toulouse pour recevoir et distribuer des dons en argent et en nature.

« Ce Comité est ainsi composé :

Président d'honneur :

S. G. Mgr l'archevêque de Toulouse.

Président :

Le préfet de la Haute-Garonne.

Vice-présidents :

Le Président du Conseil général.
Les deux Vice-présidents de cette assemblée.
M. l'abbé de Pous, vicaire-général.
M. le vicomte Toussaint, maire de Toulouse.

Membres :

MM. Lasvignes, Monnié, Montané, de Vise, Charles Niel, conseillers généraux.
l'Archiprêtre de la cathédrale.
Docteur Batut.
Docteur Bonnemaison.

Boulan, avoué à la Cour d'appel.
Ph. du Bourg.
Courtois de Viçose, banquier.
Goux, curé doyen de Saint-Sernin.
Général de division, vicomte de la Hitte, grand'croix de la Légion d'honneur.
Langlade, président de la Chambre de commerce de Toulouse.
Olivier, propriétaire à Saint-Cyprien.
Ozenne, président du tribunal de Commerce de Toulouse.
Comte Fernand de Rességuier, conseiller municipal à Toulouse.
Le général de division Rippert, grand officier de la Légion-d'honneur.
Paul de Sahuqué.
Vaïsse-Cibiel, propriétaire.
Vieu, adjoint au maire de Toulouse.

Trésorier.

M. le comte Bégouën, trésorier-payeur général de la Haute-Garonne.

Ce comité, qui a pour but de venir en aide aux efforts de la charité individuelle et de régulariser son action, se mettra en rapport avec les comités locaux qui se sont formés ou qui se formeront dans le département pour recueillir des souscriptions.

Il prendra toutes les déterminations qui lui paraîtront utiles pour assurer la distribution la plus éclairée et la plus prompte des secours en argent ou en nature qui lui seront adressés.

« Toulouse, le 28 juin 1875,

« Le préfet de la Haute-Garonne,
« Baron de SANDRANS. »

COMITÉ CENTRAL DES DAMES

Un grand comité de dames, pour les secours aux inondés de Toulouse, fut organisé sous la présidence de Mme la préfète, baronne de Sandrans.

Ce comité avait pour but de fournir aux malheureux inondés les secours en nature, de première nécessité, tels que les objets de literie, linge vestiaire et petit mobilier de chambre et de cuisine.

Leurs présidents d'honneur furent : Mgr l'archevêque de Toulouse et M. le Préfet de la Haute-Garonne. Mme la vicomtesse de Salignac-Fénelon fut nommée présidente.

Les vice-présidentes étaient : mesdames la vicomtesse Toussaint et de Saint-Gresse, et Mlles Desprez et de Limairac.

Secrétaire générale Mme Piou. Trésorière générale Mme la comtesse de Begouën.

Membres conseillers du Comité : MM. de Pous, vicaire général ; l'archiprêtre de Saint-Étienne, Dutour, Vieu et Falguières, adjoints au maire ; les curés des paroisses de Toulouse ; Darquier, directeur de la manufacture des tabacs ; Serville, conseiller de préfecture, et Boutan, président général de la Société de Saint-Vincent-de-Paul.

Comité des quartiers : Présidentes : de Saint-Cyprien, Mlle Desjardins et Mme Lapassel ; des Sept-Deniers, Mme de

Saint-Jean ; de Tounis et du Port-Garaud, Mme Du Bessol ; de la manufacture des tabacs, Mme Darquier.

Membres : Mesdames de Falguière, de Cahuzac, Yarz, Brédy, Deyres, Vidal de Lauzun, d'Orgère, d'Aldéguier, Alphonse Langlade, Marcel Dieulafoy, de Planet, Thouroude, de Felzins, de Tauriac, François Gazretta, Bessière, Henri de Sahuqué, de Valady, Maguès, Furiel, Montané de Larroque, d'Albis de Belbèze, Tourné ; Mlles Pagan, de Pous, de Sauzet, d'Aragon, et de nombreuses dames visiteuses.

COMITÉ DE SECOURS AUX INONDÉS

En présence des innombrables malheurs causés par l'inondation, une réunion composée d'ecclésiastiques et de laïques, inspirés par la charité chrétienne, eut lieu, et on constitua un comité de secours aux inondés.

CE COMITÉ FUT COMPOSÉ DE :

MM. L'abbé de Pous, vicaire général, président.
 L'abbé Castillon, curé de l'église métropolitaine de Saint-Etienne, vice-président ;
 Joseph Du Bourg, secrétaire ;
 De Naurois, trésorier.

MEMBRES :

Adolphe de Carayon-Talpeyrac.

Marchal.
Le R. P. O'Gerdias.
Le R. P. Laburthe.
L'abbé Julien.
Le baron de Gaujac.
Firmin Boutan.
Marquis de Solages.
Le vicomte d'Adhémar.

COMITÉ DES ÉTUDIANTS EN DROIT DE TOULOUSE

Un comité se forma à la Faculté de droit, composé d'étudiants choisis par leurs camarades, avec mission de recueillir des souscriptions pour venir en aide aux malheureux inondés. Il faisait surtout appel à la bonne volonté et à la générosité des jeunes gens.

Les souscriptions devaient être versées entre les mains de MM: Louis Ayral,
Emile Ganjou,
Auguste Auriol,
Paul Desarnauts,
Louis Gassaud,
Du Trévon de Bréfeillac,
Raoul Royère,
F. Durand.

L. GASSAUD, Secrétaire du comité.

Sur l'initiative de l'autorité municipale les mesures suivantes furent prises :

Des bons de pain furent distribués.

L'ancienne École de médecine de la rue des Lois rouvrit ses fourneaux économiques. Des portions de soupe furent délivrées gratuitement.

On rendit gratuitement les objets donnés en gage aux sociétés de prêt, et cette mesure fut annoncée de la façon suivante :

MONT-DE-PIÉTÉ DE TOULOUSE

DÉGAGEMENTS GRATUITS

Les inondés de Toulouse, à quelque quartier qu'ils appartiennent, sont informés que les objets mobiliers et linge qu'ils ont engagés au mont-de-piété leur seront gratuitement restitués, jusques à concurrence de 1,000 fr. votés par le conseil municipal et 1,000 fr. versés par M. Courtois de Viçose.

Les ayants droit, pour obtenir ces dégagements, devront être munis d'un certificat du dizenier de leur quartier visé par le commissaire de police.

Toulouse le 29 juin 1875.
Le directeur,
L. GUIRAL.

Au premier jour des désastres, des ambulances sont improvisées. Le cirque, le Conservatoire de musique et le Colysée deviennent des lieux de refuge où les infortunés qui avaient vu s'engloutir leur fortune, sont recueillis et trouvent des vêtements, le gîte et le couvert.

A *l'Ambulance générale* du Cirque, dirigée par M. le docteur Batut, étaient recueillies et secourues 400 personnes environ, femmes, hommes, enfants et vieillards.

Le Temple protestant, converti en ambulance, contenait cent lits, fournis avec leurs accessoires par les familles protestantes de la ville.

Nous ne saurions passer sous silence les dispositions prises pour adoucir autant que possible la dure situation des 800 familles d'ouvriers attteintes par l'inondation.

Dès la journée du 24, les ouvriers sans asile purent trouver un abri dans la salle du Casino, où de la paille fraîche avait été disposée ainsi que des couvertures.

Le lendemain 25, des bons de pain sur papier libre, avec timbre de la manufacture, furent distribués ; ces bons étaient soldés au Capitole ; les sœurs de la rue Sainte-Ursule faisaient la soupe, que les ouvrières pouvaient aller prendre à la sortie des ateliers.

Le 26, la soupe ayant été faite à la Manufacture, on put donner les repas du matin et du bois à toutes les inondées, sous un grand hangar, où des tables et des bancs étaient établis avec des planches. Le pain, la viande étaient fournis par la mairie ; des dames de la ville étaient venues s'offrir à distribuer les portions et assurer le service des secours.

Des vêtements fournis par le Comité de la Préfecture furent répartis aux plus nécessiteuses ; une crèche fut établie dans une des salles de la Manufacture, afin que les ouvrières pussent y déposer leurs enfants et aller dans les ateliers gagner leur salaire.

En parcourant les pages lumineuses du rapport écrit par M. Deyres, conseiller à la cour d'appel, et vice-président de la commission administrative des hospices civils de Toulouse, rapport dans lequel sont retracés les détails les plus importants de la grande catastrophe, on peut facilement apprécier combien admirable a été la conduite du personnel des hôpitaux : sœurs, aumôniers, corps médical, administrateurs, et quelle vive charité animait les dames de Toulouse et les fonctionnaires. Nous signalerons en passant les principales souscriptions en faveur des inondés :

MM. Piou, Sacaze, Depeyre, de Lassus, de Brettes-Thurin, députés de la Haute-Garonne, chacun, 500 fr.; la Cour d'appel, 8,000 fr.; la Chambre de commerce de Toulouse, 6,000 fr.; Conseil d'administration de la Société des courses, 500 fr.; une représentation au théâtre du Capitole au bénéfice des inondés, 1,120 fr.

Le conseil municipal de Toulouse, la chambre de commerce avaient fait appel à la charité universelle. Jamais la charité ne se montra plus active et plus ingénieuse. On en jugera par les actes suivants, qui peuvent se passer de commentaires.

JOURNAL OFFICIEL

« Par décision du Maréchal-Président de la république, un comité de souscription vient d'être formé sous le patronage de madame la maréchale de Mac-Mahon, duchesse de Magenta, pour venir en aide aux victimes de l'inondation.

« Les souscriptions seront reçues à la présidence, à Versailles, à la caisse centrale du Trésor, ainsi que dans les trésoreries générales des départements

Ces souscriptions peuvent en outre être adressées à :
Mmes la duchesse d'Audiffret-Pasquier,
Buffet,
la duchesse Decazes,
Dufaure,
Caillaux,
de Ladmirault,
la vicomtesse de Martimprey,
la vicomtesse de Meaux,
la marquise de Montaignac,
Léon Say,
Wallon,
Vinoy,
MM. Rouland, gouverneur de la Banque de France,

Guillot, intendant général, directeur de la comptablité et du contrôle au ministère de la guerre,
de Roussy, directeur général de la comptabilité au ministère des finances,
Durangel, directeur de l'administration départementale et communale au ministère de l'intérieur.

A la suite de la formation de ce comité, une réunion eut lieu à Versailles sous la présidence de Mᵐᵉ la maréchale de Mac-Mahon. On se concerta sur les moyens à prendre et il fut décidé que la distribution individuelle des secours demeurerait exclusivement réservée aux comités de répartition que le comité central instituerait dans les départements éprouvés par le fléau.

L'Assemblée nationale vota d'urgence cent mille francs pour les inondés du Midi ; mais vu l'insuffisance de cette somme et sur la proposition de M. Depeyre, député de la Haute-Garonne, l'Assemblée nationale vota un crédit de deux millions.

Des instructions émanant des ministres furent adressées aux fonctionnaires.

C'est ainsi que le ministre de l'instruction publique et des cultes adressa la circulaire suivante aux recteurs des diverses académies :

Monsieur le Recteur.

Un redoutable fléau vient de frapper les contrées du sud-ouest de la France. Les fleuves et les rivières, grossis par des pluies torrentielles, ont débordé, portant le ravage dans les champs, la destruction et la mort dans les villages et dans les villes.

Nul ne peut rester indifférent à un pareil désastre, et jamais d'ailleurs une partie du pays n'a été affligée sans que la France entière ait manifesté qu'elle se sentait elle-même atteinte. Ce sera donc aller au-devant des dispositions générales que de faire appel à ce sentiment de généreuse solidarité.

En conséquence, monsieur le Recteur, je vous prie de vous adresser à tous les chefs d'établissements de votre ressort, doyens de facultés, proviseurs et principaux de lycées et de colléges, directeurs d'écoles normales primaires, etc., les invitant à ouvrir des listes de souscription où, maîtres et élèves, témoigneront à l'envi de leur sympathie pour cette immense infortune et de leur désir d'y porter remède dans la mesure de leurs moyens.

Agréez, monsieur le Recteur, l'assurance de ma considération la plus distinguée,

H. WALLON.

Une autre circulaire du même ministre fut adressée à l'épiscopat.

Paris, le 29 juin 1875.

Monseigneur,

Un terrible fléau vient de frapper les départements du sud-ouest de la France. Jamais l'inondation n'a fait plus de ravages, accumulé plus de ruines, englouti plus de victimes.

Dans ces grandes calamités, la charité chrétienne a toujours répondu avec empressement à l'appel de l'épiscopat. Je prie Votre Grandeur de vouloir bien signaler au clergé et aux fidèles de son diocèse la gravité des désastres qui atteignent un si grand nombre de familles, et demander leur plus généreuse assistance pour adoucir des infortunes que les pouvoirs publics seraient impuissants à soulager efficacement sans le concours actif de la bienfaisance.

Les offrandes remises à Votre Grandeur pourront être versées dans les caisses de MM. les receveurs généraux ou receveurs particuliers, qui les feront parvenir au comité central chargé de la répartition des secours aux inondés.

Agréez, Monseigneur, l'assurance de ma haute considération,

Le ministre de l'instruction publique et des cultes,

H. WALLON.

Tout les journaux de Paris s'associèrent à la souscription et ouvrirent des listes en tête desquelles ils s'inscrivirent pour des sommes très-importantes.

La presse départementale suivit le mouvement. A Bordeaux, Marseille, Lyon, Nantes, Rouen, des comités s'organisèrent.

Le *Moniteur Universel* lança un chaleureux appel aux Français, dont voici le texte :

Les inondations qui viennent d'atteindre les malheureux départements du sud-ouest ont causé une profonde et douloureuse émotion en France.

L'Assemblée nationale a voté un crédit de 100,000 francs, pour subvenir aux misères de la première heure.

M. le Président de la république et les ministres de l'intérieur et de la guerre sont partis hier soir pour Toulouse et les départements du bassin de la Garonne. De son côté, Mme la maréchale de Mac-Mahon s'est mise à la tête d'un comité chargé de venir en aide, par voie de souscription, aux victimes de l'inondation.

La presse française a toujours considéré comme un devoir de seconder et d'étendre ces généreuses initiatives. Dès le premier jour, nous avons ouvert dans nos bureaux une souscription en faveur de laquelle nous réclamons instamment le concours de nos abonnés et de nos lecteurs. Les pertes et les malheurs de toutes sortes causés par les inondations du

Midi sont incalculables; pour y remédier, il faut donc que la charité et la fraternité trouvent des moyens prompts et efficaces.

Nous nous souvenons de l'élan patriotique qui avait réuni en quelques semaines des engagements pour plus de deux cents millions, dans la souscription patriotique des Femmes de France, pour la libération du territoire; nous avons pu constater alors combien ce peuple français, que l'on accuse si souvent de scepticisme, a le cœur ouvert à toutes les aspirations généreuses. C'est de lui qu'on peut dire qu'il a conservé le culte du malheur.

Il sera porté à considérer le désastre qui frappe nos compatriotes du Midi comme un désastre national, et nous sommes assurés que toutes les provinces de France tiendront à honneur de resserrer, en luttant de générosité et de désintéressement, dans cette circonstance, le lien de solidarité qui fait la patrie française.

C'est aux *Femmes de France* que nous nous adresserons encore aujourd'hui, parce qu'elles sont les sœurs de charité de la patrie. Il y a trois ans, elles essayèrent de payer une portion de la rançon allemande, par l'appel à l'impôt volontaire. Un champ d'action malheureusement encore bien étendu, s'ouvre aujourd'hui devant elles; leur ardeur pour le bien ne se démentira pas: qu'elles organisent des comités, qu'elles recueillent des souscriptions jusque dans le dernier hameau de France. Notre publicité, notre dévouement leur sont acquis.

C'est par le tribut multiple de leurs affluents débordés que les fleuves les plus inoffensifs arrivent parfois à porter la dévastation dans les contrées dont ils font en temps ordinaire la prospérité agricole et industrielle; c'est par l'obole de tous les membres d'une nation qu'on doit créer les ressources nécessaires pour venir en aide aux départements éprouvés par quelque fléau imprévu.

Les gouttes d'eau font les torrents... Les centimes ajoutés aux centimes font les millions. Aux ravages des eaux opposons les moissons de la Charité.

Quels que soient les efforts de la générosité publique, si les pertes matérielles peuvent être réparées par elle, il restera toujours, hélas! des deuils irréparables.

Paul Dalloz.

Les évêques de France adressèrent au clergé et aux fidèles de leur diocèse, au sujet de l'inondation de Toulouse, des lettres pastorales. Nous nous plaisons à donner celles de Mgr Dubreuil, archevêque d'Avignon, originaire de Toulouse, et celle de Mgr l'évêque d'Agen :

LETTRE CIRCULAIRE
DE MONSEIGNEUR L'ARCHEVÊQUE D'AVIGNON
PRESCRIVANT
Une collecte en faveur des victimes de l'inondation de Toulouse.

Nos Très Chers Frères,

Une inondation telle qu'on n'en avait vu de mémoire d'homme est venue porter le ravage dans les murs de Toulouse.

Les nouvelles qui nous arrivent sont lamentables : dans la portion envahie de cette malheureuse cité où habitaient trente mille âmes et qui n'est plus à cette heure qu'une nécropole, il s'est passé des scènes qui rappellent tout ce qu'il y a jamais eu de plus émouvant, qui ramènent notre esprit vers quelques-unes des scènes du déluge.

Ces édifices, silencieux et déserts, qui sont encore chancelants sur leurs bases et ceux, en si grand nombre, qui sont tombés entraînant tant de victimes, qu'ils couvrent de leurs débris, ont été témoins d'efforts inouïs, de luttes suprêmes, de dévouements héroïques, de prières et de résignations sublimes, de déchirants adieux... Dans ces moments qui ont été longs comme des siècles, on a vu des choses que rien ne peut rendre, des douleurs qui ne se racontent pas...

Aussi, je n'essayerai pas de vous les peindre : enfant de Toulouse et dévoué pour elle comme on l'est à une mère, je le tenterais vainement ; ma plume se déroberait sous mes doigts, mes mains de fils se refuseraient à cette trop douloureuse tâche.

Saint Jérôme, dans une lettre adressée à Agéruchie, après avoir décrit les atrocités commises par les Barbares dans notre ville, qu'il aimait à cause de la gloire de ses ancêtres, de sa foi, à cause surtout d'Exupère, digne par ses vertus de la consoler, disait ces mots si pleins d'affliction, si honorables en même temps, de la part d'un tel saint et d'un tel génie : Je ne puis parler de Toulouse sans verser des pleurs.

Comment pourrait-il en être autrement pour nous?

Non, nous n'avons point de paroles à la vue de ces cadavres que la pitié pensive cherche dans les décombres, comme on chercherait un trésor précieux, et qu'elle découvre à tout instant ; devant cette odeur de mort qui fait craindre un fléau de plus et qui n'atteste que trop que ce triste et lugubre travail est loin d'être fini.

Nous n'avons plus de paroles à la vue de ces malheureux sans vêtement, sans asile ; à la vue de ces enfants qui réclament un père, de ces femmes qui pleurent un époux ; à la vue de ces vieillards qui ont survécu à tout ce qu'ils aimaient, qui semblent se survivre à eux-mêmes ; à la vue de ces hommes honnêtes, qui n'avaient jamais demandé le pain du jour qu'à leur propre labeur, et qui se désespèrent en pensant que bientôt, peut-être, victimes de la faim et plus à plaindre que les victimes de l'inondation, ils seront réduits à le mendier.

Devant de pareils spectacles, malgré notre courage, malgré notre confiance en Dieu qui veille à côté de ceux qui souffrent, nous n'avons que des larmes.

Mais les larmes ont une voix que les nobles cœurs comprennent, surtout quand elles ont un si digne objet, et votre cœur les comprendra.

Vous ne souffrirez pas que ces infortunés soient délaissés et qu'ils voient s'ajouter à tant de malheurs un malheur qu'ils redoutent autant que la mort, qui les exposeraient à la regretter : celui de tendre la main.

Déjà leurs concitoyens, fidèles à leurs instincts, à leurs traditions si chrétiennes les ont accueillis comme des frères, mais que peut leur charité devant tant de besoins, devant des pertes qui s'évaluent par des centaines de millions ? que peut-elle si elle n'est soutenue par la charité de tous ?

Depuis longtemps, N. T. C. F., vous m'avez appris à connaître la vôtre, elle ne leur fera pas défaut.

A part les liens que crée le malheur, il y a, entre les enfants de Toulouse et ceux d'Avignon, des liens de patriotisme, des liens de reconnaissance qu'ils ne vous est pas possible de méconnaître et que vous ne méconnaîtrez pas.

Vous vous souviendrez qu'avant que notre union nationale s'accomplît, nous avons eu la même histoire, nous avons vécu sous le même sceptre, que nous avons combattu ensemble au saint tombeau, marché sous la même bannière, et, comme tout le prouve autour de nous, prié les mêmes saints.

Vous vous souviendrez que, vous aussi, vous avez été visités par le malheur. Un jour qui n'est pas bien loin de nous — il n'y a que quelques années, — votre Rhône franchit ses limites, fit une brèche à vos remparts et remplit votre ville, sinon de victimes, du moins de désastres et de désolation.

Toutes les villes s'émurent comme aujourd'hui, mais une des plus empressées, une des plus libérales et des plus sympathiques, ce fut Toulouse. Vous ne l'avez pas oublié et vous ne l'oublierez jamais ; votre générosité le prouvera.

En faisant ainsi, vous réjouirez notre sainte religion, qui maintient son règne sur la terre, comme elle l'y a établi : par des bienfaits, par la charité qu'elle inspire à ses enfants.

Vous réjouirez la patrie, qui, en vous voyant ne faire plus qu'un à l'heure de l'infortune, croira voir la fin de nos divisions funestes et en concevra un favorable augure pour l'heure du danger, si cette heure venait à sonner pour elle.

En faisant ainsi, vous vous ménagerez à vous-mêmes une grande consolation.

Vous en ménagerez une plus grande encore à cette antique et illustre cité naguère si prospère, aujourd'hui si éprouvée ; vous la ménagerez à son peuple qui a besoin des sympathies des autres peuples, qui a besoin de la vôtre et qui la mérite.

La France, qui apprécie ce peuple, la France qui sait tout ce qu'il vaut, tout ce qu'il lui a donné de prestige, de puissance et de dévouement, lorsque l'héritière de ses vaillants comtes unit nos destinées aux siennes ; la France, au premier bruit de ses malheurs, s'est empressée de lui envoyer ses ministres, son plus haut représentant, pour lui porter ses condoléances et le témoignage de la part qu'elle prend à tant d'affliction. Elle a profité de cette circonstance pour montrer à tous ce que Toulouse est pour elle. Vous en profiterez pour montrer ce que Toulouse est pour vous. En cela, mes bien-aimés frères, vous m'aiderez à montrer à mon tour tout ce qu'elle est pour moi, tout ce que je serai toujours pour cette patrie que ses douleurs me font encore plus chère, et je vous en conserverai une vive gratitude.

LOUIS-ANNE.
Archevêque d'Avignon.

LETTRE PASTORALE

DE MONSEIGNEUR L'ÉVÊQUE D'AGEN

« Nos chers coopérateurs,

« La main de Dieu s'est appesantie sur nous d'une manière terrible.

« Que de familles désolées, que de maisons, que de villages en ruines dans nos campagnes, hier encore si belles, si plantureuses et si riches d'espérances près de se réaliser.

« Quelques heures ont suffi pour semer la mort et la désolation sur les rives de notre fleuve débordé et jusque dans notre ville épiscopale.

« Nos pertes sont grandes ; grandes aussi les détresses à soulager. Les rumeurs qui parviennent jusqu'à nous déchirent notre âme.

« A qui nous adresser, bien-aimés coopérateurs, sinon à votre dévouement si souvent éprouvé ? Vous solliciterez avec tout votre cœur la charité des fidèles et vous serez entendus.

« Nous avons hâte de faire parvenir jusqu'à vous le cri de notre angoisse ; ne sommes-nous pas tous frères en Jésus-Christ ?

« Veuillez, notre lettre reçue, faire des quêtes à domicile et dans vos églises. Vous voudrez bien en adresser le produit au secrétariat de l'évêché, le plus promptement possible. « Il ne suffit pas que la charité se manifeste ; il faut qu'elle intervienne à temps. »

Nous recommandons à vos prières et à vos saints sacrifices les victimes, hélas ! trop nombreuses de l'inondation.

« Recevez, nos chers coopérateurs, l'assurance de notre affectueux dévouement.

« † JEAN-EMILE, évêque d'Agen. »

— On sait avec quel dévouement et quel courage les Frères des écoles chrétiennes ont fait leur devoir au milieu des désastres du Midi. Après avoir payé de leur personne, ils ont fait appel à la charité. Dès le 28 juin, une circulaire, signée par les dix assistants du pieux Institut, signalait à tous les Frères l'effroyable invasion des eaux et les invitait à faire des quêtes dans leurs écoles. « La plupart de « vos élèves sont pauvres, nous le sa-

« vous, nos très chers frères, dit la cir-
« culaire, mais vous leur direz: *Soyez*
« *charitables en la manière qu'il vous*
« *sera possible ;... si vous avez peu de*
« *bien, ayez soin de donner de bon cœur*
« *de ce peu.* »

Parmi les souscriptions individuelles qui sont venu grossir promptement la liste des secours, nous mentionnerons :

S. S. le Pape,	20,000 fr.
Mme la Duchesse de Magenta,	5,000
Le vice-roi d'Egypte,	10,000
Le prince héritier d'Egypte,	5,000
M. le comte de Chambord,	5,000
Le Prince Impérial,	6,000
L'Impératrice Eugénie,	4,000
Les princes d'Orléans (chacun),	10,000
M. Crémieux,	50,000
M. Thiers,	2,000
MM. de Rothschild frères,	30,000
Mme la baronne, veuve James de Rothschild,	10,000

Les ministres (chacun),	1000
Les sous-secrétaires d'Etat (chacun),	500
Sir Richard Wallace,	25,000
Mme Heine,	25,000
M. le Président de l'Assemblée nationale et Mme la duchesse d'Audiffret-Pasquier,	2,000
Mlle Temple Palmer,	1,000
M. Hæffelig, député alsacien,	10,000

Notons aussi en passant les souscriptions suivantes :

La souscription ouverte au secrétariat de l'ordre des avocats à la Cour d'appel de Paris,	13,906
La souscription ouverte à l'Acamie de médecine et à la Faculté de médecine de Paris,	2,845
La souscription ouverte à la Faculté par MM. les étudiants en médecine,	4,240
Le Grand-Orient de France.	5,000

Le conseil de la Banque de France,	50,000
La compagnie des agents de change de Paris,	30,000
La compagnie des chemins de fer du Midi,	25,000
La compagnie du chemin de fer du Nord,	25,000
La compagnie générale des omnibus,	1,000
La société des agriculteurs de France,	1,000
La société des protes des imprimeries typographiques de Paris,	200
La société Israélite de secours mutuels *les enfants de Sem*,	200
Les dames des Halles, les établissements de bouillon Duval.	1,500

Des quêtes fructueuses furent faites dans les grandes églises de Paris et dans tous les diocèses.

La quête ordonnée par Mgr l'évêque d'Angers produisit 50,000 fr.

La quête faite pendant la messe de la société des sauveteurs de France, 1,100 fr.

Tous les théâtres de Paris organisèrent des représentations au bénéfice des inondés. Une représentation au théâtre Français produisit 10,500 fr.

Celle de l'Opéra, organisée par M. Halanzier, produisit 37,500 fr.

M. Berthelier abandonna, au profit des inondés, le produit d'une représentation à son bénéfice, 8,000 fr.

Les bals même eurent des soirées au profit des inondés. Une soirée à Mabille donna 2,818 fr.

Les spectacles à *great attraction*, tels que ceux des dompteurs Bidel et Pezon, consacrèrent des recettes au soulagement des inondés.

Paris put dire à Toulouse :

Prends l'or de mes plaisirs : il deviendra sacré. (1)

(1) Henri de Bornier, *Les deux villes*.

Inspirés par un sentiment louable de fraternité, toutes les villes de France envoyèrent leur offrande pour soulager les misères causées par l'inondation :

Le conseil municipal de Paris vota	200,000 fr.
Bordeaux adressa	10,000
Rouen vota, à l'unanimité,	20,000
Marseille,	10,000
Lille,	10,000
Cette (ville de 24,000 âmes),	70,462 70

La ville de Lille expédia en outre seize ballots de linge et de toile, et M. le maire d'Angoulême chargea un wagon de 300 gros pains à la destination de Toulouse.

Nos vieilles provinces de l'Alsace et de la Lorraine sentirent aussi leur cœur s'émouvoir de pitié et, dans un élan de profonde affection pour la France, elles voulurent contribuer à l'œuvre de réparation entreprise de tous côtés:

L'association générale d'Alsace-Lorraine adressa la lettre suivante à Mme la maréchale de Mac-Mahon :

Paris.

Madame la maréchale,

Vous avons eu l'honneur de vous adresser pour les inondés du Midi un premier envoi de 1,000 francs, prélevé par décision de notre commission centrale sur notre fonds de réserve ; nous vous annoncions en même temps que nous ouvrions, dans nos bureaux, une souscription à laquelle nous espérions voir prendre part tous nos adhérents.

Le montant de cette souscription a dépassé nos espérances. Il s'élève à la somme de 2,139 francs, qui, jointe à celle produite par la cotisation des membres de la commission centrale, forme un total de 3,926 francs.

Nous nous empressons de remettre cette nouvelle somme entre vos mains.

Nous n'avons pas voulu manquer aux traditions de patriotisme et de bienfaisance de notre cher pays natal, en essayant, au milieu de tant de Français que le sinistre a frappés, de démêler ceux qui nous touchent de plus près que les autres ; et nous avons pensé que nous ne pourrions mieux faire qu'en vous transmettant copie de cette lettre et en laissant à votre haute sagesse le soin de décider de l'importance de la somme qu'il peut y avoir lieu de prélever sur notre envoi, en faveur du Comité de Toulouse.

Veuillez agréer l'assurance du profond respect avec lequel nous avons l'honneur d'être, madame la maréchale, vos très humbles et très obéissants serviteurs et compatriotes.

LE COMITÉ DIRECTEUR.

Des souscriptions furent ouvertes dans les principales villes :

Mulhouse et son rayon industriel souscrivirent pour	150,000 fr.
Colmar réunit	30,000
Strasbourg	80,000

Les journaux d'Alsace-Lorraine aidèrent aux souscriptions :

Les *Affiches alsaciennes*, de Colmar, recueillirent,	20,167
La souscription du *Journal d'Alsace* s'éleva à	19,745
Le *Moniteur de la Moselle* recueillit,	2,676
Le *Vœu national*, de Metz,	543 50

Ce n'est pas la France seulement qui s'émut devant les désastres du Midi. L'étranger lui-même tint à manifester ses généreuses sympathies pour des populations si cruellement éprouvées. — Entre toutes les nations amies qui envoyèrent généreusement leur or, il faut placer, au premier rang, l'Angleterre.

Aussitôt qu'il eut connu la nouvelle de la terrible catastrophe, le Lord-Maire de Londres s'empressa de remettre au consulat général de France à Londres, une somme de 1,147 livres sterling, soit 30,000 fr.

La corporation municipale vota un crédit de 500 guinées. Un comité fut institué par le Lord-Maire, afin de réunir les souscriptions au profit des inondés.

La presse donna son concours.

Le *Times*, consacrant un article aux inondations du Midi de la France, conclut en disant : Notre intérêt, comme nos sentiments, nous commande de prêter aide promptement et généreusement.

Le *Daily-News* dit : « De semblables désastres provoquent la générosité internationale. Nous espérons que les habitants de Toulouse et des départements ravagés pourront reconnaître quels généreux secours leur apportent, dans ces temps d'épreuves, leurs riches voisins d'outre-mer. »

Le *Daily-Telegraph*, faisait, dans le même sens, appel à la générosité publique.

Le *Globe* ouvrait une souscription dans ses bureaux.

Les théâtres de la capitale de l'Angleterre annoncèrent des représentations au bénéfice des inondés de France.

Les policemen de la cité de Londres firent entre eux une collecte qui produisit 5,325 fr., qui furent versés entre les mains du Lord-Maire.

Pour les fêtes de Londres, un grand concert fut donné à Alexandra-Palace, au profit des inondés français, avec le concours de la musique de la Garde de Paris.

Enfin, dans un mouvement de touchante

sollicitude, le comité présidé par le Lord-Maire, envoya à Toulouse deux délégués, MM. John Furley, et le capitaine Pennick, pour se mettre directement en rapport avec les victimes de l'inondation et distribuer des secours à tout sinistré, *sans exception.*

Pendant le séjour à Toulouse des délégués anglais, M. le préfet les invita au banquet donné en l'honneur de M. le ministre des travaux publics. Un toast ayant été porté par M. le Préfet à la reine d'Angleterre, au très honorable Lord-Maire, et à MM. Furley et Bennick, ses délégués, M. Furley répondit à ce toast par ces mots laconiques qui devraient être une règle inflexible en matière de distribution de secours : « *Je me bornerai à ces trois mots :* FACTA NON VERBA, des actes et non des paroles. »

Nous ne saurions omettre non plus les actes de charité individuelle, accomplis par nos voisins d'outre-Manche, et nous sommes heureux de signaler l'envoi de 1,100 fr. adressé à la maison Trapé, de Toulouse, par l'importante maison Doulton, de Londres.

Les principaux membres de la colonie Anglo-Américaine ouvrirent aussi une souscription à Paris; les souscriptions étaient recueillies dans les bureaux du *Continental-Herald.*

N'oublions pas non plus la remise faite par M. Kern, ministre de la Confédération helvétique à Mme la maréchale de Mac-Mahon, et dont l'importance était de 300,000 francs.

Les arts et les artistes ont aidé, eux aussi, au développement des sentiments charitables, et grossi le capital des souscriptions.

Les photographies de MM. Provost, Delon, Trantoul et Ducasse, de Toulouse;

le tableau remarquable de Mme Rose Maury, les croquis, palpitants d'intérêt, des journaux illustrés de Paris, ont ressuscité, dans une succession de desseins animés, toutes les scènes, tous les épisodes du drame désolant de l'inondation. Maisons écroulées, ponts emportés, usines effondrées, cadavres défigurés, en un mot, le fléau tout entier apparaît, tel qu'il a été surpris par l'objectif, par le pinceau ou par le crayon.

Comme sa sœur la poésie, la musique a contribué a appeler la pitié publique sur nos malheurs ; nous avons applaudi, entre autres œuvres remarquables, la romance : *Toulouse en deuil,* paroles et musiques de M. Jules Domerc.

La colonie artistique de Paris, celles de l'étranger, comptent bon nombre de Toulousains et de méridionaux, parmi leurs membres les plus distingués. L'un d'eux, M. Falguière, le grand sculpteur, a organisé une vente artistique au bénéfice de ses malheureux concitoyens et fait appel aux généreux sentiments de ses confrères.

Un autre enfant de Toulouse, M. Victor Capoul, le célèbre chanteur, a organisé une représentation à Londres au profit des inondés; elle a produit net 10,580 fr.

Chaque jour a fait éclore son contingent de traits touchants. Jamais la charité ne se montra plus active et plus ingénieuse. On en jugera par les faits suivants, que nous sommes heureux de signaler :

Une jeune enfant de Lunel, Julie Dugavet, âgée de 12 ans, a fait loter son agneau, qu'elle aimait tendrement.

Le saltimbanque qui travaille au carrefour de l'Observatoire, à Paris, originaire du faubourg Saint-Cyprien, a porté sa recette d'une journée, 167 fr., au bureau du commissaire de police de son quartier.

Les petits ramoneurs de Paris, ont remis au R. P. Plainemaison, de la compagnie de Jésus, la somme de 5 fr. 60 c., produit d'une quête qu'ils ont faite parmi eux.

Dans l'asile des Petites-Sœurs des pauvres de Roanne, la supérieure racontait les effroyables malheurs causés par le débordement de la Garonne.

Pendant ce récit, qui devenait plus touchant en passant par la bouche de la bonne religieuse, un des vieillards avait mis la main dans son gousset, dont il paraissait fiévreusement sonder la profondeur. Enfin, profitant d'une pause, il s'approche de la sœur, et la figure rouge jusqu'au front, la voix hésitante, il lui dit : « Ma mère, j'ai là deux sous que je gardais pour mon tabac, si vous voulez les accepter pour les malheureux inondés, les voici... »

Enfin, nous citerons la lettre suivante, d'une émouvante naïveté, et que nous empruntons au *Petit Journal* :

Paris, le 1er juillet 1875.

Monsieur Thomas Grimm,

J'ai eu huit ans hier, mes parents m'ont donné 5 francs; aujourd'hui, j'ai été première dans ma classe, ils m'ont donné encore 5 francs.

Mon petit père m'a expliqué ce que c'était que les inondations du Midi, et combien il y a de malheureux ; j'ai pensé que mes 10 francs pourraient faire un peu de bien ; mon petit père m'a embrassée, et ma petite mère a doublé la somme. Je vous l'envoie, mes parents m'assurant que vous voudrez bien la faire parvenir.

Si toutes les petites filles et tous les petits garçons savaient combien je suis heureuse, ils feraient comme moi.

Recevez les remerciements de

ALICE DAUJON.

Et maintenant que la charité a accompli son œuvre, que la souscription de Mme maréchale de Mac-Mahon a dépassé le chiffre de VINGT-UN MILLIONS, une prompte distribution viendra-t-elle calmer les angoisses des victimes? ou, tout au contraire, fraudra-t-il que les malheureux inondés subissent les lenteurs aussi régulières que stériles de la bureaucratie et d'une comptabilité dont il serait bon de s'affranchir?

Un million, immédiatement disponible, et distribué sans délai, vaut mieux que deux millions partagés après coup. Accomplir à temps un bienfait, n'est-ce pas en doubler la valeur?

Le Comité central, et Mme la maréchale de Mac-Mahon, ont pensé de la sorte. Voilà pourquoi M. Hunebelle, adjoint au maire de Versailles, M. Gothary, chef d'escadron d'état-major, et M. Boulan, chef de bureau au ministère de l'intérieur, ont reçu et accepté la mission de se rendre dans les départements inondés. Ils sont venu arrêter avec les autorités locales les mesures à prendre, en vue de la distribution la plus prompte et la plus sûre possible des ressources recueillies.

A son tour, M. le Préfet de la Haute-Garonne a communiqué à MM. les maires du département la circulaire suivante, que lui a adressée M. le ministre de l'intérieur.

Versailles, 11 août 1875.

Monsieur le Préfet, le Comité central, présidé par Mme la maréchale de Mac-Mahon, a, vous le savez, envoyé dans votre département trois commissaires chargés d'organiser et de surveiller la reconstruction des maisons détruites par l'inondation. Ces commissaires arrêteront leur travail de concert avec vous et avec les comités locaux ; ils vous remettront les états de répartition établis par la commune, en même temps qu'ils transmettront le double au comité central, afin que l'envoi des fonds au Trésorier général soit approuvé par Madame la Présidente.

Dès que vous aurez ces états de répartition entre les mains, vous en ferez des copies certifiées, que vous adresserez au maire et au Trésorier général.

Vous enverrez ensuite, et sans aucun retard, à chaque intéressé, une lettre d'avis conforme au modèle ci-joint (annexe n° 1) sur laquelle vous inscrirez le numéro d'ordre de l'état, la somme allouée et l'adresse. Vous chargerez les maires d'en faire la remise aux ayants-droit.

Vous remarquerez, sans doute, que l'attribution de secours est soumise à la condition expresse que les bâtiments seront reconstruits en bonne maçonnerie hydraulique. Le Comité central a décidé qu'il ne serait fait d'exceptions que pour les propriétaires qui se transporteraient dans les plaines hautes et insubmersibles ; toute latitude serait laissée à ces derniers.

L'exécution de cette disposition rend nécessaire le choix d'hommes de l'art, qui devront surveiller les travaux. Ce choix sera fait, soit par les commissaires du Comité central, soit par vous. Je vous recommande de prendre ces délégués parmi les agents-voyers et les conducteurs des ponts et chaussées.

Dès qu'un propriétaire aura commencé les travaux de fondation, il aura droit à un à-compte, s'élevant à la moitié du secours promis. Le surplus sera payé en deux portions égales, à mesure de l'avancement des travaux.

Les agents chargés de la surveillance des travaux établiront et remettront aux maires des certificats conformes au modèle ci-joint (annexe n° 2) constatant que, d'après l'avancement des travaux, il y a lieu de payer, soit la première moitié du secours, soit le troisième quart ou le solde final. Ces certificats, revêtus de l'approbation du maire, seront par lui adressés à la préfecture, qui délivrera, au bas de cette pièce, son mandat de payement sur la caisse du Trésorier général, pour être revêtues, par ce dernier, du vu : *Bon à payer par le percepteur;* et il les renverra immédiatement aux maires. Ceux-ci les feront parvenir aux parties prenantes, qui pourront ainsi se présenter à la caisse pour toucher.

Outre la quittance que le percepteur fera signer sur la formule du certificat-mandat, il devra constater la date et le montant du paiement au verso de la lettre d'avis sus-mentionnée, laquelle restera entre les mains de la partie.

Si la partie prenante est illettrée, la quittance sera remplacée par celle de deux témoins, quel que soit le montant du paiement. Cette quittance est exempte du timbre.

Vous recevrez en temps utile, et sur votre demande, le nombre de formules de certificats-mandats qui vous seront nécessaires.

Recevez, monsieur le Préfet, l'assurance de ma considération très distinguée,

Pour le vice-président du conseil, ministre de l'intérieur,

Le conseiller d'État, directeur de l'administration départementale et communale.

Signé : DURANGEL.

Les poëtes, ces hommes privilégiés, qui vivent surtout par le cœur, et qui ressentent plus vivement les douleurs publiques, ont apporté l'obole de leur pitié émue aux victimes de l'inondation. Leur âme ardente a fait passer dans l'âme universelle les sentiments généreux qui l'animait et l'écho de leur plainte a remué les fibres de l'humanité tout entière. Voici quelques-uns des chants inspirés aux poëtes par la catastrophe.

TOULOUSE !

SONNET

Hier encore, au milieu de la nature en fête,
Toulouse se parait de ce manteau vermeil
Que la main du printemps sur son épaule jette,
Manteau brodé de fleurs, d'azur et de soleil.

Sur son front, à celui d'une reine pareil,
La couronne des arts auréolait sa tête,
Et les chants qu'elle inspire à tout nouveau poète,
Berçaient son rêve heureux... Mais quel sombre réveil !

En un affreux torrent s'est déchaîné le fleuve,
Et la reine d'hier a des habits de veuve.
Elle pleure des fils qui faisaient son orgueil.

Telle est son infortune, incurable et profonde,
Que toute la pitié de la France et du monde
A peine suffira pour adoucir son deuil !

Auguste BALUFFE (de Béziers).

LES DEUX VILLES

*A-propos, déclamé à la Comédie-Française, le 29 juin 1875,
au bénéfice des inondés du Midi.*

PARIS

Tout va bien. J'ai payé ma dette de souffrance,
Je suis Paris, je suis libre, je suis heureux.
J'ai prodigué mon or et mon sang pour la France,
D'autres m'imiteront... Que le Ciel soit pour eux

J'ai relevé mes murs, mes théâtres, mes temples,
J'en bâtis de nouveaux qui vaudront les anciens,
Et, mon courage ayant assez donné d'exemples,
J'oublierai les malheurs des autres et les miens !

TOULOUSE

Ecoute-moi, Paris ! La richesse est jalouse
Quand les cœurs sont troublés et les destins tremblants.
Je te dis seulement : Paris, je suis Toulouse,
Et j'ai le deuil au front et la blessure aux flancs !

Je riais au milieu de mes plaines fécondes.
Je faisais le labeur des heureuses cités,
Mon fleuve me prêtait pour servante ses ondes
Et les grands pics neigeux m'entouraient de clartés ;

Tout-à-coup, tout-à-coup, sur cette douce rive,
Comme tombe l'éclair, comme l'aigle descend,
L'eau hurlante paraît, la trombe folle arrive,
Et tout est renversé sous le flot mugissant !

Tu connais l'Incendie, ô Paris ! Ces feux sombres
Qui changent une ville en horrible décor,
D'abord rouge volcan et bientôt noirs décombres,
C'est l'Incendie... Eh bien ! on y sent l'homme encor !

C'est l'homme formidable et méchant, mais c'est l'homme !
Oui, partout où la flamme impie étincela,
Et quel que soit le nom dont il faut qu'on la nomme,
L'homme s'y reconnaît, du moins : un homme est là !

Mais l'inondation, la vague furieuse,
L'eau qui tombe du ciel et des glaciers géants,

Qui croit et qui décroît, toujours mystérieuse,
Et qui se perd sans nom aux brumeux océans,

Rien de l'homme n'est là, pas même sa furie !
C'est l'inconnu, qui sert une invisible loi,
C'est la nature froide et jamais attendrie,
Qui fait ce qu'elle veut et ne dit pas pourquoi !

L'homme ne peut que fuir dans sa morne épouvante ;
Mais le flot plus actif le harcèle et le suit,
Et de toutes parts l'onde, implacable et vivante,
Assiége les maisons qui croulent dans la nuit !

Pas d'asile et d'espoir ! Le fléau fait son œuvre,
Le noir démon des eaux frappe tout sans remords ;
Il saisit la cité dans ses plis de couleuvre,
L'étouffe et disparaît... et mille hommes sont morts !

J'ai vu cela, j'ai vu les mères et les veuves,
J'ai vu les orphelins que ce désastre a faits,
J'ai vu tous mes trésors engloutis par mes fleuves,
J'ai vu les dévoûments et j'ai vu les bienfaits !

Ils se sont bien battus, nos soldats héroïques,
Dans cette autre bataille où rien ne les défend,
J'ai vu leurs chefs courir, désarmés et stoïques,
Et mourir en héros pour sauver un enfant !

Les magistrats du peuple ont fait leur noble ouvrage,
L'esprit de dévoûment a reconnu les siens ;
Le premier par le rang comme par le courage
A qui dirait : " Pars-tu ? ,, répondrait : " J'en reviens ! ,,

Je ne demande rien, ô Paris ! mais regarde :
La misère des uns fait à tous un devoir ;

J'étais riche, je suis pauvre. Que Dieu te garde !
Je vivrai de mon deuil et de mon désespoir.

PARIS.

Merci ! je me retrouve en écoutant ta plainte ;
Celui qui souffre et vient est déjà mon vainqueur ;
La flamme généreuse en moi n'est pas éteinte,
Et ce qu'a dit ma bouche était loin de mon cœur.

Prends mon or, et par lui que ta douleur espère !
Prends l'or de mes malheurs à tes maux consacré !
Prends l'or de mon travail, qui deviendra prospère !
Prends l'or de mes plaisirs, il deviendra sacré !

Puis, ma sœur, dans ton deuil reprends une espérance ;
Je ne t'oublierai point, quel que soit le destin,
Car nous ne sommes pas deux villes, mais la France,
Et le temps d'égoïsme est un passé lointain.

Après les jours mauvais, au sortir des abîmes,
Faisons pour nous aimer des efforts plus fervents,
Et du moins unissons, en comptant les victimes,
Sur les lèvres des morts le baiser des vivants !

Henri de BORNIER.

L'OBOLE DU SOLDAT

Poésie dite par M. Got, de la Comédie Française, à la 2e représentation donnée à Rouen par les volontaires, au bénéfice des inondés.

Le régiment avait regagné la caserne,
Et les ordres étaient suivis de point en point ;

Propre était le fusil, brillante la giberne,
On pouvait s'amuser et l'on n'y manquait point.
Les crésus du quartier, dont un dieu redoutable,
Faisait battre le cœur à l'angoisse du jeu,
Déposaient, en tremblant, un gros sou sur la table,
Et priaient que le Ciel veillât sur leur enjeu.
Dans un coin, l'orateur tirait de sa cervelle,
L'histoire d'un sergent sortant de son cercueil,
Et, vingt fois, sans se mettre en dépense nouvelle,
Pour le même récit trouvait le même accueil.
Les plus jeunes, debout au fond de la chambrée,
Au milieu des hourrahs partant de toutes parts,
Poussaient dans le clairon une note égarée,
Quand un conscrit soudain : « Pardon, sergent, je pars ! »
— Il part, s'écria-t-on, quand il arrive à peine !
Ah ! veinard de conscrit, comme il sait s'en tirer !
— Oui dà, murmura-t-il, j'ai vraiment de la veine :
Mon père est de Toulouse, et je vais l'enterrer.
Or, un jeune soldat qui fourbissait son arme,
Sentit son cœur se fondre et ses yeux se mouiller ;
Et comme son ancien lui disait qu'une larme,
Ne devait pas loger dans un œil de troupier :
« Le temps est mal choisi pour en être économe,
« Fit-il ; tout cœur vibrant doit s'ouvrir aux douleurs ;
« A qui dit que les pleurs sont indignes d'un homme,
« Je réponds que cet homme est indigne des pleurs.
« Ne savez-vous donc rien de toutes nos alarmes,
« De Toulouse inondée et des faubourgs détruits ?
« Pourquoi donc pensez-vous que soient faites les larmes,
« Si vous n'en donnez pas aux malheurs du pays ?
« Il existe des maux autres qu'une défaite,

» Et des combats plus durs que ceux du champ d'honneur.
» La place du soldat, la place qu'il s'est faite,
» Est partout où l'on souffre et partout où l'on meurt.
» Ah! que si nous pouvions! Mais non, il faut se taire,
» Il faut croiser les bras et rester impuissant,
» Et quelle charité nous reste-t-il à faire,
» Quand nos frères là-bas l'ont faite avec leur sang ?

Tous se taisaient... Un grand, plus dégourdi qu'un autre :
» Les larmes sont de trop pour qui veut rester fort,
» Et devant un désastre aussi grand que le nôtre
» Il faut que la douleur s'exprime par l'effort.
» Puisque les inondés sont à bout de ressources,
» Les artistes sont là : dans les jours malheureux,
» Ils prêtent leur talent, ils font ouvrir les bourses,
» Et pour une bonne œuvre on peut compter sur eux. »

» Et chacun d'applaudir, lui de se mettre en route.
Au théâtre il accourt plein de son plaidoyer ;
Mais, sentant sur le seuil son audace en déroute,
Il tourne entre ses doigts son képi de troupier.
» Pardon, mais permettez d'abord que je me nomme,
» Fait-il, plus hésitant qu'en un premier combat ;
» — Vous n'avez pas besoin de vous nommer, jeune homme ;
» Je vous connais assez, on vous nomme soldat. »
A ces mots, le conscrit, portant plus haut la tête :
« Toulouse est inondée et je viens... — J'y pensais. »
Chez les autres bientôt même démarche est faite ;
Partout le même accueil et le même succès.
Tous, nous sommes venus apporter notre offrande ;
Et, devant les malheurs qu'il nous faut secourir,

Tous, nous vous demandons pour faveur la plus grande,
Non de battre des mains, mais bien de les ouvrir.

Emile GUIARD.

SUR LES RUINES

Poésie de Mme BARUTEL (A. BONNET)

Dite par Mme Clotilde Toscan, le 8 juillet 1875, dans la salle du Pensionnat des Frères.

On chantait sous ces toits !... On priait sous ces dômes !...
Et la nuit, confiants, les riverains dormaient ;
Ces cadavres épars, hier étaient des hommes,
    O fleuve !... et ces hommes t'aimaient !

Les tout petits enfants qu'on porte sous des voiles,
Pour que l'air le plus pur ne les vienne flétrir,
Souriaient à tes flots, qu'ils croyaient pleins d'étoiles,
    Et tes flots les ont fait mourir !

Lorsqu'un de nos vieillards, aux jours chauds, dans ton onde,
Descendait, se livrant désarmé, faible et seul,
Tu prenais, ô perfide ! en ton ombre profonde,
    La mesure de son linceul !

Ah ! tu nous a trahis !... Dans le Nord, quand nos frères,
Virent ruine et deuil s'abattre à leur foyer ;
Quand la guerre, en passant, sous ses dents meurtrières,
    Par centaines vint les broyer ;

Quand, les glaives rentrés et tombé le délire,
La dévastation survécut au danger,
Ils eurent la douceur, au moins, de pouvoir dire :
    « C'est l'ennemi ! c'est l'étranger ! »

    Mais toi, qui contre nous te dresses,
    Comme lassé de nos tendresses,
    Et, d'un coup, romps les nœuds anciens,
    Il te faut tes fils pour victimes !
    Il te faut ce crime des crimes,
    Qui s'appelle frapper les siens !

Va, va, la détresse est profonde ;
Mais elle a remué le monde,
Et la pitié hâte le pas !
En brisant ceux que tu vis naître,
Tu leur a du moins fait connaître,
Des amis qu'ils n'espéraient pas.

Nous croyais-tu seuls sur la terre,
Dis ?... Belgique, Suisse, Angleterre,
Nous tendent leurs bras chargés d'or ;
Paris, Constantinople et Rome,
Ceux qu'on oublie et ceux qu'on nomme,
Les vois-tu vider leur trésor ?

Vois-tu ceux-ci, que rien ne lasse,
Strasbourg, notre Lorraine-Alsace,
Se lever sous l'œil des vainqueurs ?
Et comprends-tu pourquoi Toulouse,
Veut graver le nom de Mulhouse,
Et sur le marbre et dans les cœurs ?

Ton courroux détruit les barrières,
Mais l'amour franchit les frontières,
Qu'elles soient des monts ou des flots !
Tu vis bien, dans ces nuits de larmes,
Que plus tu répandais d'alarmes,
Plus il suscitait de héros !

Revois, revois cette épopée,
Où la toge frôle l'épée,
Où le pauvre a son fier combat !
La noblesse y meurt, et le prêtre,
Y revendique « le droit d'être
Partout où lutte le soldat ! »

Ah ! pour ceux que sans pain tu laisses,
Quand tout pays a des largesses
Et donne des pleurs à tes morts,
Toi, qui fis crouler nos murailles,
Toi, qui torturas nos entrailles,
N'est-tu prise d'aucun remords ?

. . . .

« Moi, des remords ?... hélas ! c'est bien moi qui dans l'ombre
Pris le fils à son père et le frère à sa sœur ;
Et des arbres géants battant le fouillis sombre
    Les emportai comme une fleur !

« C'est moi, lorsqu'un de vous, s'acharnant à sa perte,
Disputait les mourants à mon immensité,
Qui le rejetais froid à la rive déserte,
    Martyr de la fraternité!

» Oui, mais si j'ai frappé si fort, marché si vite,
Laissant glaner la mort sur chacun de mes pas,
Un esprit me poursuit : l'horreur, ou le mérite
    De ces coups, ne me revient pas!

» J'ai tué sans dessein !... j'ai crié sans colère !...
A votre fleuve, enfants, ne demandez plus rien,
Car s'il est un secret qui tout ce deuil éclaire,
    Non, ce secret n'est pas le mien!

» Mais pour que l'avenir soit pur de tels désastres,
O vieux croyants, pour qui la Foi prime les faits,
Allez !... que vos savants prennent conseil des astres,
    Vous, de Celui qui les a faits! »

LA CALAMITAT DE GARONO

Poèsie paloise, del Favuré de la Magistéro.

Lou 23 de jun, la beillo de sen Jan,
Uno festo que ran la campagno jouyouso
E luzento de foes, laïgo neguet Toulouso.

Arriben en braman coumo un troupel de braous,
Garono briso tout, murs, barriéros, enclaous.
Troho l'poun de Sen Peiro en passen, lou n'éporto.
Ten l'ilo del Castel, al grant Espital monto,
Cato lou Port Garraou è del qué de Tounis
Sul barri sen Subra tout d'un cop s'esplandis.

Nostro-Damo la Negro, en poussessiou pourtado,
A Garono del poun pes curès es moustrado ;
Mès nou pot pas fa poou al tarriblo couren
Que ronflo, trouno, creis, creis à cado moumen.

La nech ben per repé, l'aïgat resto soul mestre.
Labets, coumo'no serp longo d'un kilomestre,
Laïgo tournéjo l'barri è lou bous ten sarrat
Dinquos, de cap à founs, que se siosque apilat.

Qu'un dol! l'aïgo per tout, per carrièros è crambos!
De luns deçà delà que semblou de luscrambos!
L'escur!... un cridadis plangen è pistadous :
« Nous negan! bends doun! al secous! al secous! »
E Garono toujoun furouso founillabo,
Coumo n'cop de canou la carrièro toumbabo,
E nou cridabou plus d'aquel coustat. Al joun
Se bejet lou malhur de l'aoutre cap del poun

Lou barri sen Subra, quan benguet la matino,
Pécaïre, n'èro plus qu'un pilot de ruino,
De parets sans couber, d'albres brisats è torts,
Plèno d'aïgo, de dol, de glermos è de morts!
Lous que soun enterrats pes cementeris, l'aïgo
Lous ba dessousterra din lours tombos : derraïgo
Las caïssos, qu'en naden tornou din lous oustals
E fan trambla tous bious en tustan as pourtals!

Lous bious! beadran, dislon : se soun anats rescoundre,
Quatro cents ne manquet que poudion pas respoundre :
Païres, maïres, efans que digun beira plus
E dins aquel fangas negats, retes et blus!...

E lous quéroun pas morts, de bint à trento milo,
San pa, ni foc, ni loc, degarats per la bilo,
Lou paoure sans couratge et lou ritcho tout nut,
Cridabou : que faren se b'aben tout perdut!
Tout? nani! biras bous! quand lou dol bous escano,
Del coustat de Paris se desplègo n'o arcano,
Que nous luzira léou coumo la des estious,
Per mena dins Toulouso un angel del boun Dious.
Laissats, en attenden, lous souldats dins la naoueo
Que n'an tantis salbats débès la Patto-d'Aouco,
E siguen per debat la Garonno que cour.

. . . .

A Golfech de Sen Jan laisset pas qu'un oustal
E la gleyo. Bourgeat, boun fil d'un brabe pèro,
D'un dol pu grand beléou salbèt la Magistèro.
Aprep Garono fach; lou païs del prunié,
Gen, l'aguet à soun tour, més noun pas lou darnié.
Adiou paoure Grabié, la bèlo proumenado,
Oun denpey tantis d'ans tanto d'aïgo es passado!
Tous ourmes soun toumbats, no resto pas un seul.
Ya plus que Jansemin encrancat coumo'n poul.

. . . .

Aprep tan de Malhurs l'albo brillet hurouso,
Escoutas lou canou reboumbis à Toulouso,
Qual nous ben beyre ?... Aquel que ten la sajomen
Lou menal del païs o del goubernomen,
Dins nostris pessomens, loungs, negres ò sinistres
Per nous repazima ben ambe dous ministres.

    Escoutas ! bibo Mac-Mahoun !
L'angel que dins l'es ur fa luzi l'esperanso
Bibo lou grand souldat qu'a defendut la Franso
    E que la gardo cado joun !

Del foun del cor del pople aquel crit se lebabo,
E la seguit, per tout oun Mac-Mahoun passabo,
El, nou n'a pas laissat loc sans lou bisita.
A Toulouso l'an bist, l'an bist à Mountalba,
Aïs Sarrazis, Moïssac, Golfech, La Magistèro,
Gen, a moustrat, noun pas un mestre, mais un pèro.
Soun parla, ferme et franc, que sul cor ba tinta,
Bal cen copts maï que l'or que douno sans counta !
Ba tout bist : a jutjat, aban de s'ana jaire,
Lous que peroroun pla més que n'an paï fach gaire.
Sap que mairos, prefets, seran pas à l'espar,
E que moussu Buffet lour fara bouno part,
E n'emblidara pas, la besito fenido,
Aquel floc de balens qu'an espaouzat lour bido
Per salba simplomen, grandomen, des aïgats,
Lous que san lour secours aro sayoun negats.

En prumiè loc la troupo, à Toulouso es estado
So qu'al crit de l'aounou sera toujoun l'armado !
Artillurs o dragouns, souldat è général,
Cadun a fach soun prou dins aquel grand trabal,
Lous nobles flacon pas, quan l'armado s'abanso :
A qui ne mouric un des pus anciens de Franso :
Paoure marquis d'Haoupoul ! ne boulio salba set,
Al moch de Sen Subra Garonno l'engoulet !

Anen, s'en pla cargats de dol è de misèro ! . . . . . .
Més, s'a drech que se plangs, latcho que desespèro :
L'argen pleou de per tout : Madamo Mac-Mahoun
A lebat per nous aous vint un cots un milloun.
Lous pitchous è lous grans, Paris, toutes las bilos
E l'estrangè, descuts nous enboyoun de pilos.

Couratgé! un mainajou pres per l'aïgo en passen,
A Bourdéous din soun brès arribet tout risen :
Des jouns bèlis et bous perden pas l'espérenso,
Coumo quel angèlou, Dious salbara la Franso !

Enfin, la poésie provençale, suivant l'exemple de ses sœurs du Languedoc et du Nord, — de la langue d'Oc et de la langue d'Oïl, comme disent les linguistes, — a apporté son contingent au tribut de la charité. M. Charles Gros, de Montpellier, lauréat du concours des langues romanes, a écrit, au profit des inondés, le poëme dont nous donnons quelques extraits, et dont le produit — 1000 francs environ — a été versé par son auteur dans la caisse du Comité de secours.

L'INOUNDATIOUN

Lou vingt-trés jun, din Toulouza
E quaoûquas villas d'aoû Miéjour,
Véjéroun véni din lou jour
Una granda mountagna d'ayga
Qué courissié coum'un embrayga.
Brounquen ayci, tustan alay,
A toutes dounava d'esfray,
Menava un infernal tapajé,
Virava tout sus soun passajé,

N'ajen dé piétat per degus.
Tout lou moundé n'éra counfus :
Las méras, pécayré, cridavoun,
Lous pichos énfans trézanavoun,
D'esfray laysavoun lou titi.
Ah ! Lectou, voudrey vous menti,
Car és embé péna cruéla
Qué vous conté aquela nouvela.
Din lou faubourg de Sen-Cyprien
Toutes en foula courissien ;
Mais, hélas ! l'ayga, la brutala,
Vénié d'una raja infernala,
Semblav'un mounstre de l'enfer,
Arrivan piré qué l'éclair,
San préférença per persouna,
Dessus lou cop éla maysouna
L'homé qu'es riché é l'artisan,
Lou jouyné, viel, pichot é gran.
Lous cris déchirans vous navravoun ;
Lous uns en préguen Diou plouravoun ;
La méra, tenguen soun énfan,
Toumbava de larmas dé san.
L'on vésié din fossa carieyras
Passa dé mobles, dé cadieyras,
La païassa, lou matalas.
Emb'aco lous premiés négas
Se débatien din l'ayga troubla ;
Mais lou torren alors rédoubla
E din sa ferou démoulis
Oustaoûs viels é nouvels bastis.
Davan lou léva dé la luna,
Tout s'escranca'é piöi tout s'engruna !

. . . .
. . . .

Qu'aco's béou, pitouïabl' é triste !
Aven vist dins aquél sinistré
Dé moundé, mésprisen la mort,
Ana sus l'ayga per un cor
Que lou torren din sa furia
Passejava din l'agounia
Se débaten, é l'iol bagnat,
Pensen à Diou qué l'a créat.
Cé pus for és aou sdouvétajé :
Toutés an mounstrat dé courajé

Dins aquél terrible tréboul.
Aven vist lou marquis d'Hautpoul,
Quittan è richess' é fourtuna
S'embarquà lou souér à la bruna.
Pren d'artieurs, s'en van à bord.
Perqué ? — per tira de la mort
Lou malhérous qué sé négava
E qué dé sous cris supliava
Dé lou tira d'aquel tourmen.
S'enbarquoun lou cor gay, counten,
S'en van dins una simpla barqua ;
Vej'aqui qué l'affrouza Parqua,
San démanda counsel à Diou,
Arrivet per coupa lou fiou
D'aquelas noblas bélas âmas
Qu'emb'un barquet et quaoùquas ramas
Anavoùn pourta dé sécour !
Lou lendéman à péna jour,
Lous trouveroun din la mélada
Et déjout sa barqua virada,
Se tenguen toutés per la man
Lous iols douverts et s'embrassan...
Piouren aquel acta sublimé,
Soun mors toutés embé soun imé,
Mais! qu'an souffrit! qu'aco's cruèl!
Avan d'arriva din lou Ciel
Dé vous ou dire ieou souspiré,
Avien la palma d'aou martyré.

. . . .

Dedin lou jour é la vésprada,
L'on a vist nostra nobl'armada
Couri dé toutés lous coustas
Pourta sécous as inoundas.
Articurs ou souldats d'aou centré,
Sans agudré rés din lou ventré,
An restat un parél dé jours
Dédin l'ayga, tristes séjours!
An méritat de la Patria.
N'importa jout quant'éligia
Qué nostra Franga passada
Lous énfans vendran démanda
En sourtiguen dé soun éscola
E voudran veyré aoù Capitola

Lou marbr'ounté séra gravat
Lou noum tant glorious d'aoù souldat.

· · · · · · · · · · · · · ·

Aoûtan léoù saoûpré la nouvéla,
Tan vité qué la jiroundéla,
Lou gran Maréchal Mac-Mahoun
Partis veyré l'inoundatioun,
Sé rendré compté d'as sinistrés
Embé Cissey, Buffet, ministrés,
Qué dounavoun dé tras én tras
Fossa d'arjen as inoundas.
Chacun ploura sus soun passajé,
Mais el ïe dona de courajé.
Sa présença lous rafermis
E tout aco sousca'é gémis,
Lous cris van din la Capitala.
Alors la nobla Maréchala,
En escouten aquélas voués
Mitat francés, mitat patoués,
(Car riché, paouré, tout cridava),
Sentis soun cor qué sé sarrava.
Désuita lévét en soun noum
Din la Franç' una souscritioun.
Géns de Toulouza, nobla Dama,
N'oublidaran pas ta grand'âma,
E sous énfans té béniran.

· · · · · · · · · · · · · ·

— Courben-nous d'avan nostre péra
Per qué désormé sa couléra,
Car voou may trop léou que trop tard
Dégus séra pas en rétard
Per douna cé qué Diou coumanda,
Dé pan, dé vinet é dé vianda
As malhérousés inoundas :
Un jour séren récoumpensas.
La França n'es trop générouza
Per qué sous enfans dé Toulouza
Patigoun dé fréch ou dé fan ;
Nani! car toutés dounaran.
Savès qué lou qué fay l'aoûmona
S'enrichis quan d'un bon cor dona :
Quitten un paou la vanitat
E pensén à la charitat.
Aco's l'obro la pus poulida

12

Qué fagué l'homé din sa vida.
Nostré passagé n'a qu'un tems,
Couma la flou n'a qu'un printems ;
Tel lou mati'n en santat bria,
Tel lou souer ès à l'agounia.
L'existença tén per un flou,
Aymén-nous é pensen à Dioù!..

C. GROS.

30 juin 1875.

Nous ne résistons pas au plaisir de joindre au poëme de M. Gros, si puissant de verve et de couleur, l'hymne suivante, du même auteur, qui révèle la même inspiration et le même cœur :

PER LOUS INOUNDAS

HYMNA CANTADA A LA CAVALCADA DÉ MOUNPÉIÉ

Sus lóus moulouns dé sa rouina,
Nostrés fréras plouroun toujour,
La Charitat, obra divina,
Counsoulara nostré Miéjour.

REFRAIN :

Car Toulouza din sa miséra
Pécayré ! démanda dé pan,
Séguén pas sourds à sa priéra,
Soulajén vité lou qu'a fan.
 O Toulouza, ó Toulouza,
 L'inoundat, l'inoundat,
 Résaouprà nostra'obola,
 O Toulouza, ó Toulouza,
 L'inoundat, l'inoundat,
 Séra pas oublidat.

2ᵉ COUPLET

Lou qué fay dé bén sus la terra,
Jamay lou Diou l'oublidara.
Dounén la man à nostré fréra,
Lou Ciel un jour nous ou réndra.

3ᵉ COUPLET

Couma qué siégué, nostra'oufranda
Per lou Pays das Troubadours,
Qué siégué pichotéta ou granda,
Assugara fossa dé plours.

Charles GROS.

XI

LE REMÈDE AUX INONDATIONS

SOMMAIRE : Une question à traiter. — La loi de l'oubli. — — M. de Nansouty et le poste météorologique du pic du Midi. — La Tachymétrie de M. E. Lagout. — Almanachs et prédictions. — Les comment et les pourquoi de l'inondation de 1875. — Le problème à résoudre et les précautions à prendre. — Lettre de l'Empereur Napoléon III à M. Rouher, ministre des travaux publics (système des digues criblantes). — Le déboisement et le reboisement en France. — Le projet de transaction avec le fléau, par M. Baudouin. — Résillage métallique de M. Chaubard. — Idées de M. Roux, de Toulouse. — Le régime général des eaux courantes et M Thomé de Gamond. — Travail de M. A. Meilly. — Les engins de sauvetage. — Les postes de sauvetage de M. Camille Debans. — De la mutualité à opposer aux désastres des inondations. — L'avenir de Saint-Cyprien. — La lettre de M. Bianchi. — Séance de la Société des sciences physiques et naturelles de Toulouse. — Voyage du ministre des travaux publics à Toulouse.

Aujourd'hui, le danger est passé ; s'il revient demain, que fera-t-on ? Faudra-t-il assister encore à de terribles hécatombes?

Si on ne peut arrêter le fléau dans sa marche, aura-t-on le moyen d'en atténuer les horribles conséquences?

Telle est la question qu'il faut enfin se poser.

A l'époque des inondations de la Loire, en 1856, cette question, d'une importance capitale, fut discutée pendant un mois et finalement abandonnée.

Alors, comme de nos jours, tous les cœurs battirent à l'unisson, toutes les bourses s'ouvrirent. La France, secondée par l'étranger, accomplit des miracles de charité. Alors aussi, les savants, la presse, le gouvernement, proposèrent cent moyens qui devaient dans l'avenir, d'une part, empêcher les effets matériels des débordements et, d'autre part, venir en aide efficacement aux inondés. Mais toutes ces études, tous ces projets, glissèrent dans le gouffre de l'oubli.

La catastrophe de 1875 arrive, et le redoutable problème vient se poser de nouveau avec une plus cruelle rigueur. Nouvelles discussions, nouvelles propositions. Aboutiront-elles ? Si, en France, on est très fort en théorie, en revanche la pratique, jointe à l'à-propos, est chose fort négligée. Et puis, le gouvernement, et les ministres eux-mêmes, quelles que soient leurs bonnes intentions, ne lisent pas et ne peuvent pas lire tous les projets que leur adressent de trop nombreux et indiscrets chercheurs, que ne recommande pas une notoriété suffisante. Espérons pourtant que nos gouvernants voudront bien, après toutes les preuves de dévouement qu'ils ont données à nos contrées, si cruellement éprouvées, se rappeler que l'homme est perdu, s'il n'a pas prévu le danger, et que toutes ses qualités, si belles qu'elles soient, s'il ne s'y est pas préparé, sont dépensées, sinon en pure perte, du moins dans des conditions qui en atténuent singulièrement la valeur.

Avant d'entreprendre l'étude des mesures précautionnelles à opposer aux inondations, il nous faut détruire une erreur qui a crédit auprès de bien des gens.

On a dit, et même écrit, à propos de la dernière inondation, que la Garonne avait crû subitement, et dans de telles proportions, qu'aucune prévision, qu'aucune prudence humaine ne pouvait conjurer le fléau; que, d'ailleurs, quand l'eau monte, il n'y a qu'un moyen de salut, la fuite, et que, malheureusement, à Toulouse, les habitants n'ayant pas eu le temps de fuir, ils devaient périr inévitablement.

Voyons donc s'il était possible de prévoir le danger, d'en être informé à temps, et si, désormais il n'y aura pas à user des moyens dont l'utilité ne sera pas contestée.

La réponse affirmative ne peut paraître douteuse à personne, après la lecture de la lettre suivante :

« Bagnères-de-Bigorre, 23 juin 1875.

» Monsieur le Rédacteur,

» Il est neuf heures du matin, et l'Adour, démesurément grossi depuis minuit, monte encore. Déjà les usines riveraines sont toutes plus ou moins endommagées ; plusieurs ponts de la vallée sont emportés, et de nombreuses prairies ensablées, sinon totalement ravinées. C'est la septième ou huitième fois que de pareils désastres se reproduisent ; mais empressons-nous de dire que, cette fois du moins, les riverains de l'Adour, *dans la vallée de Campan*, ont pu prendre quelques mesures précautionnelles pour préserver du désastre ceux de leurs biens qui pouvaient être subitement endommagés.

» M. le général de Nansouty, établi au poste météorologique du Pic du Midi depuis le 31 mai, faisait informer, hier, M. le maire de Campan et les principaux habitants de la haute vallée, qu'une crue subite et exceptionnelle était imminente. Les avertissements météorologiques recueillis à l'Observatoire, non moins que 0^{m}80 de neige tombée dans tout le massif du Pic du Midi depuis la veille à huit heures du matin, donnaient des *précisions* qu'il était urgent de transmettre, en raison d'une fonte subite que la pluie d'ouest commençait à provoquer.

» Quels immenses services aurait rendus aujourd'hui l'observatoire du Pic du Midi, non-seulement à Bagnères, mais à Tarbes, à Maubourguet, à Riscles et à toute la vallée inférieure de l'Adour, si un fil télégraphique eût existé entre l'observatoire et les stations de Bagnères et de Barèges !

» Déjà l'orage du 9 août 1873, qui fit des dégâts par millions dans tout le midi et le sud-est de la France, avait été aperçu du Pic du Midi, à quatre heures du matin, c'est-à-dire cinq heures avant qu'il éclatât sur Tarbes et sur Pau, onze heures avant qu'il eût atteint Toulouse, vingt heures avant qu'il tombât sur Montpellier, et trente heures avant qu'il s'abattît sur Lyon.

» Mais, pour les avertissements transmis hier, dans la vallée de Campan, il n'a fallu rien moins que le dévouement de l'observateur, M. Baylac, qui n'a pas craint, par un temps affreux, de descendre seul, par 0^m 80 de neige molle, et le dévouement non moins grand de notre président, l'honorable général de Nansouty, qui a consenti à s'isoler complétement, au milieu des neiges, pendant quarante-huit heures, et à remplir lui-même, par un temps hivernal, les pénibles fonctions d'*observateur* au Pic du Midi.

» Espérons que nos grandes administrations, les communes, les grands propriétaires, le public enfin de cette région du sud-ouest, frappée si souvent par les orages, comprendront l'utilité de l'établissement de signaux télégraphiques, et viendront en aide, par leurs subventions et leurs souscriptions, à l'établissement complet de cet observatoire.

» Veuillez agréer, etc. » C.-X. VAUSSENAT,

» Ingénieur civil des mines, secrétaire chargé du service administratif de l'observatoire du Pic du Midi. »

L'initiative privée, on le voit, a fondé, il y a deux ans, au sommet du Pic du Midi, un observatoire précieux pour la prévision des phénomènes ayant pour théâtre le versant septentrional des régions pyrénéennes. C'est de là que partirent les dépêches du général Nansouty, dépêches trop tardives, l'observatoire n'étant pas relié à la plaine par un fil télégraphique.

Quels regrets, quand on songe que la masse formidable de la Garonne, pour accomplir la totalité de son parcours, n'a pas mis moins de trois jours et demi, du pied des montagnes jusqu'à Langon, où commence à se faire sentir la marée.

Que de malheurs on eût pu éviter, que de victimes on eût pu arracher à la ruine ou à la mort, si on eût pris la précaution de poser un fil télégraphique du Pic du Midi à la plaine! Ne comprend-on pas, dès lors, combien il devient indispensable d'organiser méthodiquement et régulièrement le service des communications télégraphiques en temps de crue, et de décider qu'elles se succèderont à des intervalles rapprochés sur les points menacés? Telle est d'ailleurs, en ce moment, l'opinion de M. Caillaux, ministre des travaux publics, qui, en déposant une demande de crédit supplémentaire, a songé à en attribuer une portion à la création d'un service spécial dont les fonctions consisteraient à prévenir les riverains des crues qui viendraient à se manifester — (*Moniteur universel*).

Ainsi, les inondations, avec l'intensité de leur puissance de destruction, rentrent dans la catégorie des fléaux dont on doit prévoir et prédire l'arrivée, pour ainsi dire, à heure fixe.

Nous disons l'intensité de leur puissance, car elle dépend directement de la hauteur de la crue; et rien ne serait plus facile, suivant le sage conseil de M. Lagout, ingénieur et auteur de la *Tachymétrie*, que de repérer sur le territoire de chaque commune, par une série de poteaux indicateurs, les limites des trois étages formés par les nappes d'inondation correspondant aux crues ordinaires, décennales, séculaires.

D'après M. Lagout, les crues décennales dépassent d'un cinquième en hauteur le niveau des crues ordinaires; les crues séculaires, de la moitié environ.

Voici, d'ailleurs, une note intéressante de M. Lagout, sur l'inondation séculaire de 1875, et un aperçu de la loi tachymétrique (1).

Nogent-sur-Seine, 30 juin 1875.

En mars 1851, l'Académie des sciences nommait une commission d'examen d'un grand travail sur les *inondations*, aboutissant à une loi simple et générale, que l'auteur de la *Tachy-*

(1) Tachymétrie (Takus, vite) loi servant à apprécier une chose vite et à sa juste valeur.

métrie, ingénieur en chef, venait d'appliquer aux ouvrages à construire sur les torrents des Appennins.

On peut lire un résumé des mémoires parus sur la question dans le numéro du 11 mars 1861 des *Comptes rendus de l'Académie des sciences*.

Voici le tableau de la loi expliqué dans ma notice :

CRUES EXTRAORDINAIRES	DÉBITS ET HAUTEURS COMPARÉS	
Décennales.........	1	1
Séculaires.........	1,33	1,20
Milliaires.........	1,33×1,33	1,20×1,20

M. Faye est le seul membre survivant de la Commission. Les autres étaient MM. Babinet, Clapeyron, le maréchal Vaillant et Lamé.

Ce dernier, après un examen approfondi des douze Mémoires, déclare la loi justifiée. C'est le seul jugement officieux qui ait été rendu ; mais les désastres de la Garonne viennent, hélas ! le confirmer. Ces désastres eussent été amoindris, si on avait vulgarisé et promulgué la loi des *poteaux indicateurs des crues probables*, établis le long des cours d'eaux.

Exemple pour Paris :

                                                                 Hauteurs.

Crues décennales d'effroi — constatées. . . . . $7^m 50$

Crues séculaires navrantes — constatées. . . . $9^m 60$

Crues milliaires terribles — à prévoir. . . . . $10^m 80$

                                          E. LAGOUT.

En outre de ces prévisions, d'un caractère irrécusable, l'inondation de 1875 était annoncée par L. Louis Neyret, gendre de M. Mathieu (de la Drôme). Est-ce à dire pour cela qu'il faut donner une confiance illimitée à des observations qui ne reposent que sur des probabilités et que l'événement ne justifie pas toujours? Nous nous en garderions bien, d'autant mieux que les auteurs des Almanachs et de leurs prédictions n'oseraient affirmer qu'ils ont en poche un brevet d'infaillibilité.

On nous dira peut-être : « Comment se fait-il que, les pluies ayant été générales en France pendant le mois de juin, les inondations se soient localisées dans le bassin de la Garonne? Nous laissons à un homme compétent le mérite de la réponse.

« Les vapeurs qui s'élèvent en quantités énormes de la Méditerranée et de la moitié septentrionale de l'Atlantique en avril et mai, poussées vers les Pyrénées, les premières par le vent d'Est, si connu dans nos départements du Midi sous le nom de vent d'autan, les seconds par les vents du golfe de Gascogne, ne manquent guère, dans le courant de mai, de se condenser en pluies qui déterminent la fonte des neiges sur le versant français des Pyrénées. Cela fait naturellement grossir les rivières; mais la fonte, à cette époque de l'année, se produisant lentement et étant fréquemment interrompue par des retours de froid, les crues arrivent rarement jusqu'à être de véritables inondations.

Cette année, le vent sud-ouest, qui a soufflé presque constamment en avril et mai, au lieu d'accumuler les vapeurs dans la région pyrénéenne, les en a écartés; d'où il résulte que cette région a été sans pluie. La sécheresse s'est même étendue sur toute la France, au grand désespoir des cultivateurs.

Ce n'est que dans la seconde semaine de juin que les vapeurs, dans le voisinage de la mer du Nord et de la Baltique, s'étant trouvées en contact avec des courants très-froids, se sont rapidement condensées, et la pluie, se communiquant de proche en proche, a gagné toute la France et a fini par atteindre la région des Pyrénées. Là, comme la quantité de neige accumulée était énorme et que la pluie se trouvait à une assez haute température, vu la saison avancée, la fonte s'est opérée avec la rapidité effrayante que l'on ne sait que trop.

Les nouvelles météorologiques étant encore transmises en France, il faut le reconnaître, avec peu d'activité, on ignorait à Paris ce qui se passait dans la région Pyrénéenne, lorsque nous publiâmes, dans la *Petite Presse*, un article sur les pluies de la Saint-Médard, et cet article arriva à Toulouse le 23 juin, juste au moment où la malheureuse cité était envahie par l'inondation que cette pluie avait produite. Car, nous le répétons, ce fut cette pluie qui, en s'étendant de proche en proche jusqu'aux Pyrénées, y détermina la fonte des neiges, dont la masse était devenue prodigieuse, parce que la sécheresse qui avait régné pendant les six semaines précédentes avait empêché ces neiges de se fondre peu à peu, comme cela a lieu les années ordinaires.

MAC CLEAR.

Examinons maintenant ce qu'il y a à faire pour combattre les grandes crues des fleuves.

En 1856, la visite de l'Empereur aux régions inondées n'eut pas seulement un résultat passager, mais elle démontra au souverain ce qu'il y avait à faire pour prévenir le retour de pareils malheurs, et elle fut le point de départ d'une série de travaux, parmi lesquels, ceux des quais de Lyon, menés à bonne fin, protégent désormais les parties basses de la ville.

En outre, pour combattre les grandes crues des fleuves, là où elles prennent naissance, l'Empereur exposa dans une lettre au ministre des travaux publics, alors M. Rouher, un système de digues criblantes à disposer sur le parcours des torrents afin de retarder l'écoulement des eaux et d'en briser la force ; en même temps, il insista sur la nécessité, l'urgence, du reboisement des pentes dénudées.

Si les ressources budgétaires ne permirent pas d'entreprendre la construction des digues criblantes, le système défensif le plus efficace et le plus pratique, de l'aveu de tous les ingénieurs français et étrangers, du moins le reboisement reçut-il de la lettre impériale une vive impulsion, et, aujourd'hui, le voyageur qui parcourt les départements alpins peut voir des forêts verdoyantes là où, il y a douze ou quinze ans, on n'apercevait que la roche dénudée et polie.

Nous ne saurions mieux faire, au point de vue de la question si intéressante à résoudre en ce moment, que de donner en son entier la lettre impériale insérée au *Moniteur*, le 21 juillet 1856.

Monsieur le Ministre,

Après avoir examiné avec vous les ravages causés par les inondations, ma première préoccupation a été de rechercher les moyens de prévenir de semblables désordres. D'après ce que j'ai vu, il y a dans la plupart des localités des travaux secondaires indiqués par la nature des lieux, et que les ingénieurs habiles, mis à à la tête de ces travaux, exécuteront facilement. Ainsi, rien de plus aisé que d'élever des ouvrages d'art qui préserveraient momentanément, d'inondations pareilles, les villes telles que Lyon, Valence, Avignon, Tarascon, Orléans, Blois et Tours. Mais quant au système général à adopter pour mettre, dans l'avenir, à l'abri de si terribles fléaux, nos riches vallées traversées par de grands fleuves, voilà ce qui manque encore et ce qu'il faut absolument trouver.

Aujourd'hui, chacun demande une digue, quitte à rejeter l'eau sur son voisin. Or, le système des digues n'est qu'un palliatif ruineux pour l'Etat, imparfait pour les intérêts à protéger ; car, en général, les sables charriés exhaussent sans cesse le lit des fleuves, et les digues tendant sans cesse à le resserrer, il faudrait toujours élever le niveau de ces digues, les prolonger sans interruption sur les deux rives et les soumettre à une surveillance de tous les moments. Ce système, qui coûterait, seulement pour le Rhône, plus de cent millions, serait insuffisant, car il serait impossible d'obtenir de tous les riverains cette surveillance de tous les moments, qui seule pourrait empêcher une rupture ; et, une seule digue se rompant, la catastrophe serait d'autant plus terrible que les digues auraient été élevées plus haut. Au milieu de tous les systèmes proposés, un seul m'a paru raisonnable, pratique, d'une exécution facile et qui a déjà pour lui l'expérience.

Avant de chercher le remède à un mal, il faut en bien étudier la cause. Or, d'où viennent les crues subites de nos grands fleuves? Elles viennent de l'eau tombée dans les montagnes, et très peu de l'eau tombée dans les plaines. Cela est si vrai que, pour la Loire, la crue se fait sentir à Roanne et à Nevers vingt ou trente heures avant d'arriver à Orléans ou à Blois. Il en est de même pour la Saône, le Rhône et la Gironde, et dans les dernières inondations, le télégraphe électrique a servi à annoncer aux populations, plusieurs heures ou plusieurs jours d'avance, le moment assez précis de l'accroissement des eaux.

Ce phénomène est facile à comprendre : quand la pluie tombe dans une plaine, la terre sert, pour ainsi dire, d'éponge ; l'eau, avant d'arriver au fleuve, doit traverser une vaste étendue de terrains perméables, et leur faible pente retarde son écoulement. Mais lorsque, indépendamment de la fonte des neiges, le même fait se représente dans les montagnes, où le terrain, la plupart du temps composé de rochers nus ou de graviers, ne retient pas l'eau ; alors la rapidité des pentes porte toutes les eaux tombées, aux rivières, dont le niveau s'élève subitement. C'est ce qui arrive tous les jours, sous nos yeux, quand il pleut. Les eaux qui tombent dans nos champs ne forment que peu de ruisseaux, mais celles qui tombent sur les toits des maisons et qui sont recueillies dans les gouttières, forment à l'instant de petits cours d'eau. Eh bien, les toits sont des montagnes et les gouttières des vallées. Or, si nous supposons une vallée de deux lieues de largeur sur quatre lieues de longueur, et qu'il soit tombé dans les vingt-quatre heures 0,10 cent. d'eau sur cette surface, nous aurons dans ce même espace de temps 12 millions 800 mille mètres cubes d'eau, qui se seront écoulés dans la rivière, et ce phénomène se renouvellera pour chaque affluent du fleuve. Ainsi, supposons que le Rhône ou la Loire ait dix grands affluents, nous aurons le volume immense de 128 millions de mètres cubes d'eau qui se seront écoulés dans le fleuve en vingt-quatre heures; mais si ce volume d'eau peut être retenu de manière à ce que l'écoulement ne se fasse qu'en deux ou trois fois plus de temps, alors, on le conçoit, l'inondation sera rendue deux ou trois fois moins dangereuse.

Tout consiste donc à retarder l'écoulement des eaux. Le moyen d'y parvenir est d'élever dans tous les affluents des rivières et des fleuves, au débouché des vallées et partout où les cours d'eau sont encaissés, des barrages qui laissent dans leur milieu un étroit passage pour les eaux, les retiennent lorsque leur volume augmente, et forment ainsi, en amont, des réservoirs qui ne se vident que lentement. Il faut faire en petit ce que la nature a fait en grand.

Si le lac de Constance et le lac de Genève n'existaient pas, la vallée du Rhin et la vallée du Rhône ne formeraient que deux vastes étendues d'eau; car, tous les ans, les lacs ci-dessus, sans pluie extraordinaire et seulement par la fonte des neiges, augmentent leur niveau de 2 ou trois mètres, ce qui fait, pour le lac de Constance, une augmentation d'environ 2 milliards et demi de mètres cubes d'eau et, pour le lac de Genève, 1 milliard 770 millions. On conçoit que cet immense volume d'eau, s'il n'était pas retenu par les montagnes qui, au débouché de ces deux lacs, l'arrêtent ou n'en permettent l'écoulement que suivant la largeur et la profondeur du fleuve, une effroyable inondation aurait lieu tous les ans. Eh bien, on a suivi cette indication naturelle, il y a plus de cinquante ans, en élevant dans la Loire un barrage d'eau dont l'utilité est démontrée par le rapport fait à la Chambre, en 1847, par M. Collignon, alors député de la Meurthe. Voici comment il en rend compte:

« La digue de Pinay, construite en 1711, est
„ à 12 kilomètres environ en amont de Roanne.
„ Cet ouvrage, s'appuyant sur les rochers qui
„ resserrent la vallée et enveloppent les restes

» d'un ancien pont que la tradition fait remon-
» ter aux Romains, réduit en cet endroit le dé-
» bouché du fleuve à une largeur de 20 mètres;
» sa hauteur au-dessus de l'étiage est également
» de 20 mètres, et c'est par cette espèce de per-
» tuis que la Loire entière est forcée de passer
» dans les plus grands débordements.

» L'influence de la digue de Pinay est d'au-
» tant plus digne d'attention qu'elle a été créée,
» comme le montre l'arrêt du Conseil du 23 juin
» 1711, dans le but spécial de modérer les crues
» et d'opposer à leur brusque irruption un obs-
» tacle artificiel, tenant lieu des obstacles natu-
» rels qui avaient été imprudemment détruits
» dans la partie supérieure du fleuve. Eh bien,
» la digue de Pinay a heureusement rempli son
» office au mois d'octobre dernier : elle a sou-
» tenu les eaux jusqu'à une hauteur de 21 m.
» 47 cent. au-dessus de l'étiage; elle a ainsi ar-
» rêté et refoulé dans la plaine du Forez une
» masse d'eau qui est évaluée à plus de 100
» millions de mètres cubes, et la crue aurait
» atteint son maximum de hauteur à Roanne
» quatre ou cinq heures avant que cet immense
» réservoir fut complètement rempli.

» Si la digue de Pinay n'avait pas existé, non-

« seulement la crue serait arrivée beaucoup plus
« vite à Roanne, mais encore le volume d'eau
« roulé par l'inondation aurait augmenté de
« 2,500 mètres cubes par seconde; la durée de
« l'inondation aurait été plus courte, mais l'ima-
« gination s'effraye de tout ce que cette cir-
« constance aurait pu ajouter au désastre déjà
« si grand dont la vallée de la Loire a été le
« théâtre.

« D'ailleurs, l'élévation des eaux en amont de
« la digue de Pinay n'a produit aucun désordre,
« bien loin de là : la plaine du Forez ressentira
« pendant plusieurs années l'action fécondante
« des limons que l'eau, graduellement amon-
« celée par la résistance des digues, y a dé-
« posés.

« Tel a été le rôle de cet ouvrage, qu'une sage
« prévoyance a élevé pour notre sûreté et pour
« nous servir d'exemple. Or, il existe dans les
« gorges d'où sortent les affluents de nos fleu-
« ves un grand nombre de points où l'expé-
« rience de Pinay peut être renouvelée écono-
« miquement, si les points sont bien choisis,
« utilement pour modérer l'écoulement des
« eaux, sans inconvénient et, le plus souvent,
« avec un grand profit pour l'agriculture.

« Au lieu de ces digues ouvertes dans toute
leur hauteur, on a proposé de construire aussi
des barrages pleins, munis d'une vanne de
fond et d'un déversoir superficiel. Les réservoirs ainsi formés, pouvant retenir à volonté
les eaux d'inondation, permettraient de les
affecter, dans les temps de sécheresse, aux
besoins de l'agriculture et au maintien d'une
utile portée d'étiage pour les rivières. »

L'édit de 1711, dont parle M. Collignon, indique parfaitement bien le rôle que les digues
sont appelées à jouer. On y lit le passage suivant :

« Il est indispensable de faire trois digues
dans l'intervalle du lit de la rivière où les
bateaux ne passent point : la première aux
piles de Pinay, la seconde à l'endroit du château de la Roche, et la troisième aux piles et
culées d'un ancien pont qui était construit sur
la Loire, au bout du village de Saint-Maurice, et, avec le secours de ces digues, les passages étant resserrés, lorsqu'il y arrive de
grandes crues, les eaux qui s'écoulaient en
deux jours, auraient peine à passer en quatre
ou cinq. Le volume des eaux étant diminué de
plus de la moitié, ne causera plus de ravages

„ pareils à ceux qui sont survenus depuis trois
„ ans. „

En effet, en 1856 comme en 1846, les digues de Pinay et de la Roche ont sauvé Roanne d'un désastre général.

Remarquons, en outre, que, suivant M. Boulangé, ancien ingénieur en chef du département de la Loire, la digue de Pinay n'a coûté que 170,000 francs, et celle de la Roche que 40,000 francs, et il ne compte qu'une dépense de 3,400,000 francs pour la création de cinq nouvelles grandes digues et de vingt-quatre barrages dont il propose la construction sur les affluents de la Loire. D'ailleurs, M. Palonceau, ancien inspecteur démissionnaire des ponts et chaussées, qui admet en partie le même système, pense qu'on pourrait faire ces mêmes digues en gazon, en planches et en madriers, ce qui serait plus économique.

Maintenant, comme il est très important que les crues de chaque petit affluent n'arrivent pas en même temps dans la rivière principale, on pourrait peut-être, en multipliant dans les uns ou en restreignant dans les autres le nombre de barrages, retarder le cours de certains affluents, de telle sorte que les crues des uns arrivent toujours après les autres.

D'après ce qui précède, et d'après l'exemple de Pinay, ces barrages, loin de nuire à l'agriculture, lui seront favorables par le dépôt de limon qui se formera dans les lacs artificiels et servira à fertiliser les terres.

Là où les rivières charrient des sables, ces barrages auraient l'avantage de retenir une grande partie de ces sables, et, en augmentant le courant au milieu des rivières, d'en rendre le thalweg plus profond. Mais quand même ces barrages feraient quelque tort aux cultures des vallées, il faudrait bien en prendre son parti, quitte à indemniser les propriétaires, car il faut se résoudre à faire la part de l'eau comme on fait la part du feu dans un incendie, c'est-à-dire sacrifier des vallées étroites, peu fertiles, au salut des riches terrains des plaines.

Ce système ne peut être efficace que s'il est généralisé, c'est-à-dire appliqué aux plus petits affluents des rivières. Il sera peu coûteux si l'on multiplie les petits barrages au lieu d'en élever quelques-uns d'un grand relief. Mais il est clair que cela n'empêchera pas les travaux secondaires qui doivent protéger les villes et certaines plaines plus exposées.

Je voudrais donc que vous fissiez étudier ce système le plus tôt possible, sur les lieux mêmes, par les hommes compétents de votre ministère.

Je voudrais qu'indépendamment des digues qui doivent être élevées sur les points les plus menacés, on fît, à Lyon, un déversoir semblable à celui qui existe à Blois; il aurait l'avantage de préserver la ville et d'augmenter beaucoup la défense de cette place forte.

Je voudrais que, dans le lit de la Loire, on élevât pendant les basses eaux et parallèlement au cours du fleuve, des digues faites en branchages, ouvertes en amont, formant des bassins de limonage, ainsi que le propose M. Fortin, ingénieur des ponts et chaussées. Ces digues auraient l'avantage d'arrêter les sables sans arrêter les eaux, et de creuser le lit de la rivière.

Je voudrais que le système proposé pour le Rhône, par M. Vallée, inspecteur général des ponts et chaussées, fut sérieusement étudié avec le concours du gouvernement suisse. Il consiste à abaisser les eaux du Rhône à l'endroit où il débouche du lac de Genève, et à y construire un barrage; par ce moyen, on obtiendrait, selon lui, un abaissement des hautes eaux du Léman, utile au Valais, au pays de Vaud et à la Savoie; une navigation meilleure du lac, des embellissements pour Genève, des inondations moins désastreuses dans la vallée du Rhône, une navigation meilleure de ce fleuve.

Enfin, je voudrais que, comme cela existe pour quelques-uns, le régime des grands fleuves fut confié à une seule personne, afin que la direction fut unique et prompte dans le moment du danger. Je voudrais que les ingénieurs qui ont acquis une longue expérience dans le régime des cours d'eau pussent avancer sur place et ne pas être distraits tout-à-coup de leurs travaux particuliers; car il arrive souvent qu'un ingénieur qui a consacré une partie de sa vie à étudier soit des travaux maritimes du bord de la mer, soit des travaux hydrauliques à l'intérieur, est tout à coup, par avancement, employé à un autre service, où l'Etat perd le fruit de ses connaissances spéciales, résultat d'une longue pratique.

Ce qui est arrivé après la grande inondation de 1840 doit nous servir de leçon. On a beaucoup parlé aux Chambres, on a fait des rapports très lumineux, mais aucun système n'a été adopté, aucune impulsion nettement définie n'a été donnée, et l'on s'est borné à faire des travaux partiels qui, au dire de tous les hommes sérieux, n'ont servi, à cause de leur défaut d'ensemble, qu'à rendre les effets du dernier fléau plus désastreux.

Sur ce, je prie Dieu, monsieur le Ministre, qu'il vous ait en sa sainte garde.

Napoléon.

Plombières, 19 juillet 1856.

En 1856, on insista sur l'urgence du reboisement des pentes dénudées et on ne saurait trop s'en préoccuper, aujourd'hui surtout, quand, par suite de la suppression de beaucoup de forêts en Europe, comme l'a fait observer M. Louis Figuier, un changement s'est manifesté dans le régime des pluies, et quand on songe que cette modification ne fera que s'aggraver, à mesure que les progrès de l'industrie amèneront la destruction de ces masses végétales que la nature semble avoir prodiguées dans l'intérêt de l'homme et que l'homme s'attache opiniâtrement à détruire.

Le système des *digues* criblantes, mis en lumière par la lettre de l'Empereur, trouva en M. F. Baudouin, membre de la société des ingénieurs civils, un adversaire dont les idées, c'est là son aveu, étaient en entière opposition avec celles admises par les hommes d'une compétence officielle. Guidés par un sentiment d'impartialité bien naturel, dans une question d'un si haut intérêt, nous indiquons les moyens proposés par M. Baudoin, sans nous porter garants de l'efficacité du procédé par lui recommandé.

Plus que jamais, je suis persuadé, dit M. Baudouin, qu'il y a imprudence à se reposer uniquement sur ces digues, ces levées et autres moyens de défense ayant pour but de maîtriser les crues, si excessives qu'elles soient, moyens dont pourtant l'impuissance se révèle tout-à-coup, à des époques plus ou moins éloignées, sous l'influence de causes fatales dont on peut, à l'avance, mesurer la portée. Je pense, au contraire, qu'il faut tabler sur cette impuissance même ; qu'au lieu de laisser les eaux se frayer capricieusement des passages torriels, il faut leur ménager, par prévoyance et dans des endroits convenablement choisis, de larges déversoirs qui puissent être ouverts aux moments critiques, et leur donner une direction et une action dont on soit maître.

A cet effet, après s'être livré à une étude approfondie du régime des eaux, de la configuration et de la nature des terrains bas avoisinant tel fleuve, de leur plus ou moins de valeur relative, de toutes les circonstances enfin devant influer sur la réalisation du but à atteindre, on creuserait de larges canaux partant des rives de ce fleuve pour se diriger vers les points *les plus bas* du terrain ainsi choisi pour devenir une sorte de bassin naturel voué à la submersion. Ces canaux viendraient en pente douce se relier au fleuve au moyen de *sas* larges et profonds solidement adossés à ses digues et communiquant avec lui par des vannes ménagées à diverses hauteurs.

On aurait ainsi la facilité, quand serait imminente une de ces crues invincibles, de livrer aux eaux en excès les passages nécessaires pour que, tombant d'abord dans ces *sas* inébranlables, elles y usent leur vitesse et prennent paisiblement leur écoulement vers cette grande *cuvette*, du fond de laquelle elles s'étendront graduellement, par un mouvement *ascensionnel et dès lors tranquille*, sur toute la surface de ce vaste terrain, volontairement et momentanément sacrifié à la protection de toute la contrée.

Dès que le fleuve décroîtrait, les eaux sorties de son lit y retourneraient par ces mêmes voies en s'abaissant avec la même tranquillité.

Je ne puis entrer ici dans les détails accessoires que contenait ma note de 1856. Je me bornerai à ajouter que, pour obvier aux accidents de terrain qui, en mettant obstacle à la propagation continue des eaux, empêcheraient qu'elle ne s'opérât partout avec la même innocuité, il suffirait de relier, par de petits canaux partiels, les diverses dépressions séparées par ces relèvements du sol.

Les déblais provenant de ces fouilles seraient employés en remblais, soit pour fortifier les digues existantes, soit pour établir entre les habitations de la localité ainsi vouée à la submersion, des voies de communication en relief, demeurant praticables malgré l'inondation.

Ce système de travaux serait peu coûteux, puisqu'à l'exception des sas à construire très solidement, pour supporter le choc des eaux rejetées du fleuve, ils consisteraient en canaux ou fossés en terre, dont les talus peu inclinés seraient cultivables.

Ce système ne serait d'ailleurs exclusif d'aucun des travaux de défense proprement dite, ayant pour effet de contenir les crues normales.

Comme je l'ai dit dans ma note de 1856, ce n'est là, à vrai dire, qu'une sorte de *transaction* avec un fléau qu'il est impossible de supprimer d'une manière absolue. On lui fait à l'avance sa part dans des conditions ayant pour résultat d'empêcher ces invasions torrentielles qui minent et renversent les habitations, qui bouleversent les champs cultivés, enlèvent la terre végétale, ravinent profondément le sol et le transforment en grèves pour longtemps stériles.

On livre à l'inondation, quand elle devient inévitable, un passage tranquille qui, en la portant tout d'abord aux points les plus bas, lui permet de s'étendre progressivement en s'élevant d'une manière aussi inoffensive que possible. Il y a plus : les inconvénients de ces submersions pacifiques seraient rachetés, à un certain degré, par la fertilisation résultant du limon déposé par ces crues, après l'avoir enlevé aux flancs des montagnes. Dans les temps de sécheresse, la communication, facile à établir entre ces canaux et le fleuve, pourrait devenir un moyen utile d'irrigation.

Plus ces bassins naturels auraient d'étendue, plus ils produiraient d'effet. En admettant, par exemple, qu'une superficie de 12 kilomètres de longueur sur 5 de largeur moyenne, soit 60 kilomètres carrés, fut consacrée à une décharge de cette sorte, ce serait, au cas d'une submersion de 0m 50 de hauteur moyenne, une masse de 30 millions de mètres cubes d'eau dont on aurait soulagé le fleuve *au moment où il commençait de déborder*, ce qui, en supposant sa largeur de 200 mètres, équivaudrait, sur une longueur 150 kilomètres, à une couche de 0m 50 d'épaisseur.

On comprendra l'importance d'un tel soulagement, si l'on réfléchit que le débordement d'un fleuve ne tient parfois qu'à une surélévation de 1 ou 2 décimètres, comme je l'ai vu à Lyon, un jour où l'alarme était si grande, qu'il eût suffi que le Rhône grossit de 10 centimètres de plus pour qu'il se produisit une inondation désastreuse.

M. Léopold Chaubard croit avoir trouvé la solution de la question dans l'application d'un moyen dont il est l'inventeur et qu'il indique de la façon suivante :

Pas de réservoir permanent, pas de digue, pas d'obstacle à

l'écoulement des eaux, écrit M. Chaubard. Que les débouchés insuffisants des ponts soient agrandis; que les passes navigables soient formées sur les hauts fonds avec moëllons bruts seulement; que le lit principal soit débarrassé de toute végétation, afin que les graviers restent complétement à nu et à la disposition de la rivière, qui les déplace à son gré. (Nous ne parlons ici que de la Garonne.)

Un savant auteur dit: « Peu de nos constructions hydrau-
» liques résistent aux fortes inondations : nous n'avons peut-
» être pas en France vingt grands ponts qui aient 400 ans
» d'existence. Non que ceux qui sont tombés n'eussent une
» masse assez forte et assez bien construite pour résister au
» choc de l'eau; mais parce que le fleuve en a *miné* les fon-
» dements et a *fouillé* le terrain sur lequel ils étaient établis. »

Le moyen de prévenir la destruction de ces ouvrages d'art repose sur le principe suivant : Pour défendre les affouillements du courant les ouvrages en lit de rivière tels que barrages, ponts, digues de défense, berges, etc. on les protége au moyen de moëllons jetés à pierre perdue, autour de leur base. Plongés dans l'eau ces moëllons perdent près de la moitié de leur poids! Dans la rivière à fond mobile, ces mêmes moëllons, indépendants les uns des autres, sont facilement affouillés et emportés pendant les crues, par le courant qui renverse alors les ouvrages qu'ils étaient *destinés à protéger*.

Si la surface des talus que forment ces enrochements est recouverte d'une résille métallique articulée, les moëllons rendus solidaires, ne pouvant pas passer par les mailles du filet qui les enveloppe entièrement, resteront à leur place; les fondations ne seront pas affouillées et les ouvrages, *fatalement condamnés aujourd'hui à être emportés par les crues*, résisteront à leur action destructive.

M. Roux, ingénieur du Bazacle, soutient, au contraire, que la question de retenue des eaux doit être mise promptement à l'étude, car le reboisement des montagnes ne peut donner des résultats sérieux que dans un avenir bien éloigné.

L'idée de créer des réservoirs propres à emmagasiner des volumes d'eau considérables, est, à mon avis, avance M. Roux, la seule pratique.

Non pas que je veuille dire que les inondations puissent être réglées d'une manière complète, mais il me parait certain qu'on peut les atténuer sensiblement et les empêcher par là d'exercer leurs ravages périodiques.

. . . .
. . . .

A une époque assez rapprochée de nous, Riquet n'a pas employé d'autres moyens pour l'alimentation du canal du Midi. Il a capté les eaux de la Montagne-Noire dans les réservoirs de Saint-Ferréol et de Lampy.

De nos jours, les ingénieurs de l'Etat ont fait les études complètes de tous les bassins des Pyrénées. En 1848-49, M. Montet, ingénieur en chef, chargé du service de distribution des eaux de la Neste, a étudié plusieurs réservoirs dans les vallées des Hautes-Pyrénées et de la Haute-Garonne.

Je n'en citerai que quelques uns :

Le lac d'Orédon, situé dans la vallée de Couplan, commune d'Aragnouet (Hautes-Pyrénées), affluent de la Neste ;

Le bassin de Caplong, situé dans la même vallée, au-dessus du lac d'Orédon ;

Les lacs d'Aubert et d'Aumar recevant l'eau des montagnes, au sud de Barèges et alimentant également la Neste ;

Le lac de Génos, à l'extrémité de la vallée de Louron, autre affluent de la Neste ;

Le lac d'Oo, près de Bagnères-de-Luchon, alimentant l'Arboust, affluent de la Pique.

D'autres études ont été faites dans beaucoup d'autres vallées, et la possibilité de construire un grand nombre de réservoirs dans les vallées pyrénéennes est aujourd'hui parfaitement reconnue et a, d'ailleurs, été mise en pratique.

Un ingénieur bien connu du monde savant, promoteur de l'idée d'un tunnel sous la Manche, qui va bientôt relier l'Angleterre au continent, M. Thomé de Gamond, a publié, il y a quelques années, un remarquable *Mémoire sur le régime général des eaux courantes.*

Au moment de son apparition, en 1871, cet ouvrage a produit un certain bruit dans le monde savant, où les théories exposées par l'auteur ont rencontré des partisans décidés et des contradicteurs convaincus. Mais le grand public est resté presque entièrement ignorant d'une œuvre capitale, fertile en applications pratiques, et dont la réalisation rendrait impossible le retour des effroyables inondations dont la France a eu à souffrir, à des époques malheureusement trop rapprochées, sur la Loire, sur le Rhône, comme sur la Garonne.

Nos récents malheurs donnent aux travaux de M. Thomé de Gamond une actualité d'autant plus grande que, d'après l'auteur, le fléau des inondations n'est que le résultat naturel du désordre dans lequel nous laissons le régime de nos eaux courantes. Le problème des inondations doit être résolu, non par l'endiguement longitudinal des rivières, mais par la suppression de la vitesse du courant intégral sur le lit des fleuves.

Certes, ce n'est pas une petite entreprise que de maîtriser la force immense qui entraîne vers la mer 180 milliards de mètres cubes d'eau, sur un parcours de 130 kilomètres, avec une pente moyenne de 1m25 par kilomètre; mais cette entreprise n'est pas, M. Thomé de Gamond l'affirme, au-dessus des ressources dont dispose la science; les moyens à employer se réduisent à deux : 1° régularisation normale des déversoirs, des barrages et des voies d'émission de toute nature, disposés pour la retenue et la distribution des eaux, en ne laissant descendre à la mer qu'une portion du liquide, la plus restreinte; 2° établissement de spacieux réservoirs créés dans l'amont du système pour emmagasiner une partie des eaux fluviales surabondantes.

A l'aide de ces travaux, qui ne constituent qu'une simple extension et généralisation méthodique des travaux hydrauliques exécutés couramment, la pente désordonnée des rivières serait remplacée par une série de plans d'eau réguliers et successivement subordonnés. On opérerait ainsi, suivant l'expression même de l'auteur, la transformation du plan incliné de nos rivières en un escalier hydraulique. Or, les eaux surabondantes emmagasinées dans leur cours, le fléau des inondations serait à tout jamais dompté.

Nous n'avons pas une compétence qui nous permette d'affirmer la possibilité d'une application immédiate des théories de M. Thomé de Gamond, mais la réputation méritée de l'auteur est une sérieuse garantie de la valeur de son œuvre.

M. A. Meilly a publié, au mois de juillet, dans *le Petit Journal*, une série d'articles d'un grand intérêt, ayant pour titre. *Les inondations*. Nous regrettons de ne pouvoir donner tout entier ce travail, qui nous a paru contenir les idées auxquelles on semble vouloir s'arrêter aujourd'hui, parce qu'elles sont acceptées par la science et qu'elles paraissent confirmées par l'observation des faits.

Nous nous contenterons, tout en constatant que M. Meilly se rallie aux théories de M. Thomé de Gamond, de citer les conclusions de son travail :

Tous les moyens opposés ou à opposer aux inondations, moyens qui sont tous à l'avantage de l'industrie, de l'agriculture et de la navigation, se résument donc en ceci : retarder la marche descendante des eaux torrentielles, accélérer le passage des crues dans le lit inférieur des fleuves.

Les ingénieurs seuls peuvent résoudre ce dernier problème ; tout le monde peut coopérer à satisfaire au premier.

Au pied des glaciers, des pierres, des quartiers de roches jetés en travers du lit des torrents ; dans les pays de montagnes, où l'eau tombe plutôt du ciel qu'elle ne descend des sommets, des obstacles de toute nature opposés à la rapide descente des eaux.

Boiser et gazonner les monts aux flancs incultes, les zébrer de canaux, de rigoles d'arrosage recueillant les pluies comme autant de longs et minces collecteurs ;

Plus bas, endiguer, à chaque pas pour ainsi dire, le cours des torrents, jeter de nombreuses murailles de terre au travers des ravins, en laissant une porte ouverte à l'écoulement des eaux ;

Plus bas encore, là où le vallon va s'élargir et s'ouvrir dans la plaine, aux inclinaisons plus douces, là où la rivière ou le fleuve semble s'apprêter à agrandir son lit avec son horizon, barrer le vallon par un ouvrage d'une solidité à toute épreuve ;

Après les milliers d'épargnes minuscules, accumulées sur toute la surface du bassin supérieur, la capitalisation en bloc d'une pareille quantité d'eau, ne laissant plus arriver ainsi, dans le lit du fleuve principal, que des affluents au cours régularisé ;

Avant tout, établissement, dans toutes les régions où le sol, non pénétrable, refuse de servir de véhicule à l'alimentation des sources, établissement d'un vaste réseau d'observations météorologiques, achevant pour la France entière, le tableau des résultats et des chiffres si bien étudiés sur le bassin de la Seine ;

Enfin, comme tout doit être prévu parce que tout peut arriver, il ne faut pas négliger les moyens de défense complémentaire.

Il faut savoir, dans les vastes plaines, abandonner à la libre extension des fleuves les espaces offerts par les prairies naturelles, en s'interdisant de bâtir dans la zone susceptible d'être envahie par les crues, zone limitée au préalable par une série de poteaux indicateurs.

L'inondation, se répandant à volonté, affaiblira pour une année le produit de la terre, mais en abandonnant après elle un limon fertile. Tout au plus est-il nécessaire de jeter de distance en distance quelques levées de terre transversales au cours de la rivière, pour empêcher les tourbillons, apaiser les courants et favoriser le dépôt du limon précieux.

Là où les cultures représentent plus de richesses sur un moindre espace, nous avons l'endiguement, mais l'endiguement sagement calculé.

On laissera aux caprices insuffisamment maîtrisés du fleuve leur inévitable part ; les digues seront élevées sur chaque rive de manière à laisser, à large intervalle, des berges naturelles, abandonnant un vaste lit à l'épanchement des eaux.

Tout cela est simple, facile à comprendre, facile à pratiquer.

Atténuer les inondations et non point les régler, voilà ce qui parait possible jusqu'à présent. L'homme peut donc être encore appelé à jouer un rôle dans les sombres drames attisés par le fléau. Ne doit-on pas songer dès lors à donner au sauveteur hardi des *radeaux de sauvetage*, le fusil porte amarre, qui porte la flèche avec la corde à quatre vingt mètres?

Et puis, après le matériel, ne pourrait-on pas organiser des corps de sauveteurs?

A ce sujet, M. Camille Debans écrivait de sa plume vaillante, dans la *Petite Presse*, les lignes suivantes :

Il faudrait, à mon humble avis, établir sur les rives, des postes de marins de l'Etat, familiarisés avec les dangers des grandes eaux.

Ces postes seraient munis de tous les engins nécessaires au sauvetage des inondés. On y réunirait des quantités de ceintures de sauvetage, des *sauve-vie*, comme disent les anglais. On y établirait des flottilles d'embarcations à vapeur ou même à l'aviron, qui seraient munies de cordes, d'échelles, d'instruments d'épuisement, en un mot de tout ce qui est reconnu indispensable dans les circonstances douloureuses que nous venons de traverser.

Et aussitôt qu'une inondation serait signalée, les postes seraient transportés, par le chemin de fer, le plus près possible des lieux du sinistre, et les marins porteraient des secours efficaces.

Voilà d'excellents moyens pour sauver la vie des hommes, ce qui est quelque chose.

Quant à réparer la perte des biens, un des moyens les plus efficaces semblerait être un bon système d'assurance mutuelle, qui s'étendrait sur une ou plusieurs régions d'un même État.

M. Jules Richard, partant de cette idée que les départements inondés ont été *un pays sacrifié* qui, dans l'impossibilité d'établir des défenses artificielles efficaces, *a protégé le reste de la France*, insistait naguère, et chaleureusement, pour que, *au nom de la solidarité*, une grande mesure réparatrice fut adoptée, et que ce fût le budget de l'Etat qui survint aux dommages causés à des propriétés qui forment en réalité une partie du domaine national.

Sans admettre d'une manière absolue cette assimilation des départements inondés à une défense préservatrice pour le reste de la France, il me semble qu'il y aurait justice à réaliser, dans la mesure du possible, l'œuvre de vraie et saine confraternité proposé par M. Jules Richard.

Et maintenant, demandons-nous quel avenir est réservé au faubourg Saint-Cyprien ?

Personne n'a pu songer un instant qu'il fallait retrancher de la grande famille toulousaine ce malheureux quartier. Une préoccupation unique s'est emparée des esprits : prémunir Saint-Cyprien contre de nouvelles inondations.

Entre tous les projets éclos à ce sujet, il en est un qui émane de M. Bianchi, l'honorable opticien de la rue de la Pomme. Nous nous plaisons à le signaler tel que nous l'avons trouvé dans une de ses lettres, datée du 3 juillet :

Ayant parcouru, dit-il, le vaste champ de nos désastres, dès le lendemain du jour où se sont accomplis tant de malheurs, accumulé tant de ruines dans notre cité, j'ai été frappé de cette idée qu'il serait possible de les éviter, d'en garantir désormais le faubourg Saint-Cyprien, ce grand centre de population, et aussi les autres points de la ville qui ont été atteints. En voici les moyens :

D'abord, établir une digue en amont dirigée normalement au cours de la Garonne, placée au point où les hommes de l'art le jugeraient le plus convenable. Je n'essaierai pas d'entrer dans des détails techniques qu'il ne m'appartient pas de résoudre ; on lui donnerait la forme et la direction exacte que des études spéciales du terrain commanderaient. Elle serait reliée au cours Dillon. Des ouvertures suffisantes pour la libre circulation de la population seraient ménagées sur tous les points nécessaires, et des fermetures convenablement combinées fonctionneraient subitement à l'approche du danger.

Cette digue serait insuffisante à elle seule pour conjurer le mal ; elle serait même un danger par l'obstacle absolu qu'elle présenterait au libre cours des eaux. Il faut dès lors ouvrir une voie nouvelle donnant un plus grand débit aux eaux du fleuve ; on l'obtiendrait, évidemment, en établissant un large canal, creusé parallèlement au cours de la Garonne, à l'ouest, vers le pied des côteaux, fermé, si l'on veut, en temps ordinaire, et livré à la culture ; ouvert largement à l'écoulement des eaux, pour peu qu'une crue s'annonce ; ou, si l'utilité en est démontrée, en faire un canal de navigation. Toujours ouvert à la libre circulation des eaux, il conjurerait désormais le mal immense dont l'imminence nous est si cruellement démontrée, vu le niveau du sol sur lequel est et restera sans doute établi le faubourg Saint-Cyprien, ce si grand centre de population.

Les eaux de la Garonne, trouvant, par le creusement d'un large canal, un bien plus grand débit à leur passage à Toulouse, leur niveau ne s'élèverait jamais autant sur ce point de leur parcours, et, du coup, on garantirait également et le faubourg Saint-Cyprien de l'invasion des eaux par les parties inférieures, et aussi les quartiers du Port-Garaud, et le grand centre d'industrie des Amidonniers, sauf d'ailleurs à établir des quais de défense sur tout ces points.

Eviter le retour des désastres dont nous sommes témoins, est une nécessité qui s'impose à tous les esprits. Le chef de l'État et les ministres, dans leur sympathique visite, l'auront jugé ainsi ; l'établissement d'un canal de décharge et une digue paraîtront, je crois, le moyen sûr d'y parvenir. Les millions qu'il faudra consacrer à cette œuvre devront se trouver.

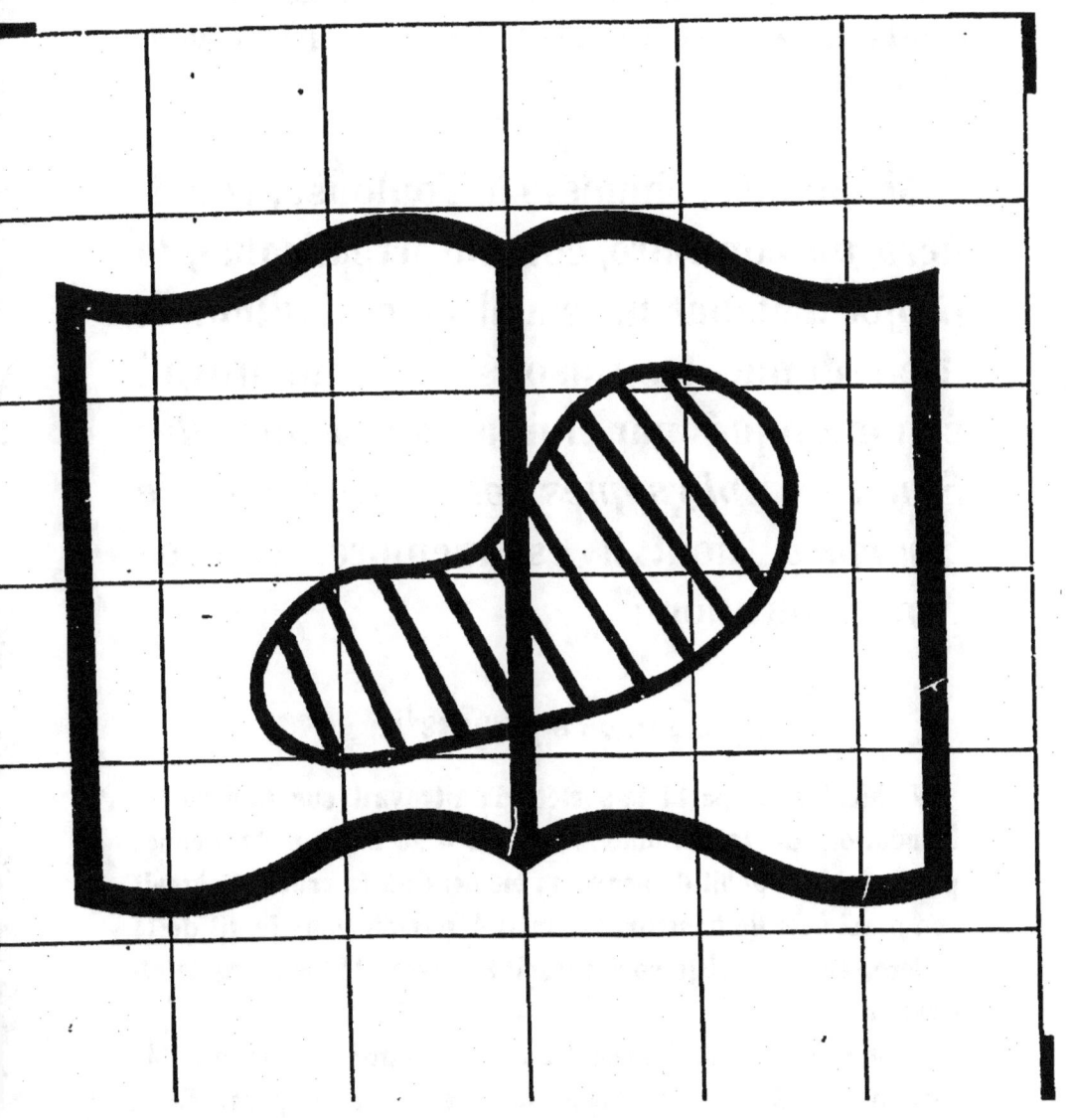

Il y a là une question d'humanité aussi bien qu'une question d'intérêt bien compris. Le faubourg Saint-Cyprien en a perdu dans un jour, des millions, par centaine ; il importe d'éviter pour l'avenir et tant de deuils et tant de ruines. Tout le monde le sent bien.

M. Meillès, chimiste à Toulouse, considère, au contraire, comme irréalisable, le projet d'établir un canal de dérivation, et il en donne les raisons dans un travail communiqué par lui à la *Société des Sciences physiques et naturelles de Toulouse*, dont il est membre. Voici sa communication :

Séance du 8 juillet 1875.

M. Meillès fait part à la société d'un travail sur la dernière inondation de la Garonne. Il estime à 25 mille mètres cubes par seconde le débit du fleuve au moment où la crue atteignait son maximum de hauteur. La moitié passait dans le lit de la rivière, l'autre moitié se déversait à travers le faubourg Saint-Cyprien.

Il attribue l'envahissement de ce faubourg à la trop faible section laissée à l'écoulement des eaux par le pont. Et la preuve de cette opinion se trouve dans ce fait que, tandis que l'eau se déversait du lit de la rivière au faubourg, en passant par dessus le quai Dillon, elle revenait du faubourg dans le lit, par une chute de un mètre au moins, de hauteur, entre les deux hospices.

On n'a, d'ailleurs, qu'à jeter les yeux sur un plan de Toulouse, pour voir que la largeur de ce lit est de cinq cents mètres au point qu'occupait le pont suspendu Saint-Michel, qu'elle va diminuant de plus en plus, entre le quai de Tounis et le cours Dillon, pour se réduire à deux cents mètres, et que le pont la diminue encore de cinquante mètres.

Partant de ces données, le moyen de préserver notre ville d'un désastre pareil à celui qui vient de la frapper, consiste à offrir à l'eau un débouché naturel double de celui qu'elle a entre les quais de la rive droite et l'Hospice. C'est dans ce but qu'il a étudié successivement les projets suivants :

1° Un canal de dérivation partant de Braqueville et allant rejoindre la Garonne près de Blagnac. Ce canal aurait une longueur de dix kilomètres, une largeur de deux cents mètres. Il renfermait entre lui et la Garonne une superficie de dix kilomètres carrés. Il préserverait d'une manière absolue, le faubourg Saint-Cyprien, et les quartiers de la rive droite. Mais, ajoute l'auteur, il coûterait huit millions !

2° Un canal de même largeur que le précédent contournant extérieurement le mur d'octroi. Il aurait trois kilomètres de longueur et nécessiterait un élargissement du lit du fleuve sur une longueur de un kilomètre. Il préserverait Saint-Cyprien, mais il aurait peu d'effet sur les faubourgs Saint-Michel et des Sept-Deniers. Il coûterait sept millions.

M. Melliès considère ces deux projets comme irréalisables, à cause de la dépense énorme qu'ils occasionneraient. Mieux vaudrait encore, dit-il, faire disparaître l'étranglement du lit du fleuve par la démolition de l'hôpital Saint-Jacques et des premières maisons de la rue de Bayonne. L'achat des maisons à démolir, la reconstruction de l'Hôtel-Dieu, celle de l'ancien Château-d'Eau, et la prolongation du pont coûteraient beaucoup moins.

Quant à des lieux de refuge qu'on pourrait construire sur divers points du faubourg, l'auteur les regarde comme tout à fait inefficaces. Nous ne croyons au danger que lorsque nous ne pouvons plus le fuir. Les habitants de Saint-Cyprien avaient un lieu de refuge tout préparé sur la rive droite : en ont-ils profité ?

Les retenues dans les Pyrénées lui paraissent tout aussi impossibles à établir dans des conditions préservatrices.

La seule précaution, immédiatement pratique, consiste à imposer à la population du faubourg des conditions de solidité dans la construction des maisons, tant pour les fondations que pour les murs correspondant au rez-de-chaussée. Il calcule la différence de prix d'une construction faite avec du mortier de qualité extrême, c'est-à-dire le mortier de terre, et celui qu'on fait avec la chaux de Theil. Cette différence est de 2 fr. 50 par mètre cube de maçonnerie, soit, moins de mille francs pour une maison carrée qui aurait quinze mètres de côté.

M. le président remercie M. Meillès de son intéressante communication, dont les conclusions sont adoptées par la société.

M. Timbal-Lagrave insiste sur l'importance du reboisement et le regazonnement des montagnes, pour régulariser le cours de nos rivières pyrénéennes.

M. le docteur Jougla demande s'il ne serait pas utile, dans

la reconstruction du faubourg Saint-Cyprien, de rectifier les alignements de certaines rues, et, au besoin, de remanier la direction générale de ces rues, de telle façon que, le cas échéant, les eaux pussent trouver un libre écoulement vers la Garonne. Le fait que l'eau a baissé d'un mètre dans Saint-Cyprien lorsque la buanderie de l'hospice de la Grave, qui formait barrière, a été emportée, explique suffisamment cette demande; de même que cet autre fait, constaté par tout le monde, vers 7 heures du soir, que l'eau s'écoulait de Saint-Cyprien dans la Garonne par dessus le batardeau construit entre l'hospice de la Grave et l'hôtel-Dieu Saint-Jacques, dans la rue Viguerie, avec un mètre de chute. En sorte que le niveau de l'eau était dans Saint-Cyprien supérieur à celui de la Garonne.

M. le docteur Jougla demande aussi si la chaussée du Bazacle, par sa position en travers de la rivière, n'a pas été un empêchement à la rapide évacuation de l'eau qui s'engouffrait dans le bassin de la Garonne.

Répondant à la dernière observation de M. le docteur Jougla, M. Bousquet donne quelques renseignements sur l'établissement des chaussées transversales dans la rivière de l'Aude. Toutes sont munies de vannes disposées de telle sorte, que l'eau en s'élevant les fait basculer; dès lors, le passage est libre pour les eaux des crues, que la chaussée ne force pas à s'accumuler en aval de l'obstacle.

Nous terminerons ce chapitre, si plein d'intérêt, par l'exposé des mesures que M. le Ministre des travaux publics a cru indispensable de prendre pour remédier aux inondations et les prévenir le plus possible.

En demandant à la Chambre un crédit supplémentaire de 3,400,000, devant faire face aux dépenses de réparation des ponts détruits et des routes défoncées, crédit que la Chambre a voté avant d'entrer en vacances, M. Caillaux songeait aussi à créer un service spécial, dont les fonctions consisteraient à prévenir les riverains des crues qui viendraient à se manifester. Ce service, qui existe dans une certaine mesure, laisse beaucoup à désirer. C'était le cas de le rétablir sur de nouvelles bases.

Conformément à ses déclarations précises, M. Caillaux a institué une commission, composée d'inspecteurs généraux des ponts et chaussées, et a chargé cette commission d'étudier les dispositions à adopter pour réglementer les observations météorologiques et le service de l'annonce des crues dans le bassin de la Garonne.

M. Caillaux s'est convaincu, dans son voyage à Toulouse, que les populations riveraines ont une tendance presque invincible à s'établir le plus près possible du fleuve, dans la zone submersible. Pendant les quelques années qui suivent une inondation, elles se montrent plus craintives, plus réservées; mais le temps fait oublier tous les malheurs, la confiance revient et on plante, on bâtit, au bord de l'eau. Et cependant, les inondations arrivent tous les vingt ans avec une régularité presque mathématique : 1835, 1855, 1875. M. le Ministre remarque, de plus, que beaucoup de constructions se font, dans le Midi, en pisé. Or, ce genre de constructions ne peut naturellement supporter le séjour de l'eau.

A Toulouse, différents projets furent soumis à M. le Ministre pour défendre la ville. Un de ces projets consisterait à creuser à la Garonne un lit secondaire qu'elle utiliserait en cas de crue. Un autre élargirait le lit actuel dans les environs de la ville. Tous ces projets réclamaient les plus sérieuses études. Quant au faubourg Saint-Cyprien, il a été question plusieurs fois d'y faire des travaux de défense contre les inondations. On ne les a pas exécutés par un motif très légitime : on craignait que des travaux, de ce côté, ne compromissent la ville de Toulouse, d'un autre.

A son retour à Paris, plusieurs députés entretinrent M. Caillaux de la nécessité de créer des réservoirs dans les montagnes et d'emmagasiner ainsi un grand volume d'eau. Mais le Ministre des travaux publics a hésité à entrer dans cette voie.

Il résulte, en effet, de calculs précis, que ces réservoirs, pour être construits d'une manière efficace, ne coûteraient pas moins de 120 à 130 millions. On se demande s'il serait d'une bonne économie de faire cette dépense énorme, quand les pertes annuelles, du chef des inondations, n'atteignent que quatre millions. Il paraît, d'ailleurs, que les réservoirs ne sont pas sans offrir des inconvénients. L'écoulement de leurs eaux pourrait coexister avec une seconde crue. Leurs murs ou digues sont quelquefois susceptibles de se rompre. De pareils accidents sont arrivés plusieurs fois en Espagne et en Angleterre. La science des ingénieurs doit les prévoir.

En résumé, ce ne sont pas les projets qui manquent; il s'agit de se déterminer dans le choix à faire entre les plus aisément réalisables et les meilleurs, et de se mettre immédiatement à l'œuvre. M. Caillaux, parlant avec sa compétence professionnelle, l'a promis. Faisons des vœux pour que rien ne vienne faire obstacle à sa bonne volonté, afin que nous ne soyons plus témoins des affreuses catastrophes qui sont venues fondre sur le Midi, et transformer en champs de désolation et de deuil une des plus riches et des plus plantureuses contrées de notre belle France.

Voilà notre œuvre historique terminée. Nous nous sommes efforcé de l'écrire sans prévention et sans passion, comme on doit le faire de toute page d'histoire. Témoin des ravages d'un fléau qui a fait tant de victimes, mais que les forces mystérieuses de la nature ont déchaîné sur nous, avec la fatale puissance qui régit leur activité, nous nous sommes gardé de murmurer contre personne un reproche qui eût été un blasphème contre Dieu.

Au contraire, nous avons vu l'homme aux prises avec cette redoutable invasion d'un élément aveugle en sa furie, auquel rien ne résiste quand sa colère se déchaîne, et nous n'avons pu résister au désir d'écrire la relation de ses malheurs, et de perpétuer le souvenir des manifestations de son courage.

L'éternel honneur des héros du grand drame de l'inondation de 1875 sera d'avoir hardiment lutté contre un adversaire qu'il était téméraire de braver; et c'est ce que nous avons voulu dire à nos contemporains et à l'Histoire, en écrivant ces pages avec l'émotion d'une âme qui a vu et qui a senti ce que la plume a essayé de raconter.

ERRATA (1).

Page V, quatrième ligne, lire : *douze cents maisons,* au lieu de : *cinq cents.*

A la page 29, treizième ligne, lire : *en l'année 1712,* au lieu de : *1827.*

A la page 116, dix-septième ligne, lire : *durent donc,* au lieu de : *surent donc.*

---

(1) Nous avons omis de citer, parmi les dons venus de l'étranger, l'envoi de 500 fr. fait par la maison *White and Brothers,* de Londres, les grands fabricants du ciment Portland.

TABLE DES MATIÈRES

	Pages.
Lettre à Mme la duchesse de Magenta.	5
I. — Vallée de la Garonne.	10
II. — Inondations du passé.	22
III. — La Catastrophe.	41
IV. — A travers les ruines.	78
V. — Les Drames de l'Inondation.	112
VI. — Les Sauveteurs.	185
VII. — Récompenses nationales.	236
VIII. — Voyage du Maréchal.	283
IX. — Mesures de l'Autorité.	300
X. — Les Secours aux Inondés.	338
XI. — Le Remède aux Inondations.	400

EN VENTE A LA MÊME LIBRAIRIE

Magnifique Album de l'Inondation des 23 et 24 juin 1875, 2 livraisons formant 32 pages grand in-4°, papier de luxe, 14 belles illustrations. — Prix de l'ALBUM complet, *franco*..... 1 fr. 50

La vie dans l'esprit et dans la matière, par l'abbé MÉRIC, professeur à la Sorbonne, 1 volume in-12. — Prix.. .... 3 fr. 50

La morale et l'athéisme contemporain, par le même auteur; 1 fort volume in-12 (*sous presse*). — Prix............................ 5 fr.

A l'occasion des derniers événements qui ont attristé notre cité, M. TRAPÉ, *négociant, rue des Balances, 30, a mis en vente un buste:* TOULOUSE EN PLEURS, *allégorie touchante due au talent de M. Lavergne, de Paris, élève de M. Carpeaux, le célèbre sculpteur. Nous ne saurions assez recommander cet objet d'art.*

Aux termes d'un arrêté en date du 14 août 1875, émané de M. le Maire de Toulouse, les fondations des maisons à réparer et à reconstruire, à suite de l'inondation du 23 juin dernier, devront être faites en mortier de chaux

Nous ne saurions dès lors trop recommander, au point de vue de la solidité à donner aux constructions des régions exposées aux inondations et de leur résistance à l'action dissolvante de l'eau, l'emploi de la Chaux du Theil *et du* Ciment Portland *de* J. B. White and Brothers de Londres, *adopté par les ingénieurs des Ponts-et-Chaussées et les architectes, et dont les dépôts se trouvent chez* MM. de Verlhac frères, allées Saint-Etienne, 41, Toulouse.

www.ingramcontent.com/pod-product-compliance
Lightning Source LLC
Chambersburg PA
CBHW070212240426
43671CB00007B/627